Die Erde, ein neuer Stern

Erzengel Gabriel/Christoph Fasching

Die Erde, ein neuer Stern

Aufstieg und Leben in der 5. Dimension
Band 2

ch. falk-verlag

Originalausgabe

4. Auflage, August 2011

Umschlaggestaltung: Dirk Gräßle, München
Satz: P S Design, Lindenfels
Druck: Druckerei Sonnenschein, Hersbruck

Printed in Germany
ISBN 978-3-89568-217-9

Inhalt

Einleitung

Die Menschheit lebt heute auf der Erde als ihrem Heimatplaneten und führt ein Dasein in der absoluten Unwissenheit über ihre Herkunft, den Sinn ihres Daseins sowie den Weg nach dem Tod. Diese Unwissenheit hat die Menschen über Jahrtausende hinweg zu vielen unsinnigen Handlungen verleitet – alles Handlungen, die keinen Bezug zu der Herkunft des Menschen haben und in keiner Verbindung zu seinem Ziel stehen, das er als Bewohner dieses Planeten verfolgen sollte. Die göttliche Verfügung hat der Mutter Erde die Pflicht aufgetragen, den Menschen als Heimat zu dienen, sie zu ernähren und sie möglichst zu beschützen. Dies ist der Erde bislang recht gut geglückt, doch hat der Mensch sein Ziel völlig aus den Augen verloren.

Die Menschen haben hier auf der Erde die Aufgabe, sich durch unzählige Erfahrungen so weit zu entwickeln, dass sie ihre Göttlichkeit in allen ihren Handlungen und Gedanken zum Ausdruck bringen. Dieses Ziel liegt derzeit für die meisten Menschen in weiter Ferne – so erscheint es, wenn man nur einen flüchtigen Blick auf das Leben der Menschen wirft. Doch ganz so tragisch ist es um die Entwicklung der Menschen glücklicherweise nicht bestellt, denn tief im Herzen tragen alle Menschen den göttlichen Gedanken in sich, und der Widerstand gegen viele Mächtige und deren Machenschaften, um ihre Macht und ihren Reichtum auszubauen und zu verteidigen, wird nicht länger auf sich warten lassen.

Die Gesellschaft des heutigen Menschen wird sich sehr bald einer dramatischen Wandlung unterziehen, denn durch die Veränderungen, die im Dezember 2012 abgeschlossen sein werden, wird das Ziel des Ausdrucks seiner Göttlichkeit drastisch näherrücken. Die bereits seit vielen Jahren laufende Umstellung des Bewusstseins des Menschen wird am 21. Dezember 2012 ihren Höhepunkt finden und ein neues Zeitalter der Menschheit einläuten. Die Veränderungen werden dermaßen tiefgreifend sein, dass die Welt im Vergleich zu heute sehr bald nach diesem Datum eine völlig neue Rolle annehmen wird. Diese neue Rolle besteht nicht nur darin, die Göttlichkeit des Menschen in der Form seines Zusammenlebens und dem Umgang mit der Natur und seinem Heimatplaneten zum Ausdruck zu bringen, sondern es wird tiefgreifende Umstrukturierungen in der Aufgabe des Planeten selbst geben.

Dieses Buch handelt nur bedingt vom Leben der Menschen auf der Erde und seinen tiefgreifenden Veränderungen im Zuge des Aufstiegs der Menschheit in die 5. Dimension – diese Veränderungen sind im Buch *Die Gesellschaft 2015* detailliert beschrieben. Hier skizziere ich der Menschheit die Entwicklungen des Planeten Erde in seiner Funktion für das gesamte Universum.

Das Universum besteht heute aus unzähligen Planeten, die alle in ihrer bestimmten Form einen Zweck erfüllen und zur Unterstützung des göttlichen Schöpfungsprozesses geschaffen wurden. Diese Aufgabe wurde jedem einzelnen Planeten zugeteilt, und so hat auch die Erde einen Auftrag zu erfüllen. Dieser Auftrag wird in den folgenden Kapiteln im Detail dargestellt und seine Veränderungen skizziert. Die Erde kann sich heute auf ihre Bewohner nicht verlassen und muss daher um Unterstützung aus dem unsichtbaren Universum bitten, um künftig weiter ihren Auftrag ausführen zu können. Diese Unterstützung wird der Erde jetzt gewährt, und die Veränderungen, die aufgrund dessen entstehen, sind weitreichend und machen die Aufgabe der Erde noch bedeutender.

Die Menschheit wird ihren Heimatplaneten dramatisch verändern – er wird vom geschundenen und schwer in Mitleidenschaft gezogenen Planeten zum blühenden Stern entwickelt, und die Aufgabe des neuen Sterns samt seinen Bewohnern wird die göttliche Schöpfung weiter massiv beeinflussen. Nach Jahrtausenden

Entwicklungsgeschichte der Menschheit bricht nun ein entscheidendes Zeitalter an, das den Menschen die Möglichkeit gibt, all ihre schöpferische Kraft einzusetzen, um im Sinne des Schöpfers das Universum weiterzuentwickeln. Diese wunderbare Entwicklung gibt den Menschen und ihrem Heimatstern eine ungeahnte Kraft, die zu großartigen neuen Schöpfungen führen wird. All diese neuen Schöpfungen werden in diesem Buch im Detail vorgestellt, sowie deren Bedeutung für das Universum. Ein besonders erfreulicher Prozess, der ungeahnte Möglichkeiten eröffnet und der die Menschheit einen großen Schritt vorwärtsbringt.

Dieses Buch ist für all jene Menschen gedacht, die bereits heute im Vorfeld der großen Veränderungen, die im Dezember 2012 ihren Höhepunkt erreichen, nähere Informationen zu den bevorstehenden Entwicklungen im Universum erhalten möchten und sich mit dem Aufstieg der Menschheit in die 5. Dimension bereits auseinandergesetzt haben. Der Leser hält ein Werk in Händen, das ausschließlich aus Durchsagen von Erzengel Gabriel besteht. Erzengel Gabriel ist einer der weißen Engel, deren Aufgabe es ist, den Schöpfungsprozess im Namen Gottes weiterzuentwickeln und die Göttlichkeit in allen Gestirnen des Universums als oberste und zugleich einzige Vorgabe zum Ausdruck zu bringen. Diese Göttlichkeit ist in ihrer höchsten Ausprägung die uneingeschränkte und bedingungslose Liebe zu allen Wesen im gesamten Universum.

Die Mutter Erde

Wir müssen uns die Mutter Erde als eigenständigen Geist vorstellen, der die Aufgabe hat, der Menschheit als Heimatplanet zu dienen. Diese Aufgabe ist grundsätzlich, angesichts der Natur, die auf diesem Planeten sehr üppig entstanden ist, eine sehr leichte, doch aufgrund der Industrialisierung wurde in den letzten Jahrhunderten eine Richtung eingeschlagen, die der Mutter Erde ziemlich großes

Kopfzerbrechen bereitet. Die Zerstörungen der Natur und ihrer Artenvielfalt haben in so kurzer Zeit dramatisch viele Probleme aufgeworfen, dass es Mutter Erde einfach zu viel geworden ist. Jetzt muss Mutter Erde gegensteuern, denn ihre Abwehrkräfte sind drastisch geschwächt, und die Voraussetzungen für einen Kollaps sind gegeben, und zwar in einem Ausmaß, wie dies schon lange nicht mehr vorgekommen ist.

Diese Probleme können von Mutter Erde nicht mehr alleine gelöst werden, und so ist es dringend notwendig, dass die Erzengel und die Aufgestiegenen Meister ihr zu Hilfe kommen. Die Veränderungen, die derzeit auf der Erde vorgenommen werden, sind seit geraumer Zeit geplant und können in den nächsten wenigen Jahren ihren Abschluss finden. Ein Abschluss in Form von Veränderungen im Bewusstsein der Menschen, in Form von Veränderungen in der Natur und Veränderungen in Form der Rolle des gesamten Planeten im Universum.

Bewusstsein der Menschheit

In dem Buch *Die Gesellschaft 2015* sind die Veränderungen durch den Aufstieg der Menschheit in die 5. Dimension bereits sehr umfangreich dargestellt. Kurz gesagt, weitet sich bis zum 21.12.2012 das Bewusstsein in der Form, dass der Mensch erkennt, dass er nicht mehr getrennt von allen anderen Lebewesen ein Dasein auf der Erde führt, sondern dass er ein Teil des gesamten Schöpfungsprozesses ist und er in der Einheit mit allen anderen Lebewesen existiert, sowie in gemeinsamer Abstammung von der Quelle, die hier als Gott bezeichnet wird, seinen Zweck auf dieser Erde erkennt und daher sein Verhalten grundlegend ändert. Dies hat Auswirkungen, die sehr weitreichend sind und der Menschheit eine völlig neue Bedeutung geben. Der Mensch wird sich vom Einzelkämpfer zum Gemeinschaftsschöpfer wandeln und entwickelt sich als solcher zu einer hochgeistigen Spezies mit klarem Schöpfungsauftrag. Der

Schöpfungsauftrag lautet: *Macht aus der Mutter Erde einen blühenden Planeten, der vor Leben strotzt und der an Artenreichtum nicht zu übertreffen ist. Bringt Geschöpfe hervor, die das Allerhöchste zum Ausdruck bringen.* Darunter ist zu verstehen, dass sich der Mensch zum liebevollen Wesen entwickeln wird, das die uneingeschränkte und bedingungslose Liebe Gottes zum Ausdruck bringen wird.

Der Reichtum des Planeten Erde besteht dann nicht mehr aus Geld, Gold und Edelsteinen, sondern aus der Liebe zum Leben und zu allen göttlichen Geschöpfen. Darauf aufbauend können die Menschen aufhören, sich gegenseitig zu übervorteilen und sich gegenseitig zu bekämpfen. Ein friedlicher Planet wird die Basis sein, von wo aus der Mensch in Zukunft seine Schöpferrolle voll und ganz spielen kann. Eine Schöpfungslawine wird auf das Universum zurollen, und die Menschen werden diesen Prozess mehr und mehr zu steuern verstehen und dadurch das Universum grundlegend verändern.

Die Schöpfung

Das, wozu der Mensch dann in der Lage ist, wird diesen Planeten grundlegend verändern – eine Veränderung, die aus heutiger Sicht völlig unvorstellbar ist, da der Mensch derzeit noch überwiegend in der Getrenntheit existiert. Ist dieser Zustand erst einmal überwunden und das Bewusstsein geweitet, so wird der Mensch beginnen, seine schöpferische Rolle zu entdecken. Eine Entdeckung, die er heute bereits machen kann, doch sieht sich der Mensch derzeit noch den Zufällen ausgeliefert, die er in Wahrheit alle selbst produziert hat, doch sich nicht mehr daran erinnern kann. Durch die Gedankenstruktur der Menschheit ist dies derzeit noch nicht in vollem Umfang möglich, doch in Zukunft werden sehr schnell aus Gedanken reale Zustände. Diese unterschiedlichen Denkansätze werden schon in sehr kurzer Zeit mehr und mehr Menschen bewusst werden und sie können dadurch sehr schnell die veränderten Voraussetzungen dazu benutzen, um sich ihre Realität völlig neu zu erschaffen.

Die Menschen, die bereits jetzt, obwohl ihre Möglichkeiten noch beschränkt sind, beginnen, sich weiterzuentwickeln, werden dann sehr bald die ersten sein, die damit beginnen, die Welt völlig umzugestalten und das Leben auf der Erde in ein neues Zeitalter zu führen. Viele sprechen vom Goldenen Zeitalter mit unzähligen Möglichkeiten zur Veränderung der Welt, des Lebens und des gesamten Universums. Dazu wird der Mensch sehr bald in der Lage sein, und diese Fähigkeiten wird er mit großer Freude nutzen und dadurch großartige Neuerungen erschaffen, die das Leben nicht nur auf der Erde revolutionieren werden.

Der Planet wird zum Stern

Ein Stern kann im Unterschied zu einem Planeten viele unterschiedliche Aufgaben gleichzeitig übernehmen. Das unterscheidet im Großen und Ganzen einen Planeten von einem Stern. Das bedeutet nichts anderes, als dass die Erde durch den Aufstieg zum Stern zusätzliche Aufgaben erhält, die Mutter Erde gemeinsam mit den Menschen ausführen wird. Das Wesentliche an der Veränderung ist, dass die Erde nicht mehr ausschließlich den Menschen als Heimatplanet dient, sie ernährt und beschützt, sondern für Aufgaben im universellen Sinn zur Verfügung stehen wird.

Wenn die Erde diese neuen Aufträge erhalten hat, so benötigt sie für die Ausführung dieser Aufgaben die Unterstützung der Menschen. So wird es eine intensive Symbiose von den Aufgaben der Mutter Erde und den Entwicklungsmöglichkeiten der Menschen geben, die zur Folge hat, dass das Bewusstsein der Menschen beginnt, die Erde als wichtigstes Element ihres Lebens zu betrachten – eine völlig neue Erfahrung für den bislang sehr begrenzten Verstand der Menschen – sie beginnen dadurch zu verstehen, worin ihre eigentliche Aufgabe besteht.

Wenn es dann soweit gekommen ist und die Menschen ihren gemeinsamen Schöpfungsauftrag erkannt haben, dann wird es sehr schnell gehen und die Menschen einerseits mit ihren neu erlernten Fähigkeiten sehr maßvoll umgehen und andererseits an Großartigkeit alles zu übertreffen versuchen. Denn das oberste Ziel im Schöpfungsauftrag ist der Ausdruck der bedingungslosen Liebe. Die Ausdrucksformen sind darin nahezu unbeschränkt, und wenn sich die Menschen einig sind, dann werden sie alle zusammen neue Pflanzen und Tiere erschaffen und diese über den gesamten Stern ausbreiten – es werden neue technische Möglichkeiten erfunden, die bislang unvorstellbar waren, da physikalische Grenzen überschritten werden können, indem die Macht der Gedanken, die ja keiner Physik unterliegen, dazu benutzt wird, Dinge zu ermöglichen, die bisher aufgrund der Beschränkungen des menschlichen Verstandes unmöglich waren.

Verbindungen

Die Menschheit besteht derzeit aus lauter einzelnen Individuen, von denen jedes glaubt, dass es ganz alleine und isoliert lebt. Diese Getrenntheit wird im Zuge des Aufstiegs in die 5. Dimension überwunden und durch die Einheit aller ersetzt. Es wird im Bewusstsein des Menschen tief verwurzelt sein, dass er ebenso wie alle seine Mitmenschen Geschöpf Gottes ist und dadurch in Verbindung mit allen steht. Diese Verbindung wird sehr eng sein, und die Menschen werden ihre Fähigkeit wiederentdecken, untereinander zu kommunizieren, ohne sich zu treffen und ohne technische Hilfsmittel zu benutzen. Diese telepathischen Fähigkeiten kehren zurück, und die Menschen werden sie eifrig nutzen und dazulernen, was man damit alles anstellen kann. Diese Entwicklung führt dazu, dass allmählich eine globale Kommunikationsplattform entsteht, in die man sich jederzeit einklinken, all die Informationen in sich aufnehmen und neue Informationen hinzufügen kann. Das Ganze läuft wie ein riesiges Forum, das man aber nicht mit diversen Internetforen vergleichen kann, in denen oftmals viel unsinniges Geschwätz verbreitet wird, sondern vielmehr werden in diesen Foren wahre Schöpfungsakte vollzogen und jeder kann seine schöpferische Kraft in dieses Forum entsenden, um an der Entstehung des gewählten Objekts teilzunehmen. Es werden damit Dinge ermöglicht, die bislang Jahrzehnte oder viel länger für ihre Entwicklung gebraucht haben. So ein Schöpfungsprozess kann innerhalb von Tagen oder Wochen abgeschlossen sein, und alle Komponenten der Teilnehmer werden berücksichtigt, sodass das Objekt letztlich die Gestalt hat, wie es sich alle zusammen gewünscht haben. So einfach wird es künftig sein, neue Maschinen oder sonstige Hilfsmittel herzustellen.

Dies wird den Menschen sehr viel Spaß machen, und sie werden dadurch eine rege Kommunikation untereinander pflegen – eine Kommunikation, die in der Form bislang unbekannt war. Die neuen Kommunikationsformen beinhalten auch die Fähigkeit des Hellsehens – eine andere Art Bildtelefon, jedoch ohne technische Einrichtung. Die Besonderheit der menschlichen Kommunikationsfähigkeit ist die, dass mit den übertragenen Gedanken auch gleich die schöpferische Energie mitübertragen werden kann – dadurch ist jeder Einzelne in der Lage, die Gedanken der anderen Menschen, mit denen er in Verbindung steht, zu nutzen, um diese in die Schöpfung einzubauen.

Die Erde als Stern

Die Besonderheit eines Sterns ist der Auftrag, an der Schöpfung aktiv teilzuhaben. Diese Teilnahme am Entstehen neuen Lebens und dem Ausdruck der göttlichen Liebe ist eine Besonderheit, über die sich alle Beteiligten ganz besonders freuen. Die Erde wird ihren Beitrag leisten, indem sie mit dem universellen Rat in Verbindung steht und die geistige Verbindung zwischen dem Stern Erde und den Menschen aufrecht erhält. Die Schöpfungen entstehen in Absprache mit der Mutter Erde, und ohne ihr Zutun werden gewisse Prozesse nicht möglich sein. Sie wacht quasi als höchste Instanz über die

Menschen und ihren Schöpferdrang. Die neuen Begebenheiten, die entstehen, finden im Gegenzug auch in Abstimmung mit dem universellen Rat statt, der als Einheit über das gesamte Geschehen im Universum wacht. Seine Führung wird der Erde zuteil und sie kann sich daran orientieren. So entsteht ein Stern, der mehr als ein Planet ist, auf dem Leben existiert, um dessen Entwicklung im einfachen Sinn zu beobachten und sich daran zu erfreuen, sondern es ist ein Stern, der aktiv Veränderungen auf seiner Oberfläche, in seinem Inneren und im ganzen Universum hervorruft. In diesem Zusammenhang kann die Erde eine führende Rolle übernehmen, denn nur bestimmte Planeten im Universum haben den Rang des Sterns erreicht, und die Erde hat den Vorteil gegenüber den anderen bewohnten Planeten, dass sie als einer der ersten zum Stern avanciert. Dies ist darauf zurückzuführen, dass die vielen Menschen, die auf diesem Planeten ihr Zuhause haben, alle in der Schöpfermacht geboren wurden und somit über all jene Fähigkeiten verfügen, auch wenn diese aufgrund der Trägheit im aktuellen System der 3. Dimension nur bedingt zum Vorschein kommen.

Das war ein kurzer Ausblick auf die nun folgenden Kapitel, in denen die verschiedenen Bereiche und Entwicklungsstufen näher ausgeführt werden und der Menschheit eine etwas klarere Vorstellung davon geben, was in Zukunft alles auf der Erde möglich sein wird. Eine Reise durch die Galaxien mit Abstechern zu einzelnen bewohnten Planeten, wo deren Leben und die Besonderheit ihrer Gesellschaftsform beleuchtet und erklärt werden – eine Vorstellung davon, was die Menschen in absehbarer Zeit alles erfahren werden. Der Weg dorthin ist vorprogrammiert – die Realisierung liegt jetzt unter anderem auch an der Geschwindigkeit der Menschen, nämlich wie schnell sie im Geiste in der Lage sind, diese Fähigkeiten nicht nur zu entdecken, sondern auch in die Realität umzusetzen und im Einklang mit ihrem Auftrag und in Abstimmung mit Mutter Erde ein System zu entwickeln, nach dem sie künftig ihre Vorhaben verwirklichen.

Frage: Du sprichst von unsinnigen Handlungen der Menschen, die in keinem Bezug zu ihrer Abstammung stehen, und sagst, dass sie völlig das Ziel ihres Daseins aus den Augen verloren haben. Ich erinnere mich an Deine Aussage im Buch „Die Gesellschaft 2015", worin du sagst, dass die Erfahrungen der Menschen in der Getrenntheit – in der 3. Dimension – so gewollt waren und dass die Menschen erst durch den Aufstieg in die 5. Dimension das Bewusstsein erlangen, ein Teil von Gott zu sein und zusammen eine Einheit zu bilden. Die einleitenden Sätze klingen fast so, als würdest du die Handlungen der Menschen verurteilen, doch ich weiß, dass ihr Engel dies niemals tun würdet, somit bitte ich dich um Aufklärung!

Antwort: Du hast recht – es mag vielleicht so klingen, als würde ich hier eine Wertung oder Verurteilung vornehmen – doch ist das so nicht zu verstehen, denn es ist richtig, dass die Menschen genau diese Erfahrung machen sollten – das war so immer schon geplant. Die Menschen leben derzeit in der Getrenntheit und können sich nicht vorstellen, welche Möglichkeiten sie haben, wenn sie aufhören, als einzelne Individuen zu existieren, und alle zusammen eine Einheit bilden. Dieses nicht Vorstellen-können ist auch die Ursache für die Handlungen der Menschen, die sie heute an den Tag legen. Wir befinden uns im sogenannten Industriezeitalter in Verbindung mit einer Leistungsgesellschaft – eine interessante Mischung, die einerseits sehr viel Neues hervorbringt und Innovationen zulässt, doch auf der anderen Seite der Herkunft des Menschen widerspricht, indem er sich selbst bekriegt und sich permanent selbst übervorteilt. Die Veränderungen, die bevorstehen, werden diesem Paradoxon ein Ende bereiten, und es wird durchaus weiter industriell gefertigt, doch gezielt nach Bedarf und nach allerhöchsten Umweltmaßstäben, und dadurch wird die Belastung der Erde schlagartig dramatisch zurückgehen und alle gesteckten Ziele, die mit der Entlastung des Klimas zu tun haben, werden binnen kürzester Zeit erreicht und ausreichen, um das Schlimmste zu verhindern. Das bedeutet, dass die Menschen selbst in der Lage sind, die Erde vor ihrem Ende zu retten – wir helfen nur insofern etwas nach, indem wir die Schwingungsfrequenz eures Planeten, eures Körpers und der globalen Gedankenstruktur verändern. Dadurch wird der große Wandel im Bewusstsein von euch Menschen möglich. Sehr schnell werdet ihr verstehen, dass es jetzt an der Zeit ist, mit vielen eingefahrenen und nicht mehr dienlichen Umständen in eurer Gesellschaft zu brechen und stattdessen völlig neue Verhaltensmuster zu entwickeln.

Frage: Ich habe den Eindruck gewonnen, als ob die skizzierten Veränderungen quasi in letzter Sekunde geschehen, kurz bevor der Mensch die Natur und damit sich selbst vollkommen vernichtet. Es scheint mir so, als ob der Mensch völlig unfähig wäre, ohne Eingriff einer höheren Macht eine Gesellschaftsform zu schaffen, die seinen Fortbestand auf der Erde sichert.

Antwort: Der Mensch hat in seiner Entwicklungsgeschichte mehrere Stadien durchlaufen und in allen Stadien immer wieder neue Aspekte seines Bewusstseins dazubekommen und dadurch war das Wachstum bzw. die Entwicklung all dessen, wovon ihr heute profitiert, überhaupt möglich. Diese Entwicklungsschritte waren bewusst so gewählt, und es war auch bewusst so gewählt, dass der Mensch in der 3. Dimension in der völligen Getrenntheit verweilt, und erst gegen Ende dieser Epoche, die wir jetzt verzeichnen, beginnt er sich langsam zu öffnen und dazuzulernen und zu erkennen, dass er jetzt nicht mehr der Einzige auf der Erde ist, um den er sich zu kümmern hat, sondern dass unzählige Abbilder Gottes in seinem Umfeld leben, die genauso wie er auf diese Welt gekommen sind, um den höchsten Ausdruck ihrer Göttlichkeit Tag für Tag zu üben. Diese Veränderung war mit Absicht genau zum jetzigen Zeitpunkt gewählt, weil der Mensch genau jetzt an dem Punkt angelangt ist, seine Umwelt und damit den Planeten Erde und sich selbst zu vernichten, das war natürlich auch ein gewisser Aspekt, der mit einkalkuliert wurde. Der Mensch hat dadurch jetzt die Chance, aus eigener Kraft einen Weg zu finden, um die Mutter Erde zu heilen und über die Heilung selbst weiter zu wachsen und auszuprobieren, wie es sich anfühlt, nicht mehr alleine auf dieser Welt zu sein, sondern in der Gemeinschaft ein neues Leben ganz frei und ungebunden zu führen. Ein Leben, das alle Menschen gleich berechtigt und ihnen allen dieselben Möglichkeiten eröffnet.

Frage: Du sagst, dass die Mutter Erde um Hilfe ruft und ihr aus dem unsichtbaren Universum diese Hilfe jetzt zuteil wird. Glaubst du nicht auch, dass es gut wäre, den Lesern, die sich mit der Materie bislang nicht oder nur wenig beschäftigt haben, einen Einblick in das „unsichtbare Universum“, wie du es genannt hast, zu geben?

Antwort: Die Erde ist im Verbund mit allen anderen Planeten und den Sternen im Universum ein besonderer Fleck, auf dem Leben gedeiht, wie nur auf verhältnismäßig wenigen Planeten. Ein Schauspiel des Lebens, das in seiner Pracht nur schwer zu übertrumpfen ist – wunderschön anzusehen und doch aus der Sicht des Einzelnen etwas schwer darzustellen, denn zu viele Aspekte beeinflussen heute negativ euer Leben und machen es schwerer zu bewältigen als unbedingt notwendig. Ihr könntet euch das Leben sehr viel einfacher gestalten, wenn ihr verstehen bzw. zulassen würdet, wie sich die Welt tatsächlich darstellt, denn sie ist ganz anders, als ihr es euch vielleicht aufgrund eurer beschränkte Perspektive vorstellen könnt. Die Erde lebt im Verbund mit allen anderen Planeten und Sternen – ein Verbund, der so zu verstehen ist, dass die Planeten in Abständen zueinander positioniert sind bzw. sich durch das Universum bewegen, dass jeder fein säuberlich im Abstand zu den anderen bleibt, um das Gleichgewicht im Universum nicht durcheinanderzubringen. Dieses Gleichgewicht muss ja irgendwo herstammen – ansonsten würde es ja laufend im Weltall zu Kollisionen kommen und die Erde laufend dem Beschuss von riesigen Meteoriten ausgesetzt sein. Dieses Gleichgewicht halten die Planeten untereinander schon seit einer unvorstellbar langen Zeit, und dieses Gleichgewicht ist nur dann aufrechtzuerhalten, wenn die Energieverhältnisse auf den einzelnen

Planeten ausgewogen sind. Derzeit stellt die Erde jedoch einen Problemfall dar, denn der Mensch hat durch seine großflächigen Eingriffe in die Natur das Energiefeld der Erde massiv gestört und es besteht jetzt die Gefahr, dass die Erde aus diesem Gleichgewicht herausfällt und dadurch nicht nur die Erde, sondern viele andere Planeten und Sterne gefährdet werden. Das Gleichgewicht muss deshalb wiederhergestellt werden, und die Menschen müssen dazu ebenso beitragen, wie alle anderen Wesen im Universum dazu beitragen. Dazu ist zu sagen, dass es im Universum einen Universellen Rat gibt, der laufend über verschiedene Maßnahmen zur Stabilisierung berät. Der Erde muss jetzt geholfen werden, und diese Hilfe wird ihr bereits jetzt zuteil, indem entsprechende Energieströme zur Erde gelenkt werden, die dieses Ungleichgewicht ausgleichen. Wenn der Mensch jetzt auch noch mitwirkt, so hat die Erde gute Chancen, sich sehr schnell zu stabilisieren, und die Gefahr einer grundlegenden Veränderung ist gebannt.

Frage: Wie setzt sich der Universelle Rat zusammen und worüber entscheidet er?

Antwort: Der Universelle Rat besteht aus Mitgliedern der Bewohner der anderen bewohnten Planeten und aus Mitgliedern der Vertreter der obersten Schöpfung – das sind die Erzengel und weitere Mitglieder der verschiedenen Planeten und Sterne, die nicht bewohnt sind und auf denen kein Leben in vergleichbarer Form wie auf der Erde existiert. Dieser Rat entscheidet über das gesamte Universum und die Auswirkungen möglicher Veränderungen. So wurde auch die Hilfe für die Erde beschlossen, da diese Hilfe im Interesse aller im Universum liegt.

Im Vorfeld empfangene Botschaften

Die Welt ist heute ein Ort, an dem die Menschen ihre Erfahrungen machen können, um über diese Erfahrungen zu dem zurückfinden zu können, woher sie gekommen sind – zur Quelle allen Seins – zu Gott! Diese Quelle hat dem Menschen einen Entwicklungsauftrag erteilt – einen Auftrag, der vom absoluten Nichtwissen am Ausgangspunkt gekennzeichnet ist. D.h. der Mensch gelangt bei seiner Geburt auf diese Erde und hat keine Vorstellung von dem, woher er kommt, warum er hier ist und wohin er nach seinem Tod geht. Dieses Nichtwissen ist gewollt, denn so kann der Mensch all jene Erfahrungen machen, die oftmals auch genau das Gegenteil dessen darstellen, was der Mensch ist. Der Mensch ist ein Geschöpf Gottes und als das Abbild Gottes in der Lage, als Schöpfer tätig zu sein. Doch diese Fähigkeit ist dem Menschen nicht bewusst, und deshalb versucht er sich auf die abenteuerlichsten Arten, auf dieser Erde zu behaupten – in einer Gesellschaftsform, die von gewissen Parametern gekennzeichnet ist, die der Mensch geschaffen hat. Diese Parameter haben jedoch nichts mit seinem Auftrag zu tun, und wenn er diese Parameter beiseite lässt, kann er sich als das selbst darstellen, was er tatsächlich ist – eben ein Abbild Gottes. Die Einschränkungen, die ihm die Gesellschaft auferlegt, sind eine Hürde, die er zu meistern lernen soll, denn darüber kann er sich zu dem entwickeln, was die Göttlichkeit für ihn als Ziel ausgewählt hat. Dieses Ziel ist der Ausdruck der absoluten höchsten Ausprägung der göttlichen Liebe – in allen Gedanken und Handlungen. Dieses höchste Ziel zu verwirklichen, ist jeder Mensch imstande – er muss sich dessen nur bewusst sein, und das macht es den Menschen so schwer, denn sie haben aufgrund ihrer gesellschaftlichen Prägung keine Vorstellung bekommen, worum es im Leben wirklich geht.

Auf der Erde gibt es eine Vielzahl von Menschen, die darauf warten, dass sich etwas grundlegend verändert – diese Änderung steht der Menschheit unmittelbar bevor –, viele Menschen warten seit langer Zeit darauf – es sind die Lichtarbeiter, die alle wissen, dass die

Erde eine großartige Veränderung erfährt. Diese Änderung wird bald in Erscheinung treten, doch zuvor gibt es noch einige turbulente Ereignisse, die die Welt in Atem halten werden. Diese Ereignisse dienen dazu, die Menschen wachzurütteln. Ein Wachrütteln, das dazu führen wird, dass sich alle die Veränderung so sehr wünschen, um aus den Fesseln der heutigen Gesellschaft ausbrechen zu können. Ihr seid derzeit alle Gefangene eures Finanzsystems – ohne Geld geht auf der Erde gar nichts mehr, und darum seid ihr auch so sehr hinter dem Geld her – beginnt euch auf eine neue Epoche einzustellen, die genau ohne diese Fessel auskommen und euch eine unsagbar große Freiheit bescheren wird. Eine Freiheit von ungeahntem Ausmaß, die darüberhinaus auch noch eine Fähigkeit in euch erweckt, die euch an euren göttlichen Ursprung führt. Ihr seid alle Geschöpfe Gottes und könnt dadurch viele eurer Möglichkeiten ausschöpfen, um die Welt und das Universum zu beeinflussen. Diese Freiheit bekommt ihr jetzt, und ihr werdet rasch Gefallen daran finden und entsprechend freizügig damit umgehen.

Wenn die Erde anfängt, sich auf die neue Schwingung einzustellen, dann wird der Menschheit eine großartige Gelegenheit geboten, sich ihrer Schöpfermacht bewusst zu werden und diese dazu einzusetzen, um dem höchsten göttlichen Sein Ausdruck zu verleihen. Diese göttliche Liebe wird der Mensch in sich tragen, und er wird sie durch die schöpferische Kraft seiner Gedanken in unterschiedlichster Form in die Realität umsetzen und dadurch im ganzen Universum wunderbare neue Ausdrucksformen der göttlichen Liebe erschaffen. Dies kann soweit gehen, dass die Menschen in der Lage sind, einen Planeten mit neuem Leben zu erfüllen. Ein Leben, das sich zuerst in Form von Mikroorganismen und später in Form von Pflanzen darstellt – viel später könnten dann Tiere folgen, die das ganze Spektrum vervollständigen. Diese schöpferische Macht wird den Menschen zur Verfügung stehen. Um diese schöpferische Macht gebrauchen zu können, müssen gewisse Voraussetzungen geschaffen werden. Einerseits müssen die Menschen den Aufstieg in die 5. Dimension absolvieren und andererseits müssen die Engel den

Menschen diese schöpferische Macht übertragen. Dies wird zu dem Zeitpunkt geschehen, wenn die Menschen die nötige Reife erlangt haben.

Es ist die richtige Zeit, um sich jetzt mit den Veränderungen auf der Erde im Detail zu beschäftigen, denn die ganze Welt wartet auf ein Ereignis, das bereits vor vielen Jahren angekündigt wurde. Ein Ereignis, das nichts mit den Weltuntergangs-Prophezeiungen zu tun hat und das statt eines Schreckensszenarios eine wunderbare Weiterentwicklung der Menschheit darstellt. Es beginnt die Reise der Erde durch das Universum wieder von vorne, und daher ist es ein hervorragender Zeitpunkt, um die Menschheit ihren nächsten Entwicklungsschritt machen zu lassen. Ein Schritt von großer Tragweite, denn die Menschen erlangen ihre Schöpfermacht und können damit Wunderbares vollbringen! Eine Veränderung, die nicht nur die Menschheit und die Form ihres Zusammenlebens verändert, sondern der ganze Planet Erde wird eine großartige Veränderung erfahren. Die Zeit des Aufstiegs der Menschheit in die 5. Dimension ist zugleich der Zeitpunkt der Wandlung der Erde vom Planeten zum Stern. Als Stern wird die Erde in einem völlig neuen Licht erstrahlen, denn die Fähigkeit eines Sterns liegt in seiner Schöpfermacht, und diese wird im Falle der Erde durch ihre Bewohner zum Ausdruck gebracht. Alle Sterne im Universum haben einen Schöpfungsauftrag, und auch die Erde mit den Menschen als ihren Bewohnern erhält ihn jetzt.

Geliebte Völker dieses wunderbaren Planeten – ihr seid bald stolze Bewohner eines Sterns, der die volle Pracht der göttlichen Schöpfung im Universum bereichern wird. Ihr werdet in eurer Schöpfermacht weiter voranschreiten und alle zusammen durch die Bildung einer schöpferischen Einheit bald das Geschehen im Universum mitbestimmen. Eure Fähigkeit, über eure Gedanken den Schöpfungsprozess zu beeinflussen, wird euch Möglichkeiten eröffnen, die in ihrer Pracht unbeschreiblich sind. Ihr könnt euch noch nicht vorstellen, wie sehr ihr die Fähigkeit, als Schöpfer in Erscheinung zu treten, genießen werdet, und wenn ihr es schafft, alle gemeinsam das Gleiche entstehen zu lassen, dann wird dies in sehr kurzer Zeit möglich werden. Ihr werdet die Umstände eures Lebens beeinflussen, indem ihr auf die Faktoren Zugriff bekommt, die euer tägliches Leben bestimmen. Dazu gehören das Wetter, die Sonneneinstrahlung und die Temperatur der euch umgebenden Luft. Ihr werdet damit die Möglichkeit schaffen, dass in euren Regionen Pflanzen gedeihen, die bisher nur unter ganz anderen klimatischen Bedingungen gediehen, und ihr werdet das Leben auf eurem Planeten, der dann zu den Sternen zählen wird, massiv beeinflussen, ohne einen Handschlag dafür arbeiten zu müssen. Alles geschieht durch eure Gedanken und alles geht blitzschnell. Eine Welt mit veränderten Voraussetzungen! Es wird der Menschheit sehr viel leichterfallen als bisher, sich die Umstände ihres täglichen Lebens zu erschaffen, die es ermöglichen, ein angenehmes und friedliches Leben zu führen.

Der Stern erwacht

Heute ist die Mutter Erde ein Geist, der sehr stark an Kraft eingebüßt hat – er hat sich und seine Energie dafür geopfert, um den Menschen ein Zuhause zu geben, sie zu ernähren und ihnen die Möglichkeit zum Ausleben ihrer vorgesehenen Abenteuer zu geben. Diese Abenteuer sind in den vielen Jahren so zahlreich gewesen, dass die Menschheit jetzt genug Erfahrung in der Getrenntheit voneinander gesammelt hat und dadurch der Weg frei ist, um das Abenteuer in einem völlig neuen Bewusstseinszustand fortzusetzen, einem Bewusstseinszustand, der den Menschen in eine Dimension erhebt, die sein Bewusstsein öffnet und Platz schafft für eine Reihe von Neuerungen, die er bisher nicht kannte.

Der erste und wichtigste Punkt der Veränderung ist die *Einheit* – der Mensch wird nicht mehr in der Getrenntheit leben und sich gegenseitig bekämpfen, sondern er wird zur Einheit verschmelzen und sich als Abbild Gottes erkennen und den anderen ebenso als ein Geschöpf Gottes erkennen und ihn daher nur als eine andere Ausprägung der Schöpfung sehen und ihn ebenso ehren und lieben wie sich selbst. Alle haben den gleichen Ursprung, und alle haben das gleiche Recht auf dieselben Abenteuer, soweit diese gewünscht und vorbestellt wurden.

Die umfassenden Veränderungen im Bewusstseinszustand ziehen weitreichende Veränderungen im Zusammenleben der Menschen nach sich. Während die einen sich um die Versorgung der Gemeinschaft mit Lebensmitteln bemühen, kümmern sich die anderen um die technische Entwicklung und Erleichterung des täglichen Ablaufs, sowie um die Fortschritte in der Technologie zur Heilung der Erde und zur Wiederherstellung einer intakten Natur, die als Grundlage für die Existenz einer reichhaltigen Natur sowie des Menschen dient. Diese Bemühungen werden sehr schnell Früchte tragen und eine Gesellschaft entsteht, die friedlich zusammenlebt und ihre Aufgaben untereinander aufteilt. Eine Aufteilung in der Form, dass jeder das tun kann, was er gerne tut. Und weil immer genug für alle da ist, weil allen bewusst ist, dass sie ohne die Gemeinschaft nicht existieren können und dass es allen in der Gemeinschaft viel besser geht und daher jeder gerne seinen Beitrag zum Allgemeinwohl leistet – in welcher Form auch immer – die Aufgaben sind vielfältig und deshalb kann sich jeder das aussuchen, wozu er am ehesten begabt ist.

Nachdem diese neue Gemeinschaft begründet wurde und sich gefestigt hat, beginnt der Wandel des Planeten zum Stern. Denn gleichzeitig mit der Veränderung des Bewusstseins hin zur Einheit beginnt auch das Areal im Gehirn des Menschen zu arbeiten, das seine schöpferischen Fähigkeiten beinhaltet. Kleine Teile dieser Fähigkeit standen bislang nur zur Verfügung, und der Mensch hat dieses Areal benutzt, um gewisse Bereiche seiner Realität zu beeinflussen. Jetzt beginnt er jedoch, seine ganze Schöpfermacht zu entdecken, und erfährt, dass er allein durch seine Gedanken Materie erzeugen kann und diese sofort in seiner Realität erscheint. Diese Erkenntnis wird den Menschen zuerst leicht erschrecken, doch dann wird er Freude daran finden und diese Fähigkeit dazu einsetzen, um sehr schnell die Konsolidierung seiner Umwelt zu bewerkstelligen. Alle zusammen werden die Erde heilen und ihr das spenden, was sie so lange an den Menschen abgegeben hat und über die Zeit hin so geschwächt hat. Der Mensch wird der Mutter Erde die ganze Liebe zurückgeben, die er über die lange Zeit von ihr erhalten hat, und er wird sie dadurch heilen und ihre Strahlkraft wiederherstellen. Aus der wiedererlangten Strahlkraft in Verbindung mit dem Schöpfergeist der Menschen entsteht eine Symbiose aus Mutter Erde und ihren Bewohnern.

Dieses Erwachen der Mutter Erde wird ein Spektakel, worauf das gesamte Universum schon lange wartet, denn die Mutter Erde erhält einen völlig neuen Auftrag, und durch die Strahlkraft wird sie in der Lage sein, an der Schöpfung aktiv teilzunehmen und dadurch das gesamte Universum zu beeinflussen und weiterzuentwickeln. Der Schöpfungsprozess ist dazu geschaffen worden, um niemals zu enden und sich ständig fortzusetzen – auf die unterschiedlichste Weise und immer als Ausdruck der höchsten Göttlichkeit. Ein Schöpfungsprozess beginnt, der dem Universum viele großartige Veränderungen bringen wird. Veränderungen, die auf vielen Planeten, die noch nicht den Status eines Sterns erlangt haben, große Neuerungen erschaffen und die dort lebenden Wesen in ihrer Entwicklung voranbringen. Das bedeutet, dass die Erde nicht nur selbst hell erstrahlt und eine blühende Natur ihr eigen nennt – sie wird das auch auf anderen Planeten hervorbringen, und durch ihre Liebe und ihre Schöpfermacht werden unzählige Veränderungen auf die Planeten zukommen.

Doch bevor es soweit kommt, müssen wir die Veränderungen auf der Erde genauer betrachten. Die Menschen werden aufhören, sich zu bekriegen – dadurch gibt es keine Waffenindustrie mehr. Die Menschen werden aufhören, miteinander Handel zu treiben – dadurch gibt es kein Geld mehr. Die Menschen werden aufhören, unzählige Produkte herzustellen, die nur dem Zweck des Profits dienen – dadurch werden viele Ressourcen eingespart und die Erde nicht mehr mit Schadstoffen von der Produktion belastet. Die Menschen werden neue Technologien entwickeln, die es ihnen ermöglichen, mit den bereits vorhandenen Ressourcen alle Maschinen und technischen Hilfsmittel herzustellen, die sie für einen komfortablen Lebensalltag benötigen. Dadurch werden der Erde viele Belastungen erspart und sie kann sich sehr schnell von den Zerstörungen erholen, die der Mensch in den letzten Jahrzehnten verursacht hat. Die Erde wird sich erholen und der Mensch wird aus der Natur viel weniger Ressourcen entnehmen, als die Natur selbst nachbilden kann. Dadurch entsteht eine üppige Vegetation, die wiederum Platz und Lebensraum für neue Pflanzen und Tiere schafft. Der Mensch wird sich aus den Regionen zurückziehen, die für die Natur von großer Bedeutung sind, und sie wird eine neue Wildnis hervorbringen können, die dazu beiträgt, dass die Artenvielfalt des Planeten bzw. dann des Sterns Erde förmlich explodiert. Diese Entwicklung ist die Basis für die Strahlkraft der Erde, und mittels dieser Strahlkraft kann die Erde die entferntesten Galaxien erleuchten. All dies schafft die Voraussetzung, damit die Erde in Zusammenarbeit mit dem Menschen ihre neue Aufgabe übernehmen und ausführen kann. Der Planet wird zum Stern und der Stern wird zum Schöpfer im Universum.

Frage: Ist es um die Erde tatsächlich so schlecht bestellt, dass der Kollaps in wenigen Jahren bevorsteht und dieser das Ende der Menschheit bedeutet? Was würde passieren, wenn der Aufstieg in die 5. Dimension nicht wie prophezeit am 21.12.2012 stattfindet?

Antwort: Die Erde befindet sich in einem bedauernswerten Zustand, und es muss jetzt tatsächlich gehandelt werden, denn sonst ist der Kollaps nicht abzuwenden. Man könnte jetzt hergehen und der Menschheit große Vorwürfe machen, dass sie nicht imstande sei, sich um ihren Heimatplaneten zu kümmern, doch das ist nicht geeignet, um zu erklären, was wirklich auf der Erde vorsichgeht. Die Menschheit hatte im vollen Bewusstsein der Getrenntheit voneinander und in der Abhängigkeit vom Geld gar keine andere Wahl, als sich nach dem Leistungsprinzip zu orientieren, und das sogar zu Lasten der Umwelt. Der Mensch hat nur geglaubt, dass das ewig so weitergehen kann und der Planet Erde sowieso alles verträgt. Die Bemühungen, die derzeit laufen, um die Erde zu retten, sind keineswegs von Erfolg gekrönt, da der Mensch gar nicht in der Lage ist, die Zerstörungen wieder zu heilen, ohne von seinem Grundprinzip der Leistungsgesellschaft abzurücken. Damit eine Gesellschaft von ihren Grundprinzipien abrückt und diese völlig neu erstellt, bedarf es immer einer grundlegenden dramatischen Veränderung – in

Verbindung mit einem Zusammenbruch gewisser essenzieller Systeme. Dies steht der menschlichen Gesellschaft unmittelbar bevor und das ändert die Gesellschaft von Grund auf. Das ist die Chance für die Menschen, eine völlig neue Perspektive einzunehmen und ihre Existenz völlig neu zu betrachten. Ein Entwicklungsschritt, der den Menschen die Möglichkeit gibt, das zu sein, was sie tatsächlich sind – Kinder Gottes, die mit einem Schöpfungsauftrag zur Welt gekommen sind.

Frage: Du hast bereits in unserem ersten Buch davon gesprochen, dass die Menschen die Erde auf energetischer Basis heilen werden – hier sprichst du von technischen Entwicklungen zur Heilung der Erde – darf ich dich darum bitten, uns diese etwas näher vorzustellen?

Antwort: Die Heilung der Erde erfolgt tatsächlich nicht mit technischen Geräten, sondern auf energetischer Basis, und dazu bedienen sich die Menschen der Erdenhüter-Kristalle, die in den letzten Jahrzehnten verstärkt an die Erdoberfläche getreten sind. Diese Kristalle verstärken die schöpferischen Gedanken der Menschen und sorgen dafür, dass die Energiebahnen der Erde wieder mit Leben erfüllt werden. Die technischen Entwicklungen, die der Mensch machen wird, sind Messgeräte, die die Stärke der Energiefelder sehr einfach messen können, um festzustellen, welche Bahnen weiterer Energiezufuhr bedürfen und wo die Arbeit als beendet erklärt werden kann.

Im Vorfeld empfangene Botschaften

Die Engel auf Erden geben sich in diesen Tagen ein Stelldichein, denn sie treffen zusammen, um der Erde Heilung zu bringen und ihr die Liebe zu spenden, die sie dringend benötigt, um wieder zu Kräften zu kommen. Es ist ein sehr wesentliches Ereignis, das die Menschen und ihren Heimatplaneten einen großen Schritt näher an das Goldene Zeitalter bringt. Viele Tage sind vergangen, an denen die Menschen der Erde viel Energie abverlangt haben und durch Zerstörung der Umwelt und Ausbeutung der Bodenschätze riesige Krater in die Erdhülle geschlagen haben, die dazu beigetragen haben, dass der Energie-Schutzmantel der Erde geschwächt wurde und jetzt nicht mehr so viel Lebensenergie vorrätig ist als noch vor wenigen Jahrzehnten. Diese Lebensenergie wiederherzustellen ist das große Ziel für alle – wir Erzengel und die Aufgestiegenen Meister spenden sehr viel Licht und Liebe für euch Menschen und die Mutter Erde. Sehr wichtig ist, dass möglichst alle Menschen dazu beitragen und sich darauf besinnen, dass sie mit der Mutter Erde und allen anderen Menschen eine Einheit bilden – eine Einheit, die untrennbar die Schwäche des Einen auf den Anderen überträgt, und nur wenn alle Glieder stark zusammenhalten, dann kann die Schwäche der Mutter Erde wieder ins Positive gekehrt werden und ihr das zurückgegeben werden , was sie über so lange Zeit den Menschen überlassen hat. Haltet zusammen und spendet der Mutter Erde eure Liebe, dann wird sie bald wieder erstrahlen und ihren Weg zum Stern antreten.

Meine geliebten Gotteskinder, ihr seid alle auf dem Weg in eine neue, goldene Zukunft – ihr habt das große Glück, in dieser Epoche geboren worden zu sein und dadurch die großen Veränderungen miterleben zu können. Es wird eine wunderbare Zeit, die auf euch zukommt, auch wenn euch die Veränderungen im Moment noch etwas schwer vorstellbar sind. Ihr bewegt euch auf eine Zeit zu, in der ihr alle zusammen eine völlig neue Perspektive eures Daseins erlangt und euch Möglichkeiten des persönlichen Wachstums eröffnet werden, von denen ihr bisher nur träumen konntet. So viele Veränderungen stehen bevor, dass es ganze Bücher füllen wird, um euch all die Möglichkeiten aufzuzeigen, die euch erwarten. Seid offen für all das, was euch bevorsteht, und es wird euch mit Freude erfüllen. Helft zusammen und bringt alle anderen Menschen auf den gleichen Wissensstand, wie ihr ihn habt, damit sie verstehen können, was gerade alles passiert, und geöffnet auf die Ereignisse zugehen können.

Ihr lieben Bewohner eines künftigen Sterns – freut euch auf ein Leben als Schöpfer auf einem Stern, der so hell und kräftig ins Universum strahlt wie kaum ein anderer. Es wird ein Leben mit Unmengen von schöpferischer Kraft, die ihr in euch entdecken werdet. Diese Kraft wird euch zu Dingen befähigen, die ihr euch heute noch gar nicht vorstellen könnt. Wenn ihr die Trägheit der 3. Dimension verlassen habt und euch in der 5. Dimension befindet, dann werdet ihr feststellen, dass euch die Leichtigkeit des Seins zu gedanklichen Höhenflügen beflügelt. Durch euer Zentrum im Kopf – eure Gedankenfabrik – könnt ihr euch eure Realität und die Realität im Universum so erschaffen, wie es euch gefällt und wie es eurem göttlichen Auftrag entspricht. Ihr werdet dann erst so richtig in der Lage sein, selbst als das aufzutreten, was ihr seid. Ihr seid Abbilder Gottes und somit Teil der Schöpfung bzw. Schöpfer wie Gott selbst. Und diese Fähigkeit werdet ihr entdecken und entsprechend ausleben.

Der Wandel

Damit die Wandlung vom Planeten zum Stern möglich wird – bedarf es einiger Voraussetzungen, die von den unterschiedlichsten Wesen geschaffen werden müssen. Wir möchten uns das jetzt genauer ansehen und daraus Schlüsse auf das Verhalten aller Beteiligten in der Zukunft ziehen. Die Voraussetzungen, die Mutter Erde mitbringen muss sind folgende: Die Mutter Erde muss wieder zu Kräften kommen und sich von den Strapazen der letzten Jahrzehnte erholen, damit sie ihre Wunden heilen und ihr Kraftfeld wiederherstellen kann. Dieses Kraftfeld ist Bedingung für die Strahlung, die von ihr ausgehen soll, um all die entfernten Galaxien erreichen zu können. Das Kraftfeld ist sozusagen der Transportstrahl, auf dem die neuen Schöpfungen dorthin gelangen können, wofür sie bestimmt sind. Ausgehend von der Erde, werden diese Neuerungen über einen Lichtstrahl dorthin gelangen, wo ihr Endziel ist. Dieser Transportstrahl wird auch noch vielen anderen Erfindungen dienen, die der Mensch auf der Erde machen wird.

Die Voraussetzungen, die der Mensch mitbringen muss, sind folgende: Der Mensch wird den Aufstieg in die 5. Dimension absolvieren und bereits unmittelbar nach Abschluss der Bewusstseinserweiterung damit beginnen können, seine neu erworbenen Fähigkeiten zu testen und in seinem vorläufig noch kleinen persönlichen Umfeld damit zu experimentieren. Nachdem diese Experimente dazu geführt haben, dass sich der Mensch seiner Fähigkeiten voll und ganz bewusst geworden ist – inklusive ihrer Tragweite, wird er beginnen, sich zusammenzuschließen und in Abstimmung mit der Mutter Erde nach Möglichkeiten suchen, wie er seinem Auftrag, die göttliche Liebe nicht nur auf der Erde, sondern im gesamten Universum zum Ausdruck zu bringen, gerecht werden kann. Die Voraussetzungen sind dann in den Köpfen der Menschen vorhanden, und sie werden sehr schnell in der Lage sein, als Einheit aufzutreten und alle zusammen die gleichen Gedanken zu hegen, damit ein Gemeinschaftswerk zustande kommt. Dies werden nicht alle Menschen der gesamten Erdbevölkerung sein, sondern eben solche, die sich zusammengeschlossen haben, um die Schöpfung voranzutreiben, während andere sich um die Versorgung der gesamten Gemeinschaft kümmern.

Die nächsten Voraussetzungen, die als Grundbedingung für die Wandlung erforderlich sind, erhält die Erde von den Erzengeln, deren Aufgabe die ständige Verbreitung der göttlichen Schöpfung im gesamten Universum ist. Diese Voraussetzungen schaffen die Erzengel in der Form, dass sie den Rang der Erde vom Planeten zum Stern erheben und dadurch die Schöpferkraft in der Mutter Erde aktivieren. Dazu benötigen sie den Mutterkristall, der im Zentrum der Erde wohnt und der die gesamte Geschichte der Erde in sich speichert – ein allwissender Kristall, der sämtliche Entwicklungen seit der Entstehung der Erde in sich aufbewahrt hat. Ein Kristall, so mächtig wie selten einer im Universum – wohl behütet vom dicken Mantel der Erde und damit unzerstörbar. Dieser Kristall wird aktiviert, und seine ganze Strahlkraft kommt zum Vorschein, während die anderen Kristalle ebenfalls eine Aktivierung erfahren und die Erde bei ihrem Heilungsprozess unterstützen. Diese Heilung erfährt die Erde gemeinsam mit den Menschen, die sich sehr um ihr Wohlergehen bemühen und die alten Wunden schließen. Dadurch erstrahlt der Planet zum Stern, und die Strahlung wird heller und mächtiger als die der meisten anderen Sterne im Universum sein.

Wenn diese Voraussetzungen geschaffen sind, dann kann der Schöpfungsprozess beginnen, und die Erde erhält freie Hand bei all dem, was sie auf sich selbst und in den Galaxien erschaffen möchte. Die Grundlage ist gelegt und der Schöpfungsauftrag klar definiert, somit kann die Erde mit ihren Bewohnern ans Werk gehen und dem Universum neues Leben einhauchen.

Die Menschen können heute über den Tellerrand ihrer finanziellen Existenz nicht hinausschauen und sind völlig in ihrem kleinen, selbstgeschaffenen Gefängnis eingesperrt und können sich deshalb auch nicht vorstellen, wie die Freiheit eines Schöpfers aussehen könnte. Damit der Mensch dies begreifen kann, braucht er die Unterstützung durch die Erzengel, die durch die Ausweitung seines Bewusstseins die Areale zugänglich machen, die er benötigt, um die Tragweite seines Auftrags erkennen zu können und das Bewusstsein zu entwickeln, das er benötigt, um dem Auftrag gerecht zu werden. Alles geschieht auf freiwilliger Basis und in Abstimmung mit Mutter Erde, doch am Grundauftrag ist nichts zu ändern – es werden nur die Schöpfungen möglich sein, die diesem Grundauftrag entsprechen – alles andere wird nicht möglich sein.

Das Leben im Universum wird sich dadurch sehr verändern – es entstehen völlig neue Lebensformen auf Planeten, die bislang als unbewohnt gegolten haben und die nur zu anderen Zwecken benutzt worden sind. Diese Planeten werden in relativ kurzer Zeit erblühen und die Menschen werden große Freude daran haben, sich dieses Schauspiel anzusehen, und daraufhin noch mehr Vielfalt an Leben erschaffen. Doch bevor dies alles in dieser Form geschieht, werden sich der Mensch und Mutter Erde vorläufig auf die eigene Entwicklung konzentrieren. Die Freuden der Schöpfung werden den Menschen dermaßen begeistern, dass er es kaum lassen kann, sich immer neue Möglichkeiten auszudenken, wie das Leben auf der Erde noch schöner und noch liebevoller gestaltet werden kann. Eine Freude für alle Beteiligten, denn jeder profitiert unmittelbar von dem neu Geschaffenen. Dies geht so lange, bis der Mensch den Stern Erde verlassen möchte, um außerhalb seiner angestammten Erde neues Leben hervorzubringen. Er wird dazu die Erde nicht physisch verlassen, sondern sich der Möglichkeiten des Energiefelds des Sterns Erde bedienen. Wie die Entwicklung auf der Erde voranschreitet, das sehen wir im nächsten Kapitel.

Frage: Über die Rolle und die Fähigkeiten der Kristalle wird ja schon lange spekuliert – ist dies der richtige Zeitpunkt, um das Geheimnis zu lüften?

Antwort: Das Geheimnis der Kristalle ist gar kein Geheimnis mehr, denn es gibt bereits genügend gute Bücher über die Anwendung der Kristalle für beispielsweise Heilungen des menschlichen Körpers. Es bleibt lediglich die Vielfalt an Möglichkeiten noch zu entdecken, wie die Kristalle für die Menschen weiter zum Einsatz gebracht werden können. Diese Experimente laufen bereits in den verschiedensten Versuchsanstalten. Man hat schon viele Einsatzmöglichkeiten entdeckt, doch die wichtigsten werden erst noch entdeckt werden. Dies geschieht jedoch erst zu einem Zeitpunkt, wenn die Welt für diese Revolution bereit ist und der Mensch gewissenhaft damit umgehen kann. Darüber kann ich leider noch keine detaillierten Angaben machen, da heute die Menschheit nicht fähig ist, damit verantwortungsvoll umzugehen.

Frage: Es ist für uns heute schwer vorstellbar, dass wir diese schöpferische Macht haben und diese tatsächlich nur für den Ausdruck der höchsten Göttlichkeit benutzen werden. Warum wird ausgerechnet uns Menschen, die unseren Heimatplaneten zugrunde gerichtet haben, diese Ehre zuteil, und was garantiert, dass wir nicht wieder ins alte Muster zurückfallen und wieder egoistisch nur zu unserem Vorteil handeln?

Antwort: Im Schöpfungsauftrag an die Menschen ist klar verankert, dass sie in der vollen Schöpfermacht geboren sind und dass sie diese Schöpfermacht dann erhalten, wenn sie eine entsprechende Entwicklungsphase absolviert haben. Das ist der Grund, warum ihr so viele Inkarnationen hattet: sie haben euch die Erfahrung eingebracht, die ihr benötigt, um dann, wenn die Zeit gekommen ist, diese Schöpfermacht verantwortungsbewusst und nur zum Ausdruck der höchsten Göttlichkeit einzusetzen.

Im Vorfeld empfangene Botschaften

Das Leid, das die Menschen oftmals ertragen müssen, ist ein Teil des Entwicklungsprozesses, in dem sie sich befinden. Wenn ein Mensch leidet, dann ist es immer ein Zeichen von Mangel – Mangel an Selbstvertrauen, Mangel an Glaube an sich selbst, ein Mangel an Vertrauen in Gott und das Leben und ein Mangel an Liebe – Liebe zu Gott und damit Liebe zu sich selbst. All die Leidensgeschichten der Menschheit sind auf diese ursprünglichen Mangelerscheinungen zurückzuführen. Es geht letztendlich immer um den Mangel an Liebe, und dadurch wird Leid überhaupt erst möglich. Die Menschen leiden deshalb, weil sie durch den Schmerz aufgefordert werden, an ihrem Leben etwas grundlegend zu ändern. Diese Änderung hat mit den zuvor genannten Mangelerscheinungen zu tun – indem der Mensch diesen Mangel auffüllt, entsteht sofort ein ganz anderes Bewusstsein, aus dem sich sehr viel Entwicklungspotenzial ergibt. Kann der Mensch sich gedanklich aus diesem Mangel befreien, so befreit er sich automatisch aus allen anderen Abhängigkeiten, die ihm Leid zufügen. Denn ist die Liebe in entsprechendem Ausmaß vorhanden, so ist Leid nicht möglich! Das ist die Grundbotschaft an alle Menschen, die heute unter irgendeiner Erscheinung leiden. Das kann ein anderer Mensch sein, der dieses Leid verursacht, oder es war ein Unfall oder eine Krankheit, die dieses Leid verursacht hat. Leid kann durch Liebe geheilt werden, doch ist es nicht immer die Liebe der anderen, die man einfordern kann, um sich zu heilen – es ist die Liebe zu sich selbst, die in erster Linie das Leid verhindert bzw. reduziert und langsam einen Prozess in Gang setzt, der das Leid ausheilt.

Es ist die Zeit gekommen, in der die Weichen gestellt werden, damit alle zusammen den nächsten Entwicklungsschritt machen können – die Zeit, in der ihr alle selbst entscheidet, ob ihr die nächste große Schwelle überschreiten möchtet und ob ihr alle zusammen in der Schöpfermacht erwachen wollt. Ihr könnt euch aussuchen, ob ihr als Schöpfer in Erscheinung treten möchtet oder ob ihr es lieber den anderen überlasst, für euch die Erde und das Universum weiterzuentwickeln. Es liegt bei euch – entscheidet euch, denn ihr habt die Wahl, und jeder, der aktiv an seiner Entwicklung arbeitet, der wird auch die Gelegenheit dazu bekommen, sich und die ganze Welt sowie das Universum in der nächsten Zeit als Schöpfer so stark zu beeinflussen, dass die Spezies Mensch im Universum eine große Führungsrolle einnimmt und maßgebend das Universum weiterentwickelt. Ihr seid die Auserwählten, und ihr könnt es gemeinsam mit der Mutter Erde – eurem neuen Stern – entscheiden, wie weit ihr die göttliche Liebe im Universum verbreiten möchtet. Seid eins und macht euch bewusst, wer ihr seid – ihr seid ein Teil von Gott, und zusammen repräsentiert ihr eine starke Schöpfermacht, die die ganze Liebe Gottes in sich trägt und in euren neuen Schöpfungen zum Ausdruck bringt.

Die Welt verändert ihren Auftrag – sie kann sich von nun an nicht mehr nur um euch als Heimatplaneten der Menschen kümmern – sie kann sehr bald auch mit euch gemeinsam das gesamte Universum verändern. Sie steigt vom Planeten zum Stern auf und kann dadurch völlig neue Aufgaben übernehmen. Die Macht der Schöpfung wird der Erde und ihren Bewohnern zuteil, und diese Macht ist eine wunderbare Aufgabe. Damit verbunden ist ein ganz besonders wichtiger Beitrag, den die Menschen leisten werden, um dem Universum die Vielfalt und den Reichtum an göttlicher Liebe zu überbringen. Diese Vielfalt liegt ganz im Schöpfertum der Menschen begründet, denn so unterschiedlich jeder Einzelne von euch ist, so vielfältig wird auch eure Schöpfung sein. Freut euch auf eure großartigen Taten, die vor euch liegen – ihr habt alle Voraussetzungen dafür bereits bei eurer Geburt mitbekommen, und nun könnt ihr euch so richtig zum Ausdruck bringen.

Der Untergang und der Aufstieg

Nachdem die Erde in ihrer Funktion als Heimatplanet für die Menschen keine besonderen zusätzlichen Aufgaben hat, kann sie sich jetzt entsprechend weiterentwickeln. Mit ihr entwickeln sich auch die Menschen, und man kann vom „Untergang der alten Welt" sprechen und auch vom Aufstieg in eine neue Dimension, die einerseits die Menschen betrifft und deren Bewusstsein weitet und sie zu ihrer schöpferischen Aufgabe zurückführt, und man kann auch vom Aufstieg der Erde vom Planeten zum Stern sprechen – eine Änderung der Aufgabenstellung für die Erde, denn sie wird vom Heimatplaneten zum Schöpferstern. Der Schöpferstern ist dann aufgegangen, wenn die Menschheit ihren Schritt absolviert hat – und dieser Schritt wird demnächst vollendet. Doch zuvor ist die Menschheit noch gefordert, sich darauf vorzubereiten, denn ohne Vorbereitung kann ein solches Vorhaben nicht wirklich funktionieren. Die Erde hat derzeit eine Schwingungsfrequenz, die schon sehr nahe an der 5. Dimension liegt, doch noch ist der Mensch nicht bereit, den Aufstieg zu machen. Um diese Bereitschaft herbeizuführen, müssen noch verschiedene Gedankenprozesse stimuliert werden. Um dies zu erreichen, stehen der Erde noch einige starke Ereignisse bevor, die der Menschheit klar vor Augen führen werden, dass sie nicht alleine ist und dass alle Menschen zusammengehören und dass sie alle von Gott, ihrem Schöpfer, abstammen. Diese Erfahrungen werden der Menschheit ziemlich zusetzen, denn zu viele glauben immer noch nicht, dass sie ein Geschöpf sind, das zu Höherem bestimmt ist als zum Geld verdienen und zum Arbeiten für den Nutzen einiger weniger Mächtigen und Reichen.

Diese Ereignisse werden der Menschheit klar vor Augen führen, dass sie jetzt gefordert ist, sich mit dem Höhergeistigen zu beschäftigen und sich dem zuzuwenden, was ihre eigentliche Aufgabe auf dieser Erde darstellt. Sie muss sich klarwerden, dass sie jetzt endlich aufwachen muss und dass sie die zurzeit ablaufenden Entwicklungen nicht aufhalten kann – stattdessen ist die Menschheit gefordert, diese Entwicklungen zu fördern und zu unterstützen. Jeder, der dagegen arbeitet, der wird auch den entsprechenden Gegenwind erfahren und dadurch auf der Strecke bleiben. Alle, die zurückbleiben und sich dem Fortschritt verweigern, werden die Erde noch, bevor der große Schritt gemacht wird, verlassen und zurückkehren an den Ort, von dem sie gekommen sind. Das betrifft alle Menschen, die heute strikt die Existenz einer höheren Instanz bestreiten und die ihren Auftrag bis heute nicht verstanden haben. Alle diese Menschen werden die Chance bekommen, sich im Zuge der Ereignisse, die bald stattfinden werden, zu entscheiden, ob sie die Entwicklung mitmachen oder ob sie diese eben weiterhin verweigern wollen. Die Konsequenz wird die gleiche sein – sie werden die Erde verlassen und die Existenz der höheren Macht eben in einer anderen Form wiedererkennen.

Dies ist eine klare Botschaft an alle Menschen, die bisher glaubten, dass sie ganz alleine auf der Welt sind und dass sie zu nichts anderem auf diese Welt gekommen sind, als ein gutes Leben in Luxus und Reichtum zu führen und sich daran zu erfreuen. Das ist nicht der wirkliche Auftrag des Menschen, denn die Verfehlung des Auftrags hat zur Folge, dass die Menschen ihren Entwicklungsprozess nicht fortsetzen und dieser stillsteht oder nur ganz langsam voranschreitet. So ein Stillstand kann die geistigen Führer dazu veranlassen, dem Menschen diverse Ereignisse zukommen zu lassen, die ihn zum Nachdenken bringen, sei es, dass der Mensch erkrankt oder verunfallt und dadurch eine Lebenskrise hervorgerufen wird, die einen Umdenkensprozess einleitet. Selbst dann kommt es sehr häufig vor, dass die Menschen mit ihrer Entwicklung nicht fortfahren und durch die erlittenen Folgen der Erkrankung oder des Unfalls ein erschwertes Leben führen, das so nicht gewollt ist und so auch nicht sein muss. Alle Schicksale, die den Menschen widerfahren, sind unmittelbar eine Ableitung aus dem Entwicklungsprozess – einerseits können diese Erfahrungen ein gewollter Teil der Entwicklung sein und andererseits gelten diese als Ermunterung für den betroffenen Menschen, am Prozess aktiv teilzunehmen und diesen voranzutreiben. Nur dann erfüllt der Mensch seinen wahren Auftrag, sich zu entwickeln und über seine Entwicklung zur Meisterschaft zu gelangen.

Die wahre Meisterschaft liegt darin, in allen Gedanken, in allen Handlungen und in jeder Sekunde des Lebens die höchste Göttlichkeit zum Ausdruck zu bringen. Die Menschen erfahren heute sehr viel Leid und sehr viel Ungerechtigkeit – dies alles nur, um zu erkennen, was sie nicht sind, und über diese Erkenntnis zu erfahren, was sie wirklich sind – ein Teil von Gott! Und in der Herrlichkeit und vollen Schöpfermacht geboren, ist der Mensch eben Gott, und das sollte er lernen, zum Ausdruck zu bringen – in der höchsten Form der Liebe – uneingeschränkt und bedingungslos!

Wenn die Welt unterginge, dann wäre alle Erfahrung, die der Mensch gemacht hat, und alle Entwicklung, die erfolgt ist, umsonst gewesen, und deshalb ist es jetzt an der Zeit, die Welt statt sie untergehen vielmehr emporsteigen zu lassen und eine Aufwertung vorzunehmen. Die Erde hat bereits unzählige Krisen überwunden und viele Bedrohungen überstanden – der Mensch wird es nicht noch einmal schaffen, sich selbst auszulöschen, denn er wird durch den Aufstieg in die 5. Dimension davor bewahrt werden. Dies ist nicht wertend gemeint, denn die Erfahrungen waren genau so gewollt, und diese Entwicklung befand sich durchaus im Bereich des Möglichen. Nachdem der Mensch in der Getrenntheit den Weitblick nicht zur Verfügung hatte, war diese Entwicklung vorhersehbar – jetzt erlangt der Mensch diesen Weitblick und ändert sein Verhalten drastisch zugunsten der Erde und des Lebens.

Der Aufstieg der Erde zum Stern ist ein großartiges Ereignis, das den Menschen und seinen Schöpfungsauftrag erstmals in der

Geschichte der Menschheit in voller Ausdrucksform zeigt – es werden lauter erfahrene Seelen auf der Erde verweilen und diesen Auftrag entsprechend ausführen – reife Seelen und alte Seelen deshalb, damit der Leichtsinn unerfahrener, jugendlicher Seelen nicht zu sehr die Oberhand gewinnt und dadurch gewährleistet ist, dass die Schöpfungen alle im Rahmen der vorgesehenen Richtung erfolgen können. Reife und alte Seelen sind diesbezüglich viel verantwortungsbewusster als alle anderen – deshalb diese Entwicklung in der letzten Zeit. Die Inkarnationen seit Jahrzehnten beinhalten nur noch reife und alte Seelen, und das sollte sich auch jetzt in der Umbruchsphase bezahlt machen, denn die Besonnenheit dieser erfahrenen Seelen wird die Erde davor bewahren, tief ins Chaos zu stürzen.

Die Umbruchsphase wird der Erde natürlich einen gewissen Schock versetzen, denn die Menschen sind etwas irritiert, wenn sie in so kurzer Zeit erkennen müssen, dass sie ihr ganzes Leben blind herumgelaufen sind, ohne zu wissen, wohin sie eigentlich gehen sollen, und plötzlich wird allen klar gemacht, dass die Entwicklung der eigenen Seele im Vordergrund ihres Lebens steht – diese Erkenntnis wird den Menschen wie Schuppen von den Augen fallen, und sie werden daraufhin sehr schnell die Entwicklung nachholen und sich auf den Aufstieg vorbereiten. Die Ereignisse, die demnächst auf die Menschheit zukommen, werden diese Entwicklung massiv vorantreiben – so lange, bis alle verstanden haben, warum sie eigentlich hier sind.

Wenn es dann soweit gekommen ist, dass die Menschen erkannt haben, dass es jetzt an der Zeit ist, ihr Leben völlig neu zu gestalten, dann werden sie rasch die Vorbereitungen in Angriff nehmen und sich mental auf eine andere Art des Daseins einstellen – viel Angst und Verzweiflung werden kurzfristig herrschen, und dann kommt ein weiteres Ereignis hinzu, das alle wachrüttelt und erkennen lässt, dass dies nicht nur ein Vorbote des Untergangs ist, sondern ein Vorbote des Aufstiegs und dieser Aufstieg das Herrlichste ist, das den Menschen widerfahren kann.

Wenn dies geschafft ist, dann kann die Erde ihren Auftrag annehmen, ihre Strahlkraft aktivieren und zum Stern erwachen. Eine Änderung in dieser Form ist im Universum schon lange nicht mehr vorgekommen, und daher ist es für alle Beteiligten eine ganz besonders große Freude, dieses Schauspiel zu beobachten und zu erkennen, was jetzt im Universum alles neu geschaffen werden kann.

Der Mensch braucht die erste Zeit danach, um sich neu zu strukturieren – eine neue Gesellschaftsform zu schaffen und sich zuerst um sein eigenes Überleben zu kümmern. Dies erfolgt verhältnismäßig rasch, denn die Vorbereitungen laufen an allen Ecken und Enden der Erde auf Hochtouren, auch wenn das heute noch nicht erkennbar ist. Es werden gerade heute Anleitungen durchgegeben, wie die Gesellschaft neu zu begründen ist, um stabil für alle ein sicheres Dasein zu gewährleisten und die Basis zu schaffen, damit der Mensch seinen Schöpfungsauftrag ausführen kann, ohne sich groß Gedanken machen zu müssen, wo er wohnt und wie er sich ernähren kann. Diese Voraussetzungen werden gerade jetzt geschaffen, und der Mensch wird diese Herausforderung sehr gerne annehmen und prompt ein neues System schaffen, das alle davor schützt, in irgendeiner Form einen Mangel zu erleiden.

Die Mutter Erde hat ihre Vorbereitungen schon größtenteils abgeschlossen – die Erdenhüter-Kristalle sind positioniert und warten auf ihr Signal, das sie aktiviert und das Energiefeld der Erde wiederherstellt. Dann kann die Erde erstrahlen und ihren Auftrag ausführen. Mutter Erde kann sich heute bereits darauf freuen, dass sie nach Milliarden von Jahren endlich dazu kommt, ihrer Bestimmung zu folgen und gemeinsam mit den Menschen eine Schöpfungsmaschinerie in Gang zu setzen, die das Universum noch heller erstrahlen lässt.

Frage: Bei der Vorbereitung der Menschen sprichst du von Ereignissen, die bald in Erscheinung treten werden – was werden das für Ereignisse sein?

Antwort: Die Ereignisse werden für die Menschen eher überraschend eintreten und deshalb werde ich hier keine besonderen Vorkommnisse ankündigen – auch die Zeitpunkte bleibe ich hier schuldig, um keine Panik zu verursachen. Es gibt keinen Grund zur Panik – es werden Erscheinungen sein, die die Menschen wachrütteln und ihnen klar machen, dass sie sich in der Annahme, dass sie ganz alleine auf dieser Erde verweilen, geirrt haben.

Frage: Welche Vorbereitungen laufen derzeit?

Antwort: Wir Erzengel und die Aufgestiegenen Meister kommunizieren derzeit eifrig mit den verschiedensten Medien auf der ganzen Welt und geben Anleitungen durch – eine davon ist das Buch *Die Gesellschaft 2015*. Darüber hinaus werden Informationen über die geistige Welt verbreitet, die den Menschen die Gelegenheit geben, sich mit der Tatsache von nicht sichtbaren Wesen auseinanderzusetzen und das Leben entsprechend danach auszurichten und die Lehren in ihr Leben zu integrieren. Das ist die wichtigste Vorbereitung, der sich der Einzelne unterziehen kann – sich mit der Materie im Detail zu beschäftigen und dann, wenn die Zeit gekommen ist, zu erkennen, dass es jetzt soweit ist, sich mit dem Neuen zu beschäftigen und das Leben neu zu gestalten. Diese Erkenntnisse werden jetzt unter den Menschen verbreitet.

Frage: Was genau werden die Erdenhüter-Kristalle nach ihrer Aktivierung tun, und welche Aufgabe haben die Menschen in diesem Zusammenhang?

Antwort: Die Menschen werden, wie bereits beschrieben, die Regionen heilen, die sie durch ihre Zerstörungen beeinträchtigt haben. Die Erdenhüter werden auch bei dieser Aufgabe sehr unterstützend eingreifen. Die eigentliche Aufgabe der Erdenhüter-Kristalle liegt jedoch darin, die Erde nach außen hin abstrahlen zu lassen – die Energiestrahlen der Erde bis in die hintersten Winkel des Universums erstrahlen zu lassen, um mittels dieser Strahlung die Schöpfungen der Erde ins Universum zu tragen.

Der Aufstieg ist vollbracht

Die Zeit ist gekommen, um dem alten Planeten Erde Lebewohl zu sagen und den neuen Stern Erde willkommen zu heißen. Alle Vorbereitungen sind abgeschlossen, alle Umstellungen in der Rangfolge des Universums erledigt, und die Menschen haben sich völlig neu orientiert und ihre Aufgabe als Schöpfer angenommen. Jetzt ist der Zeitpunkt da, wo die Erde und ihre Bewohner zu dem werden können, was ihnen von der Schöpfung aufgetragen wurde – sie werden selbst zum Schöpfer und beginnen das Leben auf der Erde, in der Erde und im ganzen Universum zu verändern. Wie das im Detail funktioniert, das werden wir hier in diesem Kapitel genauer beleuchten.

Die Mutter Erde ist ein mächtiger Geist, der mit allen Möglichkeiten ausgestattet ist, ihre Schöpfungsgedanken mit Hilfe der enormen Anzahl und mächtigen Größe von Kristallen, die in und auf der Erde ruhen, im gesamten Universum zu verwirklichen. Die enorme Macht, die vom Planeten, oder besser gesagt, Stern Erde ausgeht, ist unbeschreiblich groß, denn die Kristalle können die Gedanken in unvorstellbar weit entfernte Galaxien in Sekundenschnelle transportieren, und dazu brauchte die Mutter Erde ihre Strahlkraft, die sie wiedererlangt hat und die sie durch ihre Kristalle verstärken und bündeln kann. Das ist die große Macht der Mutter Erde – des mächtigen Geists eines Sterns. Dieser Geist hat die Aufgabe übernommen, die unzähligen Erfahrungen, die er über Milliarden von Jahren gemacht hat, auf viele andere Regionen des Universums auszubreiten und dort ein Abbild seiner selbst zu erschaffen. Das ist die große Aufgabe – die Erde zum Erblühen zu bringen und ihre Abbilder im ganzen Universum entstehen zu lassen!

Der Mensch dient hierbei als Helfer und kann durch seinen unbändigen Schöpfergeist, der permanent nach Veränderungen trachtet, einen wichtigen Beitrag leisten. Jeder einzelne Mensch hat die Möglichkeit, sich mit einer Vorstellung dessen, das er gerne erschaffen möchte, an seine Mitmenschen zu richten, um gemeinsam einen Schöpfungsakt auszuführen, den die Mutter Erde entweder zuerst auf oder in sich selbst integriert oder gleich direkt in eine andere Galaxie versendet, um dort die neu geschaffene Spezies zum Leben zu erwecken. Das funktioniert im Detail wie folgt:

Der menschliche Geist hat die Fähigkeit, Gedanken in materialisierter Form in der Realität erscheinen zu lassen – dazu ist er bereits heute fähig, doch lässt ihn die Trägheit des Systems der 3. Dimension keine besonders großen Sprünge machen – seine Schöpfungsfähigkeit ist heute sozusagen stark eingeschränkt. Gleichwohl schafft der Geist jedoch bereits heute sehr entscheidende Dinge, wie z.B. Lebensumstände oder gewisse Ereignisse, die durch aktive Vorstellung des gewünschten Zustands in der Realität in Erscheinung treten. Dies ist derzeit im kleineren Rahmen bereits ohne weiteres möglich, doch die Tragweite dieser Fähigkeit wird um ein Vielfaches ausgeweitet und der Mensch bekommt die Möglichkeit, sich sein tägliches Leben quasi zu erdenken. Das hat damit zu tun, dass seine Gedanken nun die wahre Schöpfermacht erlangen, und dadurch kann der Mensch alles erschaffen, wonach ihm gerade ist – die einzige Voraussetzung dafür ist jedoch, dass der Mensch die „Grundsätzliche Regel“ einhält. Jeder schöpferische Gedanke kann nur dann in Erscheinung treten, wenn ihm die oberste göttliche Absicht, der Ausdruck der bedingungslosen Liebe, zugrunde liegt – nur dann sind Neuerschaffungen überhaupt möglich. Tut der Gedanke dies nicht, so werden auch keine brauchbaren Ergebnisse dabei herauskommen.

Man kann sich diesen Prozess in etwa so vorstellen: Der Mensch möchte gerne ein neues Lebewesen erschaffen, das in Form eines Tieres auf der Welt leben soll. Zuerst braucht der Mensch dazu einen Geist, der das Lebewesen dann, wenn es geschaffen wurde, entsprechend leitet und ihm seinen Entwicklungsprozess vorgibt, denn auch Tiere und Pflanzen unterliegen einem Prozess, der als Lebensaufgabe zu verstehen ist, und jede Lebensaufgabe braucht auch ein entsprechendes Entwicklungsziel. Dieses Entwicklungsziel wird vom Geist des Wesens kontrolliert und gesteuert. Somit ist der Geist des Wesens die allererste Grundlage, die eine Neuschöpfung erfordert.

Sowie ein Geist gefunden wurde, der dazu bereit ist, diese Aufgabe zu übernehmen, wird der Mensch sich weitere Verbündete suchen, die dazu bereit sind, seinen Schöpfungsakt zu unterstützen, denn für so weitreichende Schöpfungen, wie z.B. ein neues Lebewesen, benötigt es sehr viel Schöpfungsenergie und die vermag ein einzelner Mensch nicht aufzubringen. Nachdem sich entsprechend viele Menschen gefunden haben, die diesen Prozess unterstützen, kann in Absprache mit dem Geist des Wesens und dem Geist von Mutter Erde, die dieses neue Wesen ja beheimaten soll, der Schöpfungsprozess beginnen. Alle Beteiligten bringen ihre Vorstellung von dem Wesen samt seiner Aufgabe im natürlichen Kreislauf in den Prozess ein, und sowie alle Etappen des Entwicklungsweges klar vereinbart sind und vollkommene Einigkeit unter allen Beteiligten herrscht, kann das neue Wesen in materialisierter Form entstehen und quasi geboren werden.

Diese Geburt kann man sich nicht vorstellen wie die Geburt eines Menschen oder Tieres – sondern es ist quasi eine Erscheinung, die in Form von Licht entsteht und erst nach und nach in Form von Materie in Erscheinung tritt. Dieser Akt dauert viele Tage und Wochen, und während dieser Zeit müssen alle Beteiligten laufend am Prozess teilnehmen, damit das gewünschte Ergebnis erzielt werden kann. Dieses Ergebnis wird nach geraumer Zeit zu erkennen sein, und dann geht das Wesen seinen weiteren Entwicklungsweg alleine – es bleibt lediglich der Geist, der das Wesen miterschaffen hat, im Wesen zurück und wacht über dessen Entwicklung und die Ausführung seiner Aufgabe im Kreise des natürlichen Lebenszyklusses. Alle genetischen Stationen sind im Wesen klar definiert – von seinen Körperfunktionen bis hin zu seiner Ernährung und seiner Fortpflanzung – alles ist klar definiert, und alle Beteiligten haben all ihr Wissen und ihre Erfahrung eingebracht, um das neue Lebewesen zu erschaffen. Das neue Wesen entsteht nicht in einem Labor unter sterilen Verhältnissen – nein, es entsteht quasi direkt live in der Natur, oder besser gesagt, in der Wildnis, denn die Menschen werden dieses Geschöpf erst zu einem späteren Zeitpunkt in der Wildnis beobachten können, denn die Entstehung in ihrer letzten Konsequenz steuert die Mutter Erde und sie bringt das Lebewesen an einem ihr geeignet erscheinenden Ort in den natürlichen Kreislauf ein. Erst viel später werden diese Geschöpfe, wenn sie sich dann entsprechend ihrem Auftrag verbreitet haben, für die Menschen beobachtbar sein. So entsteht ein neues Lebewesen auf der Erde durch Zutun des Menschen und durch all seine Liebe und all seine schöpferische Macht, die ihm von Gott verliehen wurde – ein Gemeinschaftsprodukt, das die Liebe aller Beteiligten in sich trägt und das die Erde bereichert und die Basis für eine interessante Entwicklung im natürlichen Kreislauf schafft.

Will der Mensch hingegen eine andere Form von Schöpfung entstehen lassen, so verläuft der Prozess etwas einfacher, denn wann immer der Mensch eine Unterstützung für seinen täglichen Ablauf benötigt, wird er sich vieler Gedanken bedienen, um genau das zu erschaffen, was er dafür benötigt. Er wird hierbei auch die Hilfe der Wissenschaftler erhalten, die genau dazu da sind, um neue Gerätschaften zu entwickeln, die der Mensch für die Erleichterung seines täglichen Lebens benötigt. Wird diese Gerätschaft in ihrer Form tatsächlich als wirkungsvolle Unterstützung erfahren, so wird sie auch die Unterstützung im Schöpfungsprozess erfahren. Die Menschen, die dieses Gerät erschaffen, sind im Wesentlichen an der Funktion und dem Zweck des Geräts interessiert, und damit ist im Vorfeld abzuklären, ob das Gerät den entsprechenden Schöpfungsvoraussetzungen entspricht. Sind diese wie beim Erschaffen eines neuen Lebewesens gegeben, so steht dem Schaffen nichts mehr im Wege.

Die Besonderheit bei der Erschaffung eines Hilfsmittels besteht darin, dass dieses Hilfsmittel ebenfalls dazu dienen muss, die höchste Göttlichkeit zum Ausdruck zu bringen. Denn die höchste Göttlichkeit besteht auch bei Hilfsmitteln immer darin, die bedingungslose und uneingeschränkte Liebe zum Ausdruck zu bringen. Ein Hilfsmittel muss daher diesen Nutzen aufweisen, um genau diesem Schöpfungsgrundsatz zu entsprechen, ansonsten ist die Entstehung auf diesem Wege unmöglich. Wird diese Voraussetzung erfüllt, so tritt die Entwicklung in die nächste Stufe ein und der Mensch sucht sich Unterstützer für sein Vorhaben. Sobald entsprechende Unterstützung, die auch fundiertes Wissen über den Einsatz des Hilfsmittels mitbringt, gefunden wurde, wird die gemeinsame Vorstellung des Endprodukts gedanklich visualisiert und mittels Kristallen entsprechend holographisch dargestellt. Auch hier wirken die Kristalle als Verstärker der schöpferischen Kraft und ermöglichen den nächsten Schritt in der Erschaffung des Objekts.

Als nächstes geht es wieder um die Entsendung eines Geistes, der in diesem Objekt ruht, um seinen Zweck zu überwachen und zu unterstützen. Ein solcher Geist kann aus dem Bereich des Lichts erbeten werden und wird sich im Vorfeld genau erläutern lassen, worin seine Aufgabe besteht und welche Art von Nutzen für die Allgemeinheit in seiner Aufgabe liegt. Dieser Geist hat die Aufgabe, all das zu überwachen und am Schöpfungsprozess aktiv teilzunehmen. Er ist hier der Wächter über das entstehende Produkt. Sowie ein Geist davon überzeugt wurde, dass er daran teilnehmen sollte, wird die nächste Stufe der Entstehung eingeleitet: die Stufe der Materialisierung. Dabei geht es in erster Linie darum, das Material zu bestimmen, aus dem das Objekt bestehen soll, um seinen Zweck bestmöglich erfüllen zu können. Es ist wichtig, die molekulare Struktur zu definieren, doch jetzt kommt das Wichtigste am Prozess überhaupt: Als Material wird nicht mehr wie bisher ein Grundprodukt aus der Mutter Erde verwendet, sondern ein fiktiv zusammengestelltes Material, das in seiner Struktur so bisher in der Natur nicht vorgekommen ist. Es beinhaltet viele Elemente aus bekannten Strukturen, doch werden diese optimiert und in einem besonderen Entwicklungsschritt definiert. Eine Auswahl an Materialien erfolgt unter dem Einfluss des Geistes, der im Produkt wohnt, denn er muss dafür Sorge tragen, dass die Umweltverträglichkeit gewährleistet ist und das Material keine Probleme im Kreislauf des Lebens verursacht. Der Mensch hat bereits zu viele künstliche Materialien erschaffen, die in der Natur keine Wiederverwertung finden können, und das kann künftig nicht mehr geschehen, da der Geist über die Materialzusammensetzung und die Umweltverträglichkeit wacht. Wenn also die Materialstruktur definiert und der genaue Zweck geprüft und akzeptiert ist, entstehen in einem interessanten Prozess völlig neue Molekularketten, die quasi von selbst emporwachsen und unter Anleitung des Geistes sich in der Form entwickeln, wie es von den Schöpfern vorgegeben wurde. Das fertige Produkt entsteht somit in einem Laborprozess unter Anleitung der Schöpfer und unter der Kontrolle des im Produkt wohnenden Geistes. Dieses Produkt ist dann fertig ausgegoren, wenn die Schöpfer ihren Arbeitsprozess beendet haben und die Verwendung starten. Dies erfolgt in Form der klassischen Inbetriebnahme wie gewohnt, doch mit dem Unterschied, dass dieses Hilfsmittel kein plumpes, schweres Produkt darstellt, das nach kurzer Verwendungsdauer auf der Problemmülldeponie landet, sondern im Prozess des täglichen Lebens so integriert ist, dass es aufgrund seiner Zusammensetzung einerseits so flexibel und leicht wie möglich ist und andererseits seine Aufgabe so effektiv wie nur irgend möglich ausführt.

So ein Prozess ist für den heutigen Verstand des Menschen schwer vorstellbar, denn die Entstehung von Molekularketten unter Laborbedingungen ist etwas, das die Menschheit erst noch entdecken wird. Heute ist die Menschheit nicht dazu imstande, Materialien herzustellen, die völlig unabhängig von Grundmaterialen, die in und auf der Erde vorkommen, entstehen. Der Vorteil bei diesen Molekularketten ist der, dass die Menschheit dafür keine Ressourcen aus der Erde braucht und daher in der Lage ist, völlig emissionsfrei und ohne Vergeudung von wertvollen Schätzen der Natur Dinge entstehen zu lassen, die dem Menschen dienen, um sein tägliches Leben einfacher zu gestalten. Als Grundlage für diese Molekularketten dienen Materialien, die heute bereits auf euren Mülldeponien vorkommen. Der Vorteil dabei ist, dass der Müll eine sinnvolle Verwendung findet und daraus neue, wichtige Dinge entstehen können, die in der Form bislang undenkbar waren. Alles beruht auf einer grundlegenden Überlegung: Alles braucht einen unterstützenden Geist, und alles braucht die absolute Verträglichkeit mit dem grundlegenden Schöpfungsauftrag – damit ist alles möglich, und der Mensch wird die technischen Hilfsmittel bald entdecken, um diese Strukturen im Labor herstellen zu können.

Auf der Suche nach einer sinnvollen Verwertung der Müllberge stößt der Mensch auf ein Phänomen, das er bisher noch nicht entdeckt hat – es ist auf die Lagerung von Materialen unterschiedlichster Art zurückzuführen ist, Lagermaterial, das unter Druck und der Einwirkung von Umwelteinflüssen entsteht und im Labor extrahiert werden kann. Auf dieser Basis kann der Mensch so ziemlich alle Materialien herstellen, die er benötigt, um all die bisher sehr schweren Materialien zu ersetzen. Im Labor geht das Ganze dann sehr schnell, denn man kann dem Wachstumsprozess der Molekularketten förmlich zusehen und diese mikroskopisch kleinen Prozesse im Detail verfolgen und deshalb auch steuern. So entsteht aus Müll ein völlig neues Material, das in seiner Struktur nahezu unzerstörbar ist und daher eine sehr lange Verwendungsdauer hat. Ein Material, das alle grundsätzlichen Annahmen der Menschen revolutioniert. Die Menschen können sich dadurch auf ein neues Gefüge in der Konstruktion ihrer Hilfsmittel einstellen, das neue technische Entwicklungen ermöglicht und viel Freude in ihren Alltag bringt. Die Welt kann daher aufatmen, denn die Unmengen von Müll, der auf unzähligen Deponien weltweit herumliegt, werden die Menschen dazu animieren, diese alten Sünden aufzulösen und das Material einer sinnvollen Verwendung zuzuführen. Die alten Stahlerzeugungsbetriebe werden dadurch völlig ausgedient haben und stattdessen tritt eine umweltfreundliche oder besser gesagt völlig belastungsfreie Entwicklung von hochfesten Materialen an ihre Stelle.

Frage: Nachdem wir für alle Neuerungen einen Geist brauchen, stellt sich die Frage, was ein Geist ist und woher er kommt?

Ein Geist ist ein Wesen ohne feststofflichen Körper – ein Wesen, das in seiner Existenz aus Licht und Energie besteht und ebenso ein Teil der Schöpfung ist wie alles andere und wie alle anderen Lichtgestalten, die ihr nicht sehen und anfassen könnt. Doch jede Pflanze, jedes Tier und jeder Mensch hat außer seiner materiellen Erscheinung auch einen immateriellen Geist, und deren gibt es unzählige, und die Schöpfung wird niemals ruhen, um weiteren Geistern in Form von Licht das Leben zu schenken – alle mit demselben Auftrag, der, wie bereits mehrfach erwähnt, lautet: die höchste göttliche Liebe in allem Tun und Sein zum Ausdruck zu bringen.

Frage: Wenn wir z.B. ein neues Tier erschaffen möchten, können wir das Ergebnis unseres Schöpfungsaktes dann gar nicht sofort sehen, sondern müssen warten, bis die Mutter Erde das Tier am geeigneten Ort freisetzt, um es dann in seiner Entwicklung beobachten zu können?

Antwort: Das ist korrekt – ihr müsst der Mutter Erde überlassen, wo sie das Tier in Erscheinung treten lässt, so wie sie es mit all den unzähligen bisherigen Arten auf der Erde getan hat – aus völlig unerklärlichen Gründen ist plötzlich eine andere Gattung entstanden, die es nirgendwo sonst gibt. Und genau so überraschend wird es für euch sein, wenn ein neues Lebewesen in Zusammenarbeit mit der Mutter Erde entsteht.

Frage: Das bedeutet, dass wir zwar schöpferische Macht besitzen, die höchste Macht aber immer noch über uns wacht und wir damit von vielen anderen Faktoren nach wie vor abhängig sind, die unseren Schöpfungsdrang im Zaum halten?

Antwort: Es obliegt immer noch der höchsten Macht, eure Schöpfungen zu kontrollieren bzw. zu unterbinden, sofern sie dem gesamten Gefüge im Wege stehen bzw. nicht dienlich sind. Diese grundsätzliche Einschränkung musste aufrechterhalten bleiben, denn ihr dürft nicht vergessen, dass ihr auf dieser Erde seid, um in menschlicher Form eure Göttlichkeit zu erlernen und auszuprobieren und über das Austesten Erfahrungen zu sammeln, die euch in Summe weiter wachsen lassen und eure Entwicklung vorantreiben – im Sinne der Rückkehr zur Quelle allen Seins. Ihr werdet mit der Urquelle wieder verschmelzen, wenn ihr alle Erfahrungen gesammelt habt, die euch die höchste Ausdrucksform ermöglichen.

Frage: Das mit der Schöpfung durch unsere Gedanken kann ich mir schwer vorstellen. Bedeutet das, dass wir alleine unsere Gedanken benutzen können, um z.B. eine Maschine zu erschaffen, ohne diese aus vielen einzelnen Teilen, die vorgefertigt wurden, zusammenzusetzen?

Antwort: Eure Gedanken alleine werden noch nicht ausreichen, um diesen Entwicklungsprozess in Gang zu setzen – ihr braucht wie gesagt einen Geist, der dem Fertigprodukt innewohnt, und ihr braucht die Bedingungen im Labor, um den Schöpfungsprozess abschließen zu können. Natürlich wird ein Fertigprodukt aus verschiedenen Einzelteilen bestehen, die alle auf diese Art und Weise entstehen können. Angereichert durch elektronische Komponenten, die zum Teil ebenfalls aus völlig neuen Materialien bestehen, wird euch das Produkt im Alltag zur Verfügung stehen.

Frage: Ist das dann nicht ein ganz normaler Laborprozess, der auf neuen Erkenntnissen in der Wissenschaft beruht, und gar kein Schöpfungsprozess im Sinne der Schöpfung, wie er in seinem Grundelement zu verstehen ist?

Antwort: Der Unterschied besteht darin, dass ein normaler Laborprozess ausschließlich vom Menschen alleine gesteuert wird und der

Schöpfungsprozess hier auf der Basis eurer Gedanken entsteht und ihr dazu außer dem Geist gar keine weitere Zutat benötigt – lediglich die Grundmaterial-Voraussetzung werdet ihr entdecken und im Labor nachstellen. Somit ist die Erschaffung dieser neuen Hilfsmittel einerseits ein wissenschaftlicher Akt, und andererseits ist er nur möglich, wenn die anderen Grundvoraussetzungen bestehen. Dann ist der wahre Schöpfungsprozess möglich. ihr braucht dann keine Maschinen mehr, die gewisse Formen aus Grundmaterialien herstellen, denn das Material entsteht gleich in der richtigen Form, wie ihr es benötigt.

Frage: Verstehe ich das richtig, dass die Kristalle uns dabei behilflich sind, eine Art dreidimensionale Lichtgestalt des fertigen Objekts zu formen, das dann später quasi von selbst im Labor gemäß der Vorgabe aus Licht und Energie wächst?

Antwort: Völlig richtig erkannt, die Kristalle helfen euch, mittels Licht ein Hologramm zu erstellen, das eure Gedanken bildhaft darstellt, und anhand des Hologramms könnt ihr eure Anpassungen vornehmen – wenn ihr in eurer Überzeugung fertig seid, dann kann der Geist des neuen Objekts am Wachstum der einzelnen Komponenten teilhaben und ihr könnt zusehen, wie euer Objekt entsteht.

Frage: Müssen wir die Einzelteile dann wieder von Hand zusammenbauen wie bisher?

Antwort: Nein – es entsteht alles fix und fertig – ihr braucht keine weiteren Arbeiten durchführen – ihr erschafft ein fertiges Produkt.

Im Vorfeld empfangene Botschaft

Alle Menschen haben die gleichen Voraussetzungen bereits von Geburt an, um dem Auftrag als Schöpfer gerecht werden zu können. Alle haben einen schöpferischen Geist mitbekommen, der mächtig genug ist, um alles im Leben erschaffen zu können. Ihr werdet sehr bald lernen, diesen Geist einzusetzen und kontrolliert die Ergebnisse zu erzielen, die ihr euch wünscht. Ein schöpferisches Instrument der Extraklasse – wenn ihr bisher schon gewusst hättet, welches Kraftwerk ihr da in euren Köpfen herumtragt, dann hättet ihr dieses schon viel früher dazu benutzt, um euch euer Leben einfacher zu gestalten. Diese Erkenntnis dringt jetzt durch, und ihr könnt beginnen, eure Möglichkeiten auszuprobieren. Wartet nicht, bis ihr in die 5. Dimension aufgestiegen seid – beginnt gleich jetzt damit und experimentiert mit euren Gedanken – ihr könnt wahre Wunder vollbringen – ihr müsst es euch nur zutrauen und euch diszipliniert die Dinge vorstellen, die demnächst in Erscheinung treten sollen – dann wird es auch so sein!

Der Stern übertrifft alle Erwartungen

Nachdem der Mensch das ganze Ausmaß seiner Schöpfermacht entdeckt hat, beginnt er sich rasend schnell mit den neuen Erfindungen bzw. Schöpfungen im Detail zu beschäftigen. Er startet eine intensive Erforschung der Natur, um herauszufinden, welche Art von Lebewesen auf dem Stern Erde noch nicht oder nicht mehr existiert, und versucht, genau diese Geschöpfe nachzubilden, und stellt damit das Gleichgewicht in der Natur wieder her. Dies betrifft Pflanzen und Tiere gleichermaßen, und dadurch gelingt es ihm, die Natur üppiger denn je erblühen zu lassen. Eine Artenvielfalt entsteht, die der Mensch derzeit noch nicht kennt, und er wird mit großer Freude sein Werk beobachten und sehen, wie der Stern weiter erwacht und immer noch wundervoller erstrahlt.

Je mehr sich die Erde als Stern zu erkennen gibt, desto mehr wird der Schöpferdrang des Menschen erwachen und dadurch die Voraussetzungen geschaffen, um das Leben auf der Erde auch auf andere Planeten zu verpflanzen, die derzeit noch nicht bewohnt sind bzw. noch nicht in der Form mit physischem Leben ausgestattet wurden. Grundsätzlich ist zu bemerken, dass jeder Planet und jeder Stern bewohnt ist, denn zumindest wohnt in jedem dieser Gestirne ein mächtiger Geist, der einen klaren Auftrag ausführt. Diese Aufträge sind alle im universellen Sinn zu sehen und sorgen für Gleichgewicht im gesamten Universum und stabilisieren das Leben. Nachdem nur eine geringe Anzahl von Planeten bewohnt ist, entdeckt der Mensch seine Bestrebung, das Leben auf der Erde auch auf andere Planeten zu übertragen. Nachdem er sich mit seinen Artgenossen zusammengetan hat und darüber diskutiert wird, wohin das Leben der Erde exportiert werden soll, beschließen die Menschen, einen Planeten versuchsweise mit Leben zu erfüllen. Nachdem das Leben gewisse Voraussetzungen benötigt, wird der Mensch zuerst bemüht sein, diese auf dem Planeten zu schaffen, und erst dann, wenn die Basis vorhanden ist, wird Leben auf den Planeten exportiert. Dies beginnt vorerst im mikrobiologischen Bereich, und es werden Bakterien angesiedelt, die die Basis für weiteres Leben bilden.

Diese ersten Versuche werden bald von weiteren gefolgt, und nach und nach beginnt sich dieser Planet mit Leben zu füllen. Der Mensch wird behutsam vorgehen und nur die Entwicklungen anstreben, die eine langfristige Erfolgschance gewährleisten. Erst im Laufe der Zeit, wenn zu beobachten ist, dass die Versuche von Erfolg gekrönt sind, wird der Mensch den Planeten dann schneller mit Leben erfüllen, und es entsteht ein weiteres Ökosystem, das Leben in jeglicher Gestalt ermöglicht. Die Natur erhält freien Lauf und kann all das weiterentwickeln, was in den Grundgedanken der neuen Lebewesen vom Menschen verankert wurde. Die Mutter Erde oder besser gesagt der Geist der Mutter Erde spielt bei diesem Vorgang eine sehr wesentliche Rolle, denn ihre ganze Erfahrung bringt sie in den Schöpfungsprozess ein und sorgt dafür, dass die Entwicklungen schneller und problemloser ablaufen können, als es einst auf der Erde geschehen ist.

Alles erblüht und die Erde sowie der erste ausgewählte Planet beginnen sich schnell zu entwickeln. Es erfreut den Menschen sehr, wenn er sein Werk beobachten kann, und daraufhin beschließt er, weitere Teile des Universums auf diese Art mit Leben zu erfüllen. Dabei beginnt er auch andere bewohnte Planeten in diesen Prozess einzubinden. Er erforscht zuerst diese Planeten und lässt sich die Grundgesetze des Lebens dort entsprechend erklären, um weitere Informationen zu erhalten, wie Leben sonst noch auf einem Planeten entstehen kann. Diese Erkenntnisse helfen dem Menschen sehr, um weitere Planeten mit Leben zu erfüllen. Auf diese Art wird der Mensch dafür sorgen, dass in verhältnismäßig kurzer Zeit das Universum an allen möglichen Ecken und Enden erblüht wie nie zuvor.

Ein Meisterwerk der Schöpfung folgt dem nächsten und so weiter und so fort.

Erst wenn der Mensch erkannt hat, dass er, ebenso wie er geschaffen wurde, selbst in der Lage ist, Neues zu erschaffen, erst dann wird ihm klarwerden, welch großartige Fähigkeit er in den vielen Jahren zuvor besessen und nur sehr bedingt und vor allem unbewusst benutzt hat. Die Faszination wird darin bestehen, dass der Mensch erkennt, dass Schöpfung im Gegensatz zum Bauen diverser Geräte, wie es der Mensch bisher gewohnt ist, keine Grundmaterialien benötigt, sondern lediglich einen gutgesinnten Geist und eine klare Vorgabe der Göttlichkeit, und schon ist quasi alles möglich – es muss lediglich dem Grundprinzip des Schöpfers entsprechen.

Diese Erkenntnis lässt den Menschen weiter ins All schweifen und die Sehnsucht nach der Reise zu anderen Kulturen entwickeln. Eine Sehnsucht mit weitreichenden Folgen, denn der Mensch erkennt, dass die Schöpfung des Universums noch viel facettenreicher ist, als er es je für möglich gehalten hat. Er stößt auf Galaxien mit Lebewesen, die er noch nie zuvor gesehen hat, und kann mittels dieser Erfahrung weitere völlig neue Entwicklungen machen, die das Leben auf der Erde erneut verändern. Eine Veränderung, die das Leben des Menschen in den nächsten Jahren weiter revolutionieren wird, sowie seine Fähigkeit als Schöpfer im Universum weiter bestärken und seine Fähigkeiten aufwerten wird.

Um ferne Galaxien zu erreichen und die dort lebenden Wesen zu untersuchen und zu erforschen, würde der Mensch heute Raumschiffe bauen, um sich mit diesen über viele Jahre dorthin zu bewegen. Künftig wird so etwas nicht mehr notwendig sein, denn der Mensch entwickelt mit Hilfe der Kristalle die Fähigkeit der Visualisierung von unendlich weit entfernten Galaxien samt deren Lebensformen. Die Entwicklung der Hologramm-Visualisierung ist eine sehr bedeutende, denn damit kann man ein Objekt darstellen, es rundherum betrachten und im Inneren Veränderungen vornehmen, um es zu optimieren und auf seinen Entstehungsprozess vorzubereiten.

Dies gleicht in etwa der 3D-Visualisierung auf euren Computerbildschirmen, doch in ungleich größerer Darstellung mit der Möglichkeit, sich mitten in das Objekt hineinzubegeben, um es im Inneren im Detail zu erforschen.

Diese Technologie beruht auf den Fähigkeiten der Kristalle in Verbindung mit den Gedankenströmen der Menschen – ein Phänomen, würdet ihr heute sagen, doch es ist nichts anderes als die bildhafte Darstellung eurer Gedankengänge, und nachdem diese ja bekanntlich nicht stabil sind, werden euch die Kristalle dabei behilflich sein, diese zu stabilisieren und euch bildhaft darzustellen. Auf diese Art könnt ihr auch weit entfernte Lebensformen darstellen, ohne selbst dort hinreisen zu müssen. Ihr könnt all dies nur mit den Transportstrahlen der Kristalle und euren Gedanken bewerkstelligen. So kommt es dazu, dass ihr ausgiebige Reisen durch ferne Galaxien unternehmt, die euch unzählige neue Erkenntnisse vermitteln und euch das Leben auf anderen Planeten im Detail erforschen lassen. Selbst die Molekularstruktur einzelner Materialien werdet ihr auf diese Art untersuchen und analysieren können. Ein wunderbares Werkzeug, um das Universum bis in seine verborgensten Ecken zu erkunden.

Angesichts der Möglichkeiten, die euch künftig zur Verfügung stehen, erscheint euch euer derzeitiges Leben als klein und unbedeutend. Doch ihr müsst die Zusammenhänge verstehen lernen, warum gerade ihr Menschen dazu auserwählt wurdet, diese Fähigkeit, als Schöpfer in Erscheinung zu treten, ausleben zu dürfen. Das hat einen ganz bestimmten Grund und der hat mit der grundsätzlichen Schöpfung des gesamten Universums zu tun. Der Urgedanke der Schöpfung beinhaltet die Gabe, dass alle neu erschaffenen Lebewesen unbedingt in der Lage sein müssen, die höchste göttliche Liebe zum Ausdruck zu bringen. Das muss noch nicht bedeuten, dass sie dies auch tatsächlich immer tun, sondern lediglich die Möglichkeit ist von Bedeutung. So kommt es, dass der Mensch gerade in dieser Disziplin weit hinterherhinkt, und deshalb jetzt die Aufklärung, warum das so gewollt war. Der Mensch ist ein ganz besonderes

Wesen und von der Schöpfung genau damit beauftragt worden, die Erfahrungen zu machen, die er benötigt, um die allerhöchste Form des Schöpfers ausleben zu können. Grundbedingung für diese Fähigkeit war, die Basis des Lebens zu erfahren. Unter Basis ist zu verstehen, dass der Mensch erleben musste, zutiefst am Boden zerstört zu sein und die dunkelsten Seiten seiner Existenz zu erfahren, um über die Handlungen, die zu dieser dunklen Erfahrung geführt haben, zu erkennen, dass es eine lichte Seite gibt und diese lichte Seite das wahre Ich im Menschen bedeutet. Er sollte über die dunkle Seite zum Licht finden. So wurde auch die Erde als Gesamtes erschaffen, um genau für diese Erfahrung und für diesen Entwicklungsprozess zu dienen – dies war der Auftrag der Mutter Erde – dem Menschen eine Basis zu bieten, um das Leben in seiner Tiefe zu erfahren und eben über Erfahrungen, die schmerzhafter Natur sind, zu erkennen, dass es zwei Seiten gibt er die Möglichkeit hat, sich zu entscheiden, auf welcher Seite er stehen möchte. Diese Erfahrung habt ihr jetzt lange genug gemacht, und man kann davon ausgehen, dass ihr es geschafft habt, euch selbst als das lichte Wesen zu erkennen, und ab sofort nur mehr die lichten Gedanken zulasst und nach eurer Erfahrung mit der dunklen Seite gewährleistet, dass alle Neuerungen, die ihr im Universum einführt, ausschließlich den lichten Gedanken in sich tragen und das Leben noch großartiger werden und weiter wachsen lassen, bis der Ausdruck der absoluten Göttlichkeit in jedem Einzelnen von euch möglich ist. Das ist der Zeitpunkt, wo ihr mit der Quelle allen Seins wieder verschmelzen werdet.

Das Großartige an diesem Prozess ist, dass ihr Menschen über diese dualen Erfahrungen so viel zu berichten wisst, dass niemals wieder auch nur einer auf den Gedanken kommen wird, sich dermaßen tief in dunkle Gedanken zu verstricken. Durch die Erfahrung, was im Dunklen alles so passieren kann, wird keiner mehr das Bedürfnis haben, all dies jemals wieder zu erleben.

Frage: Nachdem der Mensch eine Artenvielfalt an Pflanzen und Tieren erschafft bzw. ausgestorbene Tierarten auf die Erde zurückbringt, stellt sich die Frage, ob es nach wie vor so viele oder noch mehr Raubtiere geben wird, denn der Mensch soll einerseits lernen, die göttliche Liebe zum Ausdruck zu bringen, und selbst zum Vegetarier werden, wie du es im Buch „Die Gesellschaft 2015" darstellst, doch andererseits bin ich mir nicht sicher, ob es so göttlich ist, wenn ein Raubtier ein anderes Tier grausam tötet und verschlingt?

Antwort: Wir müssen unterscheiden zwischen Menschen, die bewusst handeln, und Tieren, die nur nach ihrem Instinkt handeln. Tiere sind in ihrer Beschaffenheit ebenso göttliche Geschöpfe, doch viele dienen dem Kreislauf des Lebens und stellen ihren physischen Körper zur Verfügung, um einer anderen Spezies das Überleben zu sichern. Das ist ihre von Gott gegebene Aufgabe, und das sind zumeist Seelen, die in ihrer Anfangsphase der Inkarnationen auf der Erde stehen. Dadurch werden diese Seelen auch nur für den Zeitraum auf der Erde bleiben, wie es ihnen vorgegeben wurde. Das Ende im Maul eines Raubtieres ist für euch Menschen eine schreckliche Vorstellung – für die Tiere ist es jedoch ein normaler Vorgang, den sie zwar mit ihrem Leben bezahlen, doch dazu sind sie geboren worden. Ihr Menschen hingegen seid in eurer Entwicklung sehr viel weiter und deshalb ist es euch bestimmt, über die niederen Bedürfnisse hinauszuwachsen. Eure Aufgabe ist es, auf die niederen Beweggründe zu hören und diese dazu zu benützen, um genau das Gegenteil davon zu tun – auch wenn es euch noch so schwerfallen mag. So ist der Verzicht auf genau diese niederen Handlungen die Meisterschaft aller Handlungen. Viele von euch essen derzeit noch Tiere, doch wenn ihr sie alle selbst schlachten müsstet, dann würden die meisten von euch darauf verzichten, denn etwas sträubt sich bereits in ihnen, und ihr seid im Augenblick zweigeteilt in der Sicht dieser Angelegenheit. Ihr werdet bald die Botschaft in euch integrieren und auf Fleisch verzichten, denn euch steht die Wahlmöglichkeit zur Verfügung – ihr könnt mit Fleisch ebenso gut leben wie ohne – bzw. ohne sogar viel besser!

Frage: Warum wurden die derzeit nicht bewohnten bzw. nicht mit physischem Leben ausgestatteten Planeten nicht längst von den Bewohnern eines anderen Planeten/Sterns besiedelt? Warum dürfen ausgerechnet wir uns darum kümmern – wir blicken doch auf eine Vergangenheit zurück, auf die wir ganz und gar nicht stolz sein können, und jetzt wird uns diese Ehre zuteil – ich verstehe die Zusammenhänge nicht und ersuche daher um Aufklärung?

Antwort: Die Erde hat dieses Privileg erhalten, weil der Mensch durch die lange Zeit der Getrenntheit so viele Erfahrungen sammeln konnte, dass er die besten Voraussetzungen hat, um klar erkennen zu können, ob es sich um Schöpfungen handelt, die im Sinne der höchsten Göttlichkeit geschehen, oder ob dies nicht der Fall ist. Euer Urteilsvermögen in Bezug darauf ist dermaßen geschärft worden, und dadurch bringt ihr die besten Voraussetzungen mit, um verantwortungsvoll neues Leben auf anderen Planeten zu erschaffen. Die anderen bewohnten Planeten könnten dies grundsätzlich auch tun, doch haben diese den Status Stern noch nicht erreicht und verfügen daher nicht über diese Fähigkeiten. Die Erde hat aufgrund ihrer langen Geschichte diese Ehre verdient, um in den Rang des Sterns aufzusteigen und als Schöpferstern zu fungieren. Das Leben auf der Erde ist bereits so alt, und der Erfahrungsschatz von Mutter Erde kann so unglaublich viel zur Schöpfung beitragen wie kein anderer vergleichbarer Planet im Universum.

Frage: Wenn wir auf andere Planeten physisches Leben bringen möchten, dann muss das Lebewesen ja irgendwie dort hingelangen. Wie funktioniert das mit den Transportstrahlen, damit das Wesen auf dem Transportweg keinen Schaden nimmt?

Antwort: Der Transportweg wird in Wahrheit gar nicht angetreten, denn die Schöpfung geschieht zwar auf der Erde, doch das Einzige, das sich auf den Weg zu diesem Planeten macht, ist euer Schöpfungsgedanke und der Geist, der dem Lebewesen innewohnt.

Das ist der einzige Teil, der auf Reisen geht, und das geht blitzschnell, denn auf dem Weg dorthin besteht alles nur aus Licht und Energie.

Frage: Wie wird der Kontakt zu den Lebewesen auf den weit entfernten Planeten stattfinden, und was werden die davon halten, wenn sie von der entfernten Erde, von deren Existenz sie vielleicht gar nichts wissen, kontaktiert werden?

Die Galaxien, die ihr besuchen werdet, könnt ihr vorerst ohne direkten Kontakt beobachten und euch das Leben dort im Detail sehr genau ansehen. Wenn ihr dann genug Informationen gesammelt habt und euch nach einem Kontakt ist, dann werdet ihr einen Weg finden, um in Kontakt zu treten, und die dort lebenden Wesen einladen, mit euch gemeinsam etwas Neues entstehen zu lassen. Es hängt vom Entwicklungsstand des jeweiligen Planeten ab, ob ihr den Kontakt suchen werdet oder nicht. Das könnt ihr mit den Außerirdischen auf der Erde vergleichen – die nehmen ebenfalls keinen Kontakt auf, zumindest nicht um sich zu erkennen zu geben. Das Studium des Planeten könnt ihr von der Erde aus machen und ohne Kontakt aufzunehmen. Den Außerirdischen auf der Erde war dies bislang nicht möglich, so mussten sie physisch anreisen, um Näheres über die Erde zu erfahren.

Frage: Mir ist der Schöpfungsprozess noch nicht verständlich genug – wenn wir uns in Abstimmung mit Mutter Erde ein Lebewesen gedanklich vorstellen und dieses ins Leben rufen möchten, dann können wir die Entstehung des Wesens nicht beobachten und zusehen, wie aus dem Nichts plötzlich eine neue Gattung von z.B. Elefanten-Känguruhs entsteht. Andererseits, wenn wir ein Hilfsmittel erschaffen, dann können wir zusehen, wie es quasi aus dem Nichts erwächst… Bitte gehe noch näher auf diesen letzten und entscheidenden Entstehungsprozess ein – die gedankliche Vorstufe ist etwas leichter nachzuvollziehen. Bisher haben wir unsere Werkzeuge und Maschinen einfach aus Holz oder

Metall gefertigt – woraus entsteht dann dieses neue Wesen bzw. dieses neue Hilfsmittel?

Ich kann mir vorstellen, dass du Schwierigkeiten hast, den Schöpfungsprozess nachzuvollziehen, da ihr Menschen es gewöhnt seid, für alles ein Grundmaterial zu verwenden. Bei der Schöpfung hingegen besteht das Grundmaterial aus Licht und Energie, das durch eure Gedanken in Form gebracht wird. Die Summe eurer Gedanken bzw. eurer Vorstellungskraft macht das Ergebnis eures Schöpfungsprozesses aus. Ihr braucht kein Grundmaterial, denn der Geist des Wesens, der mit allen Informationen gefüttert wurde, ist vergleichbar mit eurer DNS – ein Code, in dem alle Lebensinformationen gespeichert sind, und über diesen Code findet das Leben selbständig einen Weg, um in die Realität zu gelangen. Es will dabei unbeobachtet sein, da ihr bei eurer Beobachtung den Prozess durch eure Gedanken beeinflussen würdet und er dadurch gefährdet wäre, denn eure Gedanken sind sehr instabil. Ihr kennt das aus der Quantenphysik, dort habt ihr ebenfalls Prozesse entdeckt, die mit Beobachter zu anderen Ergebnissen führen als ohne. Dieses Phänomen hat auch im Schöpfungsprozess seinen Sinn. Ihr werdet es nicht erklären können, denn das macht ja das Göttliche aus – es ist nicht zu erklären und passt in den logischen Verstand des Menschen nicht hinein – dafür ist es einfach zu groß und zu großartig! Bei der Erschaffung von euren Maschinen und Hilfsmitteln muss grundsätzlich gesagt werden, dass dies eine Mischung aus euren Gedanken und einem Grundmaterial, das in einem chemischen Prozess entsteht – es ist somit eine Mischung aus beidem – einerseits eurer schöpferischen Gedanken, die das Material in seiner Zusammensetzung und Formgebung stark beeinflussen, und andererseits von Vorgängen, wie ihr sie von sonstigen Produktionsprozessen her kennt. Es ist also eine Mischerscheinung, die dazu dient, dass ihr euch euer Leben auf der Erde so einfach wie möglich gestalten könnt, um mehr Zeit für eure Schöpfungsaufgabe zu haben. Neu ist hingegen, dass euren Geräten ein Geist innewohnt, der euch bei diesem Entstehungsprozess unterstützt – ein Wesen aus Licht und Energie mit einem klaren Auftrag.

Frage: Aus den „Bestellungen ans Universum" wissen wir, dass wir entsprechend unsere Wünsche mit etwas Zeitverzögerung erfüllt bekommen, sofern diese entsprechend nachhaltig formuliert waren. Nachdem wir unsere Schöpfermacht in vollem Umfang erlangen, möchte ich gerne wissen, ob wir uns unseren Lebenspartner und unsere Familie quasi selbst erschaffen können?

Wenn ihr euch einen Lebenspartner wünscht oder wenn ihr euch eine Familie gedanklich zusammenstellt, dann habt ihr eine gewisse Wunschvorstellung. Diese Wunschvorstellung ist auch heute schon die Basis, auf der ihr eure Lebenspartner und auch eure Kinder auswählt. Die Schöpfung hat jedoch auch hier noch ein Wort mitzureden, und es wird euch nicht immer alles zu 100% erfüllt, denn ihr wisst oft gar nicht, dass ihr im Unterbewusstsein eure Wünsche korrigiert und daher das Ergebnis, das ihr heute erzielt, oftmals etwas anders ist als bewusst erdacht. Letztlich funktioniert eure Vorstellung in Zukunft nicht viel anders als heute, doch der Unterschied ist, dass ihr sehr viel klarer sein werdet und euch daher der gewünschte Lebenspartner auch entsprechend über den Weg läuft und ihr ihn dann, wenn die Zeit reif ist, auch erkennt. Die Kinder, die ihr zur Welt bringen werdet, sind natürlich auch von deren Seele beeinflusst, die sich den Körper des Kindes zurecht richtet. Ihr müsst davon ausgehen, dass ihr zwar Vorstellungen haben werdet, diese jedoch von den Vorstellungen eures Partners und von den Vorstellungen der Seele des Kindes beeinflusst werden und somit das Ergebnis immer eine Mischung aus verschiedenen Vorstellungen ist.

Im Vorfeld empfangene Botschaften

Geliebte Gotteskinder auf der Erde, ich wünsche mir von euch eine enge Zusammenarbeit zwischen euch Menschen und der Mutter Erde, damit ihr die Erde wieder als blühenden Stern erstrahlen lassen könnt. Macht gemeinsam die Erde zu dem, was sie sein soll – ein strahlender Stern, der seinesgleichen im Universum sucht. Ihr werdet sehr viele Möglichkeiten vorfinden, um euren Drang, neues Leben zu erschaffen, zu befriedigen. Die Mutter Erde wird euch behilflich sein, neues Leben auch auf anderen Planeten entstehen zu lassen. Alle zusammen könnt ihr eine wunderbare Basis schaffen, damit die Erde ihre ganze Kraft wiedererlangt und daraus neues Leben entsteht. Die Welt des Lichts ist bei allen euren Aktivitäten mit dabei, und wir wachen über euch und euer Tun. Wir stehen euch immer zur Seite und sorgen dafür, dass ihr euch nicht zu sehr in eure Leidenschaft verstrickt, sondern dass ihr mit Freude und Übersicht ans Werk geht.

Die Erde kann sich als Stern im Universum sehr schnell als einer der großen Schöpfer etablieren. Mit Hilfe der Menschen wird das Verbreiten neuen Lebens sehr rasch voranschreiten. Die Erde bekommt eine Bedeutung im Universum wie selten ein Stern! Diese Ehre ist letztlich auf die große Erfahrung der Erde zurückzuführen, die sie aufgrund der sehr langen Zeit als bewohnter Planet gesammelt hat, und die unzähligen Inkarnationen der Menschen und dadurch den großen Erfahrungsschatz der Menschen in der Getrenntheit. Durch die Rückkehr in die Einheit kann der Mensch bereits zu Beginn des Neuen Zeitalters großartige Neuerungen erschaffen und dadurch dem Stern Erde einen großen Dienst erweisen. Die Kommunikation zwischen den Menschen und dem Geist der Mutter Erde beginnt sich sehr bald zu intensivieren, und daher kommt das Energiefeld der Erde bald wieder ins Gleichgewicht. Eine stabilisierte Erde kann sich auch wieder sehr schnell erholen und neues Leben im Überfluss entstehen lassen. Dieses Leben bildet die Basis für alle weiteren

Ergebnisse der menschlichen Schöpfung in Zusammenarbeit mit der Mutter Erde. So entsteht ein großartiges Schöpferteam, das die Lebewesen der Erde auf andere Planeten transferiert.

Wenn alle auf der Erde ihren Weg zum Licht gefunden haben, dann bewegt sich die Erde auf eine völlig neue Epoche zu. Die Erde bekommt dann eine völlig neue Aufgabe – sie wird gemeinsam mit den Menschen ihren schöpferischen Auftrag ausführen und dafür sorgen, dass über das gesamte Universum verteilt viele Planeten zum Leben erweckt werden. Viele Abbilder der Erde werden entstehen, und ebenso viele Abbilder der Menschen werden diese Planeten besiedeln. Dies ist bereits seit Urzeiten ein Wunsch der Menschen – einen anderen Planeten zu besiedeln – ihn zum Leben zu erwecken. All das wird jetzt bald möglich sein – der Unterschied in der Vorstellung gegenüber den früheren Ansichten, dass man diesen Planeten persönlich besuchen muss, um auf ihm etwas in Gang zu setzen, ist der, dass ihr nicht verreisen müsst, um diesen Planeten zu besuchen – ihr könnt dies auf geistigem Wege tun und euren Geist dafür benutzen, um Visualisierungen dieses Planeten herzustellen, um bis ins kleinste Detail zu erkunden, was dieser Planet benötigt, um zum belebten Planeten zu werden. Dies alles geht sehr schnell und schon bald könnt ihr mit den Vorbereitungen beginnen. Mutter Erde und wir Engel werden euch dabei behilflich sein.

Die Welt erblüht

Sobald die Arbeiten der Menschen an der Umstellung ihres Lebens abgeschlossen sind, wird die neu geformte Gesellschaft ans Werk gehen und den Planeten Erde, der zwischenzeitlich bereits zum Stern aufgewertet wurde, mit neuem Leben bedecken. Dies erfolgt vorerst in Form von Pflanzen, denn die Wälder müssen schnell wiederhergestellt werden, damit sich auch die Atmosphäre rasch erholen kann. Die Erholungsphase wird angesichts der Schäden, die der Natur zugefügt wurden, verhältnismäßig kurze Zeit benötigen, und die Menschen werden es schaffen, ihr Klima wieder zu beruhigen und die Naturgewalten zu besänftigen. Der Effekt aus diesen Maßnahmen ist ein sehr stark erstrahlender Stern, der wieder voller Lebenskraft steckt und den Menschen wieder ein Zuhause bietet, das ihnen Freude bereitet und um das sie sich mit großem Engagement kümmern und es hegen und pflegen, bis alles erstrahlt wie vor vielen Jahren, bevor die Industrialisierung eingesetzt hat.

Die Erde kann sich durch die rasche Erholung wieder um sich selbst kümmern und die neue Aufgabe, die sie erhalten hat, auszuführen beginnen. Das bedeutet, dass sie ihre Strahlkraft benutzt, um in entfernten Gegenden des Universums einen Planeten auszuwählen, der mit entsprechend neuem Leben ausgestattet werden soll. Sobald sie ihre Wahl getroffen hat, wird der Mensch mit ihr gemeinsam beginnen, die Voraussetzungen dort zu schaffen. Die Erde wird zuvor den Menschen erklären, wie sie die Kristalle einsetzen können, um ihre Energieversorgung auf stabile und umweltfreundliche Beine zu stellen, und dadurch kann der Mensch alle Kraftwerke, die Emissionen verursachen, abstellen und zu anderen Zwecken umgestalten. Die weitere Verwendung der Kristalle wird der Mensch ebenfalls sehr bald entdecken, und dadurch ist gewährleistet, dass er die angestrebten Schöpfungsergebnisse visuell darstellen kann. Die Hilfe der Kristalle, die mit den Gedanken der Menschen gespeist werden und daraus ein sehr großes Hologramm erstellen, das alle Beteiligten an allen beliebigen Orten der Welt betrachten können, wird der Mensch in vielen Lebensbereichen in Anspruch nehmen. Die Kristalle stecken voller unerschöpflicher Energie, die bei den verschiedensten Anwendungen ihren Einsatz finden – ein Geschenk der Mutter Erde an die Menschen, damit sie ihre Möglichkeiten weiter ausbauen können.

Wenn diese Techniken vom Menschen beherrscht werden, dann steht dem Schöpfungsprozess nichts mehr im Wege und der Mensch kann die neuen Möglichkeiten einsetzen, um beliebig im ganzen Universum Leben zu verbreiten. Die Auswirkungen auf das Universum sind enorm, und die Möglichkeit der Menschen, sich selbst als Schöpfer zum Ausdruck zu bringen, wird endlich in vollem Umfang realisiert. Eine Entwicklung, auf die der Mensch und die Mutter Erde bereits sehr lange warten, doch zuvor war es notwendig, dass die Menschen so viele Erfahrungen wie möglich sammelten, um daraus die Erkenntnisse zu ziehen, die sie benötigen, um weise und mit entsprechender Vorsicht Leben in der Form und in dem Ausmaß zu erschaffen, wie es dem höchsten Gebot entsprechend ist.

Sobald alle Voraussetzungen geschaffen sind, wird sich der Mensch damit beschäftigen, wie er den blühenden Stern Erde im Universum entsprechend duplizieren und die Form des Lebens, wie er es kennt, auf andere Gestirne übertragen kann. Dies wird natürlich sehr viel Zeit in Anspruch nehmen, und der Mensch hat über einen langen Zeitraum und unzählige Generationen die Möglichkeit, die Entwicklung zu beobachten und entsprechend zu beeinflussen. Er kann dadurch all das vollbringen, was der Schöpfer bei seiner Entstehung selbst getan hat. Er erschafft neues Leben und lässt dieses Leben gedeihen und sieht zu, was daraus entsteht. Die Entwicklung der Erde ist grundsätzlich ähnlich verlaufen, und diesen Prozess kann der Mensch jetzt wiederholen und ein Abbild seiner selbst an einem entfernten Ort in einer anderen Galaxie entstehen lassen. Die Freude wird unbeschreiblich groß sein, wenn der Mensch sein Werk erkennen kann und sieht, welch wunderbare Fähigkeit er besitzt.

Sobald dieser Prozess der Schöpfung beginnt, hat der Mensch das Ziel seiner eigenen Entstehung erreicht und beginnt nun mit seinem eigentlichen Auftrag, der da lautet: „Geht hinaus und erschafft das Abbild Gottes in unzähligen Formen!"

Das will heißen, dass der Mensch dazu erschaffen wurde, das Abbild Gottes, das auf der ganzen Erde und im ganzen Universum auf unvorstellbar viele Arten in Erscheinung tritt, noch weiter zu vermehren – der Mensch soll nicht nur Abbilder seiner selbst erschaffen, er soll die ganze Vielfalt der Göttlichkeit in Form von Leben in den unterschiedlichsten Ausprägungen auf der Erde und auf vielen anderen Planeten zum Ausdruck bringen. Dafür wurde der Mensch geschaffen, und in seiner großen Anzahl steckt die Vielfalt und der Schöpfergeist in jedem Einzelnen, der in unendlicher Vielzahl das Leben weiter ausdehnen und in gemeinsamer Schöpfung bis zu weit entfernten Plätzen im Universum vordringen wird. Und so kann die Schöpfung des Menschen im gesamten Universum bewundert werden.

Die Erde kann sich durch den Aufstieg zum Stern endlich auf das konzentrieren, wofür sie geschaffen wurde – sie ist ein Schöpferstern, der durch seine Weisheit und reichliche Erfahrung auf einen Schatz zurückgreifen kann, die ein erfahrener Schöpfer unbedingt benötigt, um eine Schöpfungslawine in Gang zu setzen, die auf eine sehr verantwortungsvolle Weise das Universum erblühen lässt.

Frage: Bedeutet die Umstellung des Bewusstseins des Menschen, dass er es schafft, die weitere Erderwärmung und die damit verbundenen dramatischen Folgeerscheinungen zu verhindern?

Antwort: Die Erderwärmung durch die enormen Emissionen an Treibhausgasen und sonstigen Umweltgiften ist ein großes Problem für die Erde und ihre Atmosphäre. Derzeit laufen die Industrieschlote auf Hochtouren, und euer Verbrauch an Treibstoffen für eure Mobilität ist ebenfalls enorm. Die Veränderungen im Bewusstsein der Menschen können sehr schnell zu einem Umdenken führen, denn durch den Wegfall des Geldes werden rasch alternative Möglichkeiten geschaffen, um umweltfreundlich auf der Erde von A nach B zu reisen. Die drastische Senkung der Industrieproduktion führt ebenfalls dazu, dass die Emissionen stark zurückgehen und ein Niveau erreichen, die den Anstieg der Temperatur auf der Erde stoppt bzw. in kurzer Zeit wieder zu einem Rückgang führt. Dadurch erholt sich auch das Eis der Pole wieder und die Meeresspiegel beginnen sich wieder leicht zu senken.

Frage: Ist es richtig, dass die Erde vor Milliarden von Jahren erschaffen wurde, um über die unendlich lange Zeit all die Entwicklung der Tier- und Pflanzenwelt sowie die Entstehung und Entwicklung des Menschen zu beobachten und daraus zu lernen, wie Fehlentwicklungen, die nicht im göttlichen Sinne sind, zu vermeiden sind?

Antwort: Völlig richtig erkannt – genau das war der Zweck dieser vielen Jahre und dieser unzähligen verschiedenen Entwicklungen auf der Erde – die Erkenntnis, dass alle Wesen letztlich dazu imstande sind, die göttliche Liebe in sich zum Ausdruck zu bringen. Die Erfahrung war nur die, dass es gewisser Voraussetzungen bedarf, damit die Entwicklung im göttlichen Sinne voranschreiten kann, und diese Voraussetzungen werdet ihr gemeinsam mit der Mutter Erde auf den anderen Planeten schaffen, bevor ihr überhaupt Leben zulassen möchtet, denn euch ist aufgrund eurer Erfahrung mehr als bewusst, wohin eine Fehlentwicklung führen kann, wenn sie nicht rechtzeitig korrigiert wird.

Frage: Deine Antwort führt mich direkt zur nächsten Frage – heißt das, dass die Entwicklung des Menschen, so wie er sich zuletzt entwickelt hat, eine Fehlentwicklung darstellt, die korrigiert werden muss und die ihr jetzt korrigiert, indem ihr uns in die 5. Dimension aufsteigen lasst?

Antwort: Ihr seid ganz bestimmt Weltmeister darin, euch selbst Vorwürfe zu machen – immer wieder kommt ihr darauf zurück und macht euch Vorwürfe, dass ihr die Erde zu dem gemacht habt, was sie heute ist, und überseht dabei, dass alles eine Entwicklung nahm, die in der Form absolut vorhersehbar und dadurch gewollt war. Ihr solltet genau das erfahren, um dafür gerüstet zu sein, eine Schöpfung zu ermöglichen, die von vornherein genau diese Entwicklung nicht zulässt. Ohne diese Erfahrungen, die ihr alle schmerzhaft machen musstet, hättet ihr nicht so gute Voraussetzungen, um genau diesen Auftrag des Schöpfers in die Tat umzusetzen. Genau dafür habt ihr diese Erfahrungen gemacht, und jetzt ist es Zeit, diese zu beenden und ein neues Kapitel in der Menschheitsgeschichte aufzuschlagen.

Die Rückkehr der Engel

Nachdem die Erde in die 5. Dimension aufgestiegen ist, kann die Entwicklung auf ihrer Oberfläche ihren Lauf nehmen, und alle alten Wunden werden verheilen, und der Stern erblüht, wie im Kapitel zuvor beschrieben. Die Menschen hatten auf ihrem Weg in die 5. Dimension eine Heerschar von Engeln zur Unterstützung. Diese Engel waren alle inkarniert, und unter den Menschen befinden sich viele davon, die als Aufstiegshelfer tätig waren bzw. sind. Sowie der Aufstieg geschafft ist, werden diese Engel die Erde wieder verlassen und zurückkehren in die Welt des Lichts, um von hier aus den Prozess der Schöpfung durch den Stern Erde zu beobachten und zu unterstützen. Diese Engel haben ihren Auftrag erledigt und können wieder ihrer ursprünglichen Aufgabe nachgehen.

Die Erde hat diese Engel gebraucht, damit die Menschen erkennen, dass es einen wichtigen Schritt in ihrer Entwicklung gibt, den sie nun machen sollen, um die letzte große Erkenntnis zu gewinnen, die ihnen in ihrer Entwicklung noch gefehlt hat. Aus den vielen Erfahrungen, die der Mensch in der Getrenntheit gesammelt hat und die dazu dienten, dass er sich für die lichte Seite entschied, haben ihm die Engel den Weg gewiesen, damit er die Richtung erkennen kann, damit er erkennen kann, wohin die Erde gehen muss, damit sie den Weg zurück zur Einheit mit Gott finden kann. Diese Erkenntnis ist aus der Sicht der Gesamtheit der Erfahrungen die allerwichtigste, und genau diese Erkenntnis erlangen im Augenblick gerade viele Menschen, dabei helfen die Engel auf Erden.

Die Menschheit hat diese Erfahrung noch nicht vollständig abgeschlossen, doch es steht der Wandel unmittelbar bevor, und daher wird die Erfahrung jeder machen können, der für den Aufstieg in die 5. Dimension bereit ist. Eine Erfahrung der schönsten und höchsten Art, die das Herz aller Menschen öffnen und dafür sorgen wird, dass jeder die Fähigkeit, die Liebe Gottes in ihrer höchsten Ausprägung zum Ausdruck zu bringen, voll entfalten kann und daraus eine neue Einstellung zu seinem Leben ableitet und sich voller Vorfreude auf die neuen großen Abenteuer, die die Einheit bereithält, ans Werk macht.

Sowie die Erkenntnis in alle Köpfe und Herzen der Menschen eingedrungen ist, wird alles sehr schnell gehen und die Art zu leben völlig umgestellt – eine Phase der Unruhe beginnt, die jedoch friedlich und sehr kreativ sein wird. Der Mensch ist imstande, in sehr kurzer Zeit zu realisieren, dass er eine völlig neue Freiheit erlangt hat und ihm diese Freiheit Möglichkeiten eröffnet, die er sich bislang nicht vorstellen konnte. Auch wenn viele von ihrem Schöpfungsauftrag noch keine konkrete Vorstellung haben, werden sie sehr schnell realisieren, dass sie so frei sind, wie sie es noch nie waren, und dass jeder die Chance hat, genau das zu tun, wozu er Lust hat und wozu er sich berufen fühlt.

Alle zusammen erkennen ihre Möglichkeiten, und es wird eine Lawine an Erfindungen in Gang gesetzt, die niemals in so kurzer Zeit vorstellbar gewesen wäre, wenn der Mensch weiterhin in der Getrenntheit verblieben wäre. Diese Entwicklung bringt die Gesellschaft sehr schnell auf ein weitaus höheres Niveau, als sie es zum aktuellen Zeitpunkt ist, und das Leben wird sehr viel einfacher für alle Menschen, als es je zuvor gewesen ist. Die Ängste der Menschen verschwinden, denn niemand braucht um seine Existenz zu fürchten – alle Voraussetzungen sind geschaffen für eine Art des Zusammenlebens, die für den Einzelnen die beste Basis darstellt, um sich entsprechend zu entwickeln. Bald darauf sind alle Menschen auf einem sehr viel höheren geistigen Entwicklungsstand, als man es sich heute vorstellen kann, und daraus entsteht bald die Neugier darauf, wie sich der Schöpfergeist weiter einsetzen lässt und wie man dem Ruf des Schöpfungsauftrags Folge leisten kann.

Bald zeichnet sich der Rückgang der Zahl von Menschen ab, denn sie erkennen, dass die Schöpfung viel Platz auf der Erde benötigt und die Natur den Platz in Anspruch nehmen sollte, um sich entsprechend weiter entwickeln zu können. Der Mensch reduziert die Anzahl seiner Nachkommen völlig bewusst und sorgt dafür, dass die Natur ihren Lebensraum deutlich vergrößern kann. Der Mensch gibt Flächen ab und beschließt, diese nicht mehr zu betreten, damit hier die Natur ihren Lebensraum voll und ganz dazu benutzen kann, um ihre Vielfalt zu entwickeln und die Schöpfung voranzutreiben. Ein blühender Stern, der weit hinaus ins Universum erstrahlt und den alle Lebewesen im Universum gerne als Heimat haben möchten! Dies ist Ansporn für die Menschen und für Mutter Erde, genau solche Voraussetzungen andernorts auch zu erschaffen, um diesen wunderbaren Lebensraum für möglichst viele andere Wesen bereitzustellen und ihnen die Gelegenheit zu eröffnen, auf einem Abbild der Erde zu leben.

Derzeit gibt es nur noch verhältnismäßig wenige Arten, wenn man die Vielfalt der Arten von Tieren und Pflanzen in der Vergangenheit betrachtet – diese Vielfalt kehrt zurück, und die Menschen unterstützen diesen Prozess nach besten Kräften. Die Engel haben ihren Auftrag erfolgreich abgeschlossen, und die Engel werden es sein, die dem Menschen auch weiterhin die nötige Kraft geben, um genau diesen Weg zu beschreiten. Diese Kraft wird sie sehr eng miteinander verbinden, denn die Geschöpfe aus Licht haben die Menschen von Anbeginn begleitet, doch bisher konnte der Mensch die Engel nicht oder nur sehr vage wahrnehmen – das wird sich ins Gegenteil verkehren und der Mensch wird in engem Kontakt mit den Engeln leben und dadurch sehr viel Unterstützung und Führung auf seinem Lebensweg erfahren. Die vielen Engel, die noch auf der Erde verweilen, werden die Menschen künftig als enge Verbündete begleiten und ihnen bei allen Aufgaben im Sinne der Schöpfung beistehen, ihnen Informationen zukommen lassen und über die aktuelle Entwicklung informieren. Eine enge Kooperation zwischen den Wesen aus Licht und Energie und den Menschen in materieller Form – so entsteht eine Symbiose dieser beiden Welten, und jeder kann sich auf die Hilfe des anderen verlassen. Damit entsteht eine Situation, die niemanden mehr in einem Mangel belässt und dieser nicht mehr vorhandene Mangel gibt sehr viel Sicherheit – trotzdem wird der Überfluss den Menschen nicht übermütig machen, denn ihm ist bewusst, dass genau das seinem Auftrag entspricht.

Frage: Die Zeit bis zum Aufstieg in die 5. Dimension wird ja schön langsam knapp – woran können die Menschen die Engel auf Erden erkennen bzw. wodurch und vor allem wann treten sie in Erscheinung?

Antwort: Die Engel auf Erden sind bereits alle aktiv – jeder von ihnen hat den Zugang zur Welt des Lichts gefunden, und alle haben laufend Kontakt mit uns. Wir werden die Engel zum richtigen Zeitpunkt auffordern, zusammenzutreffen und gemeinsam öffentlich aufzutreten. Diese Scharen von Engeln weltweit werden der restlichen Menschheit klar machen, was gerade auf der Erde passiert ist und wie sich die Zukunft gestalten wird. Alle diese Engel haben den Auftrag, als Helfer aufzutreten, und werden dies mit großer Freude tun. Der Zeitpunkt ist an gewisse Vorkommnisse auf der Erde, die sehr bald eintreten werden, geknüpft. Alle werden wissen, dass jetzt ihre Zeit gekommen ist, um öffentlich zu machen, wer sie sind und was sie hier tun. Sie werden sich also von selbst zu erkennen geben.

Frage: Werden diese Engel in Menschengestalt gleich nach dem Aufstieg die Erde verlassen, oder dürfen sie ihre Inkarnation auf natürlichem Wege beenden?

Antwort: Es wird nach dem Aufstieg kein pauschales Engelsterben geben – sie werden in der Übergangsphase dringend benötigt, und sie werden gerne auch dem Schauspiel zusehen, wie sich die Erde zum Stern entwickelt und wie die Schöpfermacht in den Menschen erwacht. Alle haben die Gelegenheit, so lange zu bleiben, wie sie es selbst wünschen.

Frage: Du sprichst von einer sehr engen Zusammenarbeit zwischen den Engeln aus der Welt des Lichts und den Menschen auf der Erde. Wie können wir uns diesen Kontakt und diese Zusammenarbeit vorstellen?

Antwort: Die Menschen brauchen den Kontakt zu uns Engeln nicht unbedingt, und es wird auch etwas Zeit brauchen, bis alle den Weg zu uns gefunden haben. Die Zusammenarbeit, von der ich gesprochen habe, wird in erster Linie mit den Menschen stattfinden, die bereits jetzt oder in naher Zukunft ihre Fähigkeit, mit uns in Kontakt zu treten, nutzen. Diese Zusammenarbeit kann man sich in etwa folgendermaßen vorstellen: Ihr steht einer besonderen Frage gegenüber und möchtet gerne eine Handlung aus der Antwort ableiten, die möglichst auf dem Fundament der höchsten Göttlichkeit aufbaut. Es wird Fragen geben, die ihr in diesem Zusammenhang vielleicht nicht ganz so beantworten könnt, wie ihr es euch heute vorstellt, darum werdet ihr weitere Informationen von uns erbitten, damit ihr eine Entscheidung treffen könnt, die all den Vorgaben entspricht, die ihr euch selbst auferlegt habt.

Im Vorfeld empfangene Botschaft

Alle Welt blickt auf den 21. Dezember 2012 und alle sind voller Erwartungen. Diese Erwartungen werden erfüllt werden, doch sind es nicht die Horrorszenarien, die euch phantasievolle Autoren und Filmemacher projizieren – es sind wunderbare Ereignisse, die auf euch zukommen, doch zuvor müsst ihr noch ein paar Veränderungen durchlaufen. Die Veränderungen sind von grundsätzlicher Natur und bedürfen eures Zutuns, damit sie auch entsprechend fruchten. Ihr braucht euch nicht davor zu fürchten, denn es wird keine Angst mehr auf dieser Erde geben, denn ihr werdet sehr bald alle verstanden haben, dass ihr Abbilder Gottes seid und als solche nicht nur mächtige Schöpfer, sondern unsterblich – ihr werdet ewig leben – das Leben auf der Erde ist nur ein zeitliches Konstrukt, in dem ihr Erfahrungen sammelt, die euch dazu dienen sollen, euren Reichtum an Erfahrungen zu vervollständigen. Wenn euer Erfahrungsschatz vollständig ist, könnt ihr daraus ein noch größeres Werk vollbringen. Ihr habt die Möglichkeit, selbst als Aufgestiegener Meister zum Führer ganzer Scharen von Seelen zu werden, die auf diese Führung hoffen, um ebenfalls zur Meisterschaft zu gelangen.

Die Rückkehr der Weisheit

Wenn der Aufstieg in die 5. Dimension vollzogen ist und die Menschen ihr Leben neu strukturiert haben, dann beginnt die große Aufgabe des Schöpferdaseins. Damit verbunden ist natürlich die gesamte Erfahrung, die der Mensch über die vielen Inkarnationen gesammelt, und die gesamte Erfahrung, die Mutter Erde über die Milliarden von Jahren in sich gespeichert hat. Der Mensch erkennt den Zusammenhang seiner Inkarnationen mit der langen Entwicklungszeit der Erde und beginnt aus der Summe an Erfahrungen aller Menschen sowie der Erfahrungen der Mutter Erde seine Arbeit als Schöpfer. Mit Maß und Ziel – in der Anfangsphase besonders vorsichtig – beginnt der Mensch seine Fähigkeit auszuprobieren, denn die Erfahrungen mahnen ihn laufend zur Einhaltung der Vorgaben. Sehr weise Menschen werden die Ersten sein, die sich dieser Aufgabe stellen. Die Weisheit steht hier im Vordergrund, und alle weiteren Aktivitäten beruhen auf diesen Grundlagen der Erfahrensten unter den Menschen. Weltweit werden sich Gruppen zusammenfinden und gemeinsam ihre Aufgabe besprechen, Ideen ausarbeiten und diese nach ausführlicher Vorbereitung behutsam in die Realität umsetzen. Ein Prozess, der erstmals in der Menschheitsgeschichte alle zusammenarbeiten lässt und dafür sorgt, dass das Ergebnis eine Gemeinschaftsproduktion ist, die alle zusammen stolz macht.

Wenn man von Weisheit spricht, dann muss dazu gesagt werden, dass Weisheit nicht immer mit Alter zu tun hat, denn es können durchaus junge Menschen, die eine alte Seele in sich bergen, an diesem Prozess teilhaben, und es ist auch gut so, wenn junge Denkanstöße mit den erfahrenen älteren zusammentreffen und daraus etwas entstehen kann, das ausgewogen dem Gefüge aller Generationen entspricht.

Die weisen Menschen oder besser die Weisheit der gesamten Menschheit wird durch die Weisheit der Mutter Erde und die Weisheit der Engel, die als Begleiter dieses Schöpfungsprozesses immer mit dabei sind, ergänzt – daraus entsteht die größtmögliche Schöpferkraft mit dem größtmöglichen Ausdruck der göttlichen Liebe. Jeder Geist, der einem neu geschaffenen Wesen innewohnt, wird diese ganze Liebe in seinem weiteren Leben über alle Folgegenerationen seiner Spezies hinweg verbreiten und dadurch kann die Welt erst so richtig erstrahlen.

Nachdem die ganze Weisheit zusammengetragen wird, kann der Mensch auch absolut sicher sein, dass seine Geschöpfe nur der höchsten Ausprägung der Gesamtheit dienlich sind. Alle Ergebnisse seiner Arbeit werden das zum Ausdruck bringen, und er ist gar nicht in der Lage, sofern dieser Prozess eingehalten wird, etwas zu erschaffen, das nicht den höchsten Ansprüchen genügt. Diese Sicherheit ist dem Menschen gewiss und dadurch gewinnt er bald mehr Vertrauen in seine Tätigkeit und startet eine großangelegte Bevölkerung der Erde mit neuen Wesen verschiedenster Art. Seine Kreativität ist dabei grenzenlos, und es werden Arten entstehen, die schöner und prächtiger nicht sein können.

Wenn wir zurückkehren zur jetzigen Welt, dann können wir Weisheit meist in älteren Menschen erkennen, doch wer achtsam durchs Leben geht, der wird feststellen, dass sehr viele jüngere Menschen, oft auch Kinder, sehr weise und selbstsicher zu sein scheinen. Das liegt daran, dass sich zurzeit nur reife und alte Seelen auf der Erde befinden. Die alten Seelen speziell sind in Kindergestalt oft eine interessante Beobachtung, denn man spürt förmlich die Weisheit, die trotz ihrer Kindlichkeit in diesen Seelen ruht, und es wird einem schnell klar, dass sich dieser junge Mensch im Endstadium seines Inkarnationszyklusses befindet. Die alten Seelen haben die Aufgabe, ihre Besonnenheit und Weisheit in der Übergangsphase allen anderen zur Verfügung zu stellen und sorgen dafür, dass der

Umbruch friedlich und gesittet abläuft. Sie sind ein Ruhepol in einer turbulenten Zeit, und daraus entsteht die Gruppe weiser Menschen, die den Rat bilden werden, der die lokale und nationale Entwicklung der Politik beeinflussen wird. Dieser Rat wird die jetzige Regierung ablösen, und die Weisheit regiert das Land und sorgt dafür, dass die Menschen in jeder Region alles bekommen können, was sie für ein angenehmes Leben ohne Mangel brauchen.

Wenn der Rat der Weisen gebildet ist, so entsteht eine Gesellschaftsform, die auf der Gleichberechtigung aller begründet ist und die keine Übervorteilung eines Einzelnen zulässt. Dadurch wird es auch keine Auseinandersetzungen mehr geben, die mit Eigentum in Verbindung stehen – nachdem für alle mehr als genug da ist, erleidet niemand mehr einen Mangel, und alle haben genau so viel wie alle anderen. Wenn jemand etwas wünscht, so hat er die Gelegenheit, dies beim Rat zu erbitten, bzw. es können sich Entwickler zusammentun und genau das Gewünschte herstellen bzw. erschaffen. Die Gesellschaft funktioniert auf diese Art und Weise völlig reibungslos, und alle führen ein glückliches Dasein, das von viel Kommunikation untereinander gekennzeichnet ist.

Die Welt wird von der Weisheit regiert und die Schöpfung erfolgt unter Anwendung aller zur Verfügung stehenden Weisheit – daraus kann sich nur die höchste Ausdrucksform Gottes entwickeln – einen anderen Weg gibt es nicht mehr. Alle werden dies anerkennen und in diesem Gedanken ihr Dasein führen – Konflikte werden der Vergangenheit angehören und der Friede auf Erden ist endgültig für immer eingekehrt!

Frage: In welchem Zeitrahmen findet diese Entwicklung statt – von wie vielen Generationen sprichst du, die zur Welt kommen müssen, um all das zu vollbringen, oder geht das alles dermaßen schnell, dass ich, der ich heute Mitte 40 bin, das noch miterleben kann?

Antwort: Du weißt ja, dass Ende 2012 der Aufstieg in die 5. Dimension stattfinden wird und die Vorbereitungen schon seit vielen Jahren laufen. In den verbleibenden Jahren bis zu diesem Datum werden sich viele Ereignisse einstellen, die für den geschulten Beobachter bereits die neue Epoche erkennen lassen. Die Umstellung der Art des menschlichen Zusammenlebens wird etwas Zeit in Anspruch nehmen – ich spreche hier von wenigen Jahren, bis die neue Gesellschaft geformt ist. Wie lange der Mensch brauchen wird, um all die Entdeckungen zu machen, über die wir hier im Buch schreiben, hängt vom Eifer der Menschen ab und davon, wie sehr sie sich mit ihren neuen Möglichkeiten auseinandersetzen. Grundsätzlich kann man sagen, dass binnen einiger weiterer Jahre bereits die Voraussetzungen geschaffen sein könnten, dass der Mensch über das nötige Wissen zum Einsatz der Techniken verfügt, und dann beginnt sich die Erde zu verändern. Es ist anzunehmen, dass du es in dieser Inkarnation durchaus erleben wirst, wie der Mensch in der Lage ist, die Erde zu einem blühenden Stern umzugestalten. Du wirst Augenzeuge werden und kannst dich schon heute darauf freuen.

Die Welt verändert ihre Ausrichtung

Nachdem all die Veränderungen auf der Erde soweit gefestigt sind und die Menschen begonnen haben, sich mit ihrem Schöpfergeist auseinanderzusetzen, ereignet sich eine folgenreiche Veränderung der Erde in Bezug auf die Sonneneinstrahlung. Die Erdachse verläuft heute in einer sich verändernden Neigung zur Sonne und erzeugt dadurch eine Veränderung in der Sonneneinstrahlung – das bedeutet, dass durch die Neigung der Erdachse die Sonneneinstrahlung auf die einzelnen Regionen auf der Erde einmal steiler und dann wieder flacher verläuft. Je weiter die Regionen vom Äquator entfernt sind, desto größer ist die Auswirkung zu spüren. Durch diese wechselnde Neigung der Erdachse entstehen die Jahreszeiten mit ihren wechselnden Temperaturen, die starke Auswirkungen auf die gesamte Vegetation haben. Die Natur war gefordert, sich an diese Schwankungen anzupassen, und hat dazu über Milliarden von Jahren ein ausgewogenes System des Erwachens, Erblühens, Reifens, Vergehens und des Schlafens entwickelt, das je nach Jahreszeit bzw. je nach Temperatur im gleichmäßigen jährlichen Wechsel stattfindet.

Die Veränderung, die der Erde bevorsteht, betrifft dieses Schlingern der Erdachse, denn diese beginnt sich zu stabilisieren und richtet sich neu zur Sonne aus. Innerhalb einiger Jahre wird die Erdachse dann völlig zum Stillstand kommen und es werden die Jahreszeiten verschwinden. Dies hat natürlich weitreichende Folgen für den gesamten Erdball und seine Bewohner. Die Natur wird darauf verhältnismäßig schnell reagieren und sich an die veränderten Gegebenheiten anpassen. Die Tierwelt wird den Weg mitgehen und ihre Lebensräume neu definieren. Der Mensch wird von der Veränderung am stärksten betroffen sein, denn er lebt im vollen Bewusstsein, warum diese Veränderungen so starke Auswirkungen haben – die Tier- und Pflanzenwelt hingegen denkt darüber viel weniger nach und reagiert einfach mit der Anpassung an die veränderten Gegebenheiten.

Die Menschen brauchen einige Zeit, um den Veränderungen zu folgen, denn die Temperaturzonen auf der Erde verändern sich und der Mensch kann einige Regionen dadurch nicht mehr bewohnen. So wird die nördlichste und die südlichste Region der Erdkugel stärker mit Eis bedeckt sein, als dies derzeit der Fall ist, und die wärmeren Regionen erstrecken sich Richtung Äquator. Dort wird es die wenigsten Veränderungen geben, da die Sonnenstrahlen in diesen Regionen ohnedies sehr steil auf die Erde auftreffen. Die Regionen im Übergang werden gemäßigt sein, und viele andere Regionen, die bisher nicht bewohnt werden konnten, da sie zu trocken sind, werden künftig ein verändertes Klima erhalten und sich in blühende Landschaften verwandeln. Die großen Wüsten werden zu neuem Leben erblühen und reichlich Wasser wird dafür sorgen, dass diese Lebensräume sehr schnell von der Tier- und Pflanzenwelt eingenommen werden können. Der Mensch wird sich von diesen Regionen nach wie vor fernhalten und diese der Wildnis überlassen.

Eine veränderte Erdachse bedeutet eine völlige Umstellung der klimatischen Bedingungen in vielen Regionen der Erde. Waldregionen, die heute durch Laub- und Nadelwald gekennzeichnet sind, werden künftig sehr viel mehr tropische Einflüsse bekommen, denn die steigenden Temperaturen in Verbindung mit der Gleichmäßigkeit über das ganze Jahr hinweg werden viele Pflanzenarten verändern. Das neue Klima beschert auch der Tierwelt eine völlige Veränderung – die Zeiten des Mangels sind vorüber, und dadurch wird es auch keine Ruhezeiten mehr geben müssen – der klassische Winterschlaf vieler Arten entfällt. Diese neu gewonnenen Aktivzeiten bescheren der betroffenen Tiergattung neue Möglichkeiten der Entwicklung und Fortpflanzung. Neue Arten, neue Formen – all das bringt die Veränderung mit sich. Die Meere werden sich ebenso verändern, wie sich die Trockengebiete in blühende Oasen verwandeln – Gleichmäßigkeit herrscht auf der Erde – ein Gleichgewicht, das die empfindlichen Ökosysteme kurzfristig etwas irritieren wird, mittelfristig jedoch für eine weitere Belebung des Planeten sorgt. Die Gleichmäßigkeit ermöglicht allen eine leichtere Anpassung an die Begebenheiten, denn niemand ist mehr gezwungen, sich so stark umzustellen und so große Temperaturschwankungen zu verkraften.

Nachdem der Mensch einige Regionen verlassen wird, müssen andere Regionen stärker besiedelt werden – das Ausmaß der Wanderbewegung wird jedoch verhältnismäßig gering sein, denn nur die den Polen am nächsten gelegenen Regionen werden zu kalt werden und zu wenig Sonne erhalten, und somit werden nicht allzu viele Menschen davon betroffen sein. Die sonstigen Regionen, in denen ein mildes Klima herrscht, werden die beliebtesten Regionen der Erde sein, und der Mensch wird sich dort verstärkt aufhalten. Diese Entwicklung wird auch die Landwirtschaft beeinflussen, denn Regionen, die bislang eher unter Wassermangel und Trockenheit litten, werden künftig viel mehr Wasser erhalten und dadurch sehr fruchtbar sein. Die Ernährung der Menschen ist damit auf Dauer gesichert. Neue Arten von Pflanzen werden den Menschen sehr gut ernähren und ihm die Möglichkeit geben, ein Dasein zu führen, das absolut ohne Mangelerscheinungen sein wird.

Die Veränderungen haben zur Folge, dass die Erde ein gleichmäßiges Klima erhält, das sich vom Äquator in beide Richtungen zu den Polen langsam abkühlt und sehr viel Lebensraum für die unterschiedlichsten Tier- und Pflanzenarten bietet. Eine Änderung, die zwar vorübergehend eine große Umstellung für die meisten Lebewesen bedeutet, doch im Ganzen gesehen zu Gleichmäßigkeit und Beruhigung führt. Eine Beruhigung, die die turbulente Vergangenheit der Erde aufwiegt. Dann herrscht Ruhe auf der Erde, und alle Bewohner können sich auf das konzentrieren, wozu sie auf diese Erde gekommen sind.

Frage: Gibt es dieses Schlingern der Erdachse schon immer, seit es die Erde gibt? Wissenschaftler haben erforscht, dass die Pole sich immer wieder einmal verschoben haben – wie ist das möglich gewesen?

Antwort: Bei der Entstehung der Erde wurde eine laufende Veränderung, die ein Grundsatz des Lebens ist, in den verschiedensten Bereichen berücksichtigt. Die Erdachse schlingern zu lassen, bot u.a. die Gelegenheit, über die wechselnde Sonneneinstrahlung das Leben auf der Erde einer laufenden Veränderung zu unterziehen. Das bedeutet, dass sich die Erdachse von Anfang an in einem gewissen Ausmaß hin- und herbewegt hat. Dieses Ausmaß war jedoch nicht ganz stabil und dadurch ist es immer wieder zu Veränderungen gekommen, die größere Auswirkungen auf die Entstehung der Erdkruste hatte. Die Magnetfelder der Pole waren dadurch auch nicht immer ganz stabil und so kam es zwischendurch zu entsprechenden Verschiebungen mit Auswirkungen, die für die Wissenschaft da und dort noch erkennbar sind. Seit geraumer Zeit läuft das Pendel der Jahreszeiten verhältnismäßig stabil.

Frage: Wer oder was verursacht die Stabilisierung der Erdachse und warum?

Die Erdachse kommt deswegen zur Ruhe, weil sich die Menschen selbst dafür entscheiden, diese zu stabilisieren, denn sie möchten damit erreichen, dass die Klimazonen eine Stabilisierung erfahren, um der Natur eine gleichmäßige Entwicklungsmöglichkeit und eine ganzjährige Wachstumsperiode zu ermöglichen. Sie versprechen sich davon ein einfacheres Ausbreiten von Leben auf weite Teile der Kontinente. Diese Stabilisierung bewirkt dies auch, und Mutter Erde wird in diesen Prozess voll eingebunden, da auch sie die Vorzüge für die Natur befürwortet.

Frage: Gehe ich richtig in der Annahme, dass die Stabilisierung der Erdachse in der Form geschieht, dass sie genau in der Position erfolgt, dass die Sonne direkt über dem Äquator steht und dadurch der gesamte Erdball von der Sonne vollständig ausgeleuchtet wird?

Antwort: Ja, genau so wird die Stellung der Erdachse zur Sonne zur Ruhe kommen, damit sich die Klimazonen gleichmäßig nach Norden und Süden ausdehnen können.

Frage: Welche Auswirkungen hat diese Umstellung der Erdachse auf die Natur und auf den Meeresspiegel?

Antwort: Die Auswirkungen auf die Natur sind in der ersten Zeit natürlich spürbar, da die Pflanzen und Tiere einige Zeit brauchen werden, um zu verstehen, dass die kalte Jahreszeit – die Zeit der Entbehrungen – nicht mehr stattfindet. Aufgrund der Klimaveränderung werden Pflanzen und Tiere, die in diesen Regionen bisher gut zurechtgekommen sind, teilweise gezwungen sein, in eine andere Klimazone abzuwandern. Im Gegenzug breiten sich Tiere und Pflanzen in neue Regionen aus, in denen sie bisher keine passenden Lebensbedingungen vorgefunden haben. Alles in allem gewinnt der ganze Globus durch die Stabilisierung sehr große Zonen an zusätzlichem Lebensraum und die Schöpfung kann ihrem Ziel der größtmöglichen Verbreitung unzähliger Formen von Leben einen Schritt näher kommen. Die Eisbildung an den Polen einerseits und die Reduktion der Gletscher andererseits werden sich in etwa in ihrer Wirkung auf den Meeresspiegel aufheben.

Frage: Was geschieht z.B. mit den Eisbären und den Pinguinen, wenn die Polkappen plötzlich mit mehr Eis überzogen werden und die Sommer, die das Eis aufbrechen und den Zugang zu ihren Futterquellen freimachen, ausbleiben?

Antwort: Die Bewohner der Pole haben eine unglaublich große Anpassungsfähigkeit und werden sich auf die veränderten Verhältnisse rasch einstellen und weiter in diesen kalten Regionen existieren können. Schon in der Vergangenheit gab es immer wieder große Schwankungen der Eisflächen an den Polen und diese Zeiten haben diese Lebewesen gut gemeistert.

Frage: Welche Regionen auf der Nord- und Südhalbkugel – ich denke da an Skandinavien, Alaska, die nördlichen Regionen Asiens sowie die Südspitze Südamerikas und die südlichen Regionen von Australien – werden durch die Ausbreitung der Polkappen für den Menschen unbewohnbar?

Antwort: Der äußerste Norden Europas und Teile von Alaska werden die Grenze der Bewohnbarkeit für die Menschen bilden – auch die Regionen im nördlichen Asien könnten darunter fallen – in der südlichen Region werden in Südamerika die bereits jetzt im Winter sehr kalten Regionen für den Menschen nicht mehr sehr anziehend sein. Im Ausgleich dazu können viele Trockengebiete in Afrika, Amerika und Australien aufgrund der klimatischen Veränderungen mit sehr viel mehr Regen versorgt und dadurch riesige Flächen für eine unglaubliche Vielzahl von Tieren und Pflanzen bewohnbar werden. Die neu gewonnenen Flächen stellen ein Vielfaches der Flächen dar, die an die Kälte an den Polen abgegebenen wurden. In Summe ein riesiger Gewinn für das Leben auf der Erde.

Frage: Wie wirken sich die Unmengen von Treibhausgasen, die der Mensch die letzten Jahrzehnte in die Atmosphäre geblasen hat, auf diesen Wandel aus, und wird die ganze Erde wieder abkühlen, wenn die Pflanzenwelt sich so stark ausdehnt und dadurch aller Voraussicht nach große Mengen von CO^2 in den Pflanzen gebunden wird?

Antwort: Der Mensch hat wahrlich große Mengen von Treibhausgasen in die Atmosphäre geblasen und dadurch eine enorme Aufheizung des Planeten verursacht – die Auswirkungen sind bereits spürbar, doch die wahren Resultate dieser enormen Umweltverschmutzung werden erst in den nächsten Jahren zu beobachten sein. Die

Klimaforscher haben gute Prognosen berechnet, doch werden sie diese jedes Jahr weiter nach oben korrigieren müssen, denn der Mensch wird in so kurzer Zeit nicht in der Lage sein, die Emissionen so drastisch zu kürzen. Durch die Umstellung bzw. die Stabilisierung der Erdachse kann das überschüssige CO^2 deutlich reduziert werden und dadurch im Laufe einiger Jahre die durchschnittliche Erdtemperatur etwas absenken, bis sie sich dann auf einem angenehmen durchschnittlichen Wert einpendelt. Dazu kommt noch, dass der Mensch in der Lage sein wird, die Temperatur in einzelnen Regionen willentlich zu beeinflussen.

Frage: Zählt dies auch zu den neuen Fähigkeiten des Menschen, und wie macht er das?

Antwort: Diese Fähigkeit besitzt der Mensch bereits jetzt, doch ist ihm diese ebensowenig bewusst wie viele weitere Möglichkeiten, die ihm seine Gedanken eröffnen. Das Geheimnis liegt einfach darin, dass das Bewusstsein vorherrschen muss, dass dies möglich ist, und dass sich alle zusammentun, um es gemeinsam zu steuern.

Frage: Ist die Maßnahme der Stabilisierung der Erdachse als dringende Gegenmaßnahme zur Eindämmung der Erderwärmung und zur Senkung des Meeresspiegels zu sehen, oder ist dies eine davon unabhängige strategische Entscheidung?

Antwort: Diese Maßnahme ist eine kombinierte Entscheidung, die einerseits als Gegenmaßnahme zur Senkung der Temperatur auf der Erde und dadurch zur Senkung des zuvor deutlich angestiegenen Meeresspiegels zu sehen ist und andererseits bietet sie, wie zuvor dargestellt, viele weitere Vorteile.

Frage: Wieviel Zeit wird nach dem Aufstieg der Menschheit in die 5. Dimension vergehen, bis all die oben dargestellten Umstände eintreten werden?

Antwort: Die Welt kann sich auf all diese Veränderungen in unterschiedlichem Tempo zubewegen, denn die Menschen müssen in der nächsten Zeit sehr viele Anpassungen ihres Lebens vornehmen und können daher nicht alle Maßnahmen zugleich ergreifen. Zuerst ist die Umstellung der Gesellschaft das wichtigste Thema – dies wird etwas Zeit brauchen – wir haben diesbezüglich ja bereits im vorhergehenden Buch die Jahreszahl 2015 als vorläufiges Ende der großen Umstellung der Gesellschaftsform genannt. Die anderen Aktivitäten zur Heilung der Erde können parallel dazu verlaufen, und dann kommt die Zeit, wo der Mensch seine Fähigkeiten als Schöpfer auszutesten beginnt, doch für die Maßnahme zur Stabilisierung der Erdachse braucht er etwas Erfahrung im Umgang mit seinen Möglichkeiten, und es muss auch noch Einigkeit unter den Menschen über diese Maßnahme erzielt werden – es hängt also davon ab, wie schnell sich die Menschen auf diese Maßnahme werden einigen können. Deshalb ist der Zeitpunkt nicht genau festzulegen, denn wir geben den Menschen hier völlige Entscheidungsfreiheit. Es ist von einem Zeitrahmen von rund 3 bis 5 Jahren nach 2015 auszugehen, den die Menschen zur Entscheidungsfindung brauchen werden. Für die Umsetzung und die Wirksamkeit wird in etwa der gleiche Zeitraum noch einmal zu veranschlagen sein.

Die Welt bekommt einen Schutzmantel

Nachdem die Erde ihr Klima stabilisiert hat, geht es darum, das Leben auf der Erde zu schützen. Schutz braucht die Erde vor weiteren kosmischen Ereignissen wie die Eruptionen der Sonne und weitere kosmische Gefahren in Form von Strahlung, die aufgrund der geschädigten Erdatmosphäre schneller und intensiver auf die Erde treffen können. Dieser Schutz ist erforderlich geworden, weil sich der Mensch zu sehr mit sich selbst statt mit dem Wohlergehen seines Heimatplaneten beschäftigt hat. Der Mensch hat in den letzten Jahrzehnten die Atmosphäre stark belastet und dadurch unzählige Schadstoffe in Umlauf gebracht, die erst jetzt beginnen, die Erdatmosphäre zu schädigen. Die Auswirkungen werden erst im Laufe der nächsten Jahre sichtbar sein. Das Ozonloch ist nur eine Schwachstelle in der Atmosphäre – weitere werden erst entdeckt. Um die Bedrohungen für das Leben auf der Erde abzuwenden, sind die Menschen gefordert, sich mit dem Schutz des Lebens vor Einflüssen von außen zu befassen.

Die Erde hat in den letzten Jahrzehnten sehr viel Substanz eingebüßt und kann sich jetzt nur noch wenig gegen diese Einflüsse von außen wehren – der Schutz des Lebens steht jedoch an alleroberster Stelle und deshalb muss sich der Mensch dringend damit beschäftigen. Diese Art der Beschäftigung fällt den Menschen dann aber mittlerweile leichter als früher, denn durch die bisher erreichten Veränderungen in nur sehr kurzer Zeit ist der Erfolgsdruck etwas geringer geworden und die Zuversicht und das Vertrauen in ihre Fähigkeiten sind gewachsen.

Erst einmal kann der Mensch die Entdeckungen der Schädigung der Atmosphäre schwer zuordnen und keine direkten Verursacher dafür feststellen. Diese Erkenntnis lässt den Menschen zu anderen Hilfsmitteln greifen, um den Schutz des Lebens vor Einflüssen von außen zu gewährleisten. Diese Methoden fußen auf einer sehr einfachen Basis. Solange die Ursache noch nicht genau erkannt wurde, wird für die Erde außerhalb der Atmosphäre ein zusätzlicher Schutzfilter installiert, der lediglich in Form eines starken Energiefeldes hergestellt wird. Dieser Schutz wird sehr effektiv sein und die Gefahren von außen abhalten, während die Forschungen weitergehen können und die Atmosphäre letztlich wieder von selbst gesundet und den Schutz des Lebens wieder übernehmen kann.

Dieses Energiefeld bietet zusätzliche Vorteile, denn auch der Energieschutzschild der Erde, der durch die Einflüsse des Menschen stark geschwächt wurde, kann dadurch wieder voll in Aktion treten. Dieser Schutzschild schützt darüberhinaus auch vor Gesteinsbrocken aus dem All, die laufend auf Planeten treffen und dort Zerstörungen anrichten. Unbewohnte Planeten verkraften solch einen Einschlag natürlich viel leichter als bewohnte, da die Langzeitfolgen sehr dramatisch sein können. Ein intakter Schutzschild hilft also auch gegen diese Bedrohungen.

Der Schutzmantel der Erde bewirkt nicht nur, dass weit entfernte Bedrohungen bereits frühzeitig abgelenkt werden, sondern er bewirkt auch die Stabilisierung der Erde in ihrer Umlaufbahn um die Sonne. Nachdem dieser Schutzschild bzw. das Energiefeld wieder voll intakt ist, kann sich die Erdbevölkerung auf die weiteren Abenteuer vorbereiten, die da noch auf sie warten.

Einige dieser Abenteuer sind den Menschen heute noch völlig unbekannt, denn sie bedürfen einer Voraussetzung, die sie erst entdecken werden. Der Mensch findet heraus, dass die Erde in ihrer Stabilität von Faktoren abhängig ist, die seit geraumer Zeit nicht mehr voll in Funktion sind, und eine Destabilisierung der Erde sehr schnell hätte passieren können. Einige dieser Faktoren arbeiten nur noch zu einem Bruchteil ihrer vollen Leistungsfähigkeit und andere fast gar nicht mehr. Um diese zu reanimieren, kann sich der Mensch erneut auf seine neuen Fähigkeiten verlassen, die ihm helfen werden, die letzten Gefahren, denen die Erde noch ausgesetzt ist, zu beseitigen.

Weitere große Abenteuer werden auf die Menschen noch zukommen, doch dazu erst in den folgenden Kapiteln.

Frage: Haben wir der Erde wirklich so sehr Schaden zugefügt – sehr viel mehr, als wir derzeit selbst erkennen können?

Antwort: Der Menschheit ist nur zu einem Bruchteil überhaupt bekannt, welch große Schäden sie verursacht hat. Durch den Raubbau an Bodenschätzen sowie durch den großflächigen Bau von Städten wurde der Erde unglaublich viel Energie entzogen. Wichtige Reserven im Energiefeld wurden zerstört und dadurch das Energiefeld der Erde sehr stark geschwächt. Die Auswirkungen dieser Zerstörungen sind den Menschen bislang kaum bewusst, doch ist die Wiederherstellung dieses Energiefeldes von großer Bedeutung. Daran werden die Menschen sehr intensiv arbeiten, denn die Möglichkeiten, das Energiefeld zu messen, werden sehr bald zur Verfügung stehen, und erst dann kann der Mensch erkennen, welch große Schäden er der Erde zugefügt hat. Die Heilung dieser Schäden kann von den Menschen selbst durchgeführt werden.

Frage: Was haben wir noch alles geschädigt, und ist es vielleicht unwiederbringlich zerstört, oder haben wir tatsächlich die Chance, dies zu „reparieren"?

Antwort: Neben dem Energiefeld hat der Mensch auch noch viele andere Schäden verursacht – die wichtigsten sind in der Atmosphäre entstanden. Die Atmosphäre besteht nicht nur aus Luft, sondern aus vielen Schichten, die wie ein Filter wirken und Strahlung aus dem Kosmos, die dem Leben auf der Erde gefährlich werden könnte, mindern oder gänzlich fernhalten. Diese zerstörten bzw. geschwächten Schichten können wieder aufgefüllt werden, doch dies braucht Zeit und dies geschieht von selbst, sofern die Emissionen durch die

Menschen aufhören. Daher ist es von so großer Bedeutung, dass der Mensch versteht, dass er die einzige Ursache für diese fatalen Folgen ist.

Frage: Welchen Gefahren, von denen wir möglicherweise gar nichts wissen, sind wir ausgesetzt?

Antwort: Die Gefahren, die aus dem All drohen, sind vielfältig. Neben den Strahlen, die im Kosmos vorhanden sind, gibt es auch noch eine Vielzahl an Meteoriten, die durch das Sonnensystem reisen und auf ihrem Weg immer wieder an der Erde vorbeirasen. Durch den Schutzmantel werden diese abgeleitet und verbleiben somit auf einer für die Erde ungefährlichen Bahn. Die Erde hat durch ihre Masse natürlich eine entsprechend große Anziehungskraft, und der Schutzschild in Form von Energie mindert diese Erdanziehung auf ein Objekt, das sich im Umfeld der Erde bewegt. Dieses wird vom Energie-Schutzschild abgewiesen und prallt quasi wie zwei gleichgepolte Magnete von der Erde ab. Dieser Schutz ist ungemein wichtig, denn ein Einschlag bestimmter Größe könnte alles Leben auf der Erde vernichten. Auf weitere Gefahren, die im Kosmos lauern, möchte ich hier an dieser Stelle noch nicht eingehen, denn es bedarf weiterer Informationen, die erst in späteren Kapiteln gegeben werden.

Frage: Woher kommen diese Meteoriten, die die Erde bedrohen – wer hat sie bzw. warum wurden sie erschaffen?

Antwort: Die Meteoriten sind Gesteinsbrocken, die vereinzelt oder in Gruppen durch das Sonnensystem wandern. Sie sind von ihrem Ursprung her Teile von Planeten, die vor sehr langer Zeit irgendwann explodiert sind und sich in alle möglichen Richtungen zerstreut haben. Seither sind sie eine Gefahr für alle anderen Planeten, da sie teilweise eine beachtliche Größe haben. Der Grund, warum Planeten explodieren, ist darin zu suchen, dass diese durch die

Form, wie sie erschaffen wurden, der Vergänglichkeit unterliegen – d.h. ebenso wie der Mensch geboren wird und im Laufe der Zeit verfällt und stirbt, so wurden auch diese Planeten erschaffen, um wieder zu vergehen – dieses Schicksal tragen viele der Planeten, doch die Art und Weise, wie sie ihr Ende finden, ist sehr unterschiedlich. Die einen explodieren, während die anderen in sich zerfallen und dadurch zu einem leblosen Klumpen verkommen, der vielleicht erst viel später wieder zum Leben erweckt wird. Euch im Detail darüber aufzuklären, wie die Entstehung und der Zerfall von Planeten abläuft, würde euch nur zu sehr verunsichern und unbegründete Ängste auslösen, und deshalb ist es zum aktuellen Zeitpunkt besser für euch, wenn ihr nur im Ansatz wisst, dass die Planeten ebenso vergänglich sind wie ihr.

Frage: Du sprichst vom Substanzverlust der Erde – was genau hat die Erde verloren?

Antwort: Über die Energiebahnen der Erde haben wir bereits gesprochen – die weiteren Verluste, die die Erde hinnehmen musste, beziehen sich auf Verluste in den Bereichen der physischen Befindlichkeit. Ihr müsst euch den Erdball als lebenden Organismus vorstellen, der durch jede einzelne Giftspritze vom Lebensnerv weiter entfernt wird – jede einzelne kleine Giftspritze schwächt den Organismus und dadurch sinkt seine Lebensenergie. Jeder Eingriff ins Erdinnere bedeutet eine Operation mit allen Wunden und inneren Verletzungen – viele kleine Nadelstiche tun selbst einem so großen Organismus wie der Erde auf die Dauer weh und schwächen sie in ihrer Lebensenergie. Wenn ein Mensch von unzähligen Wespen attackiert wird, so bringt ihn das nicht gleich um, doch die Anzahl der Stiche und die Menge Gift, die injiziert wurde, bestimmt, wie sehr der Mensch geschwächt wird und wie lange er braucht, um sich von der Attacke wieder vollständig zu erholen. Ihr müsst euch vorstellen, dass mit der Industrialisierung der Mensch wie eine riesen große Horde von Hornissen über die Erde hergefallen ist und ihr so viele Stiche zugefügt hat, dass sie kurz davor ist, einen Herzstillstand zu erleiden.

Frage: Unsere Wissenschaftler haben herausgefunden, dass die Erde bereits mehrfach von Meteoriten schwer getroffen wurde – das Zeitalter der Dinosaurier wurde meines Wissens nach dadurch beendet. Warum konnte der Schutzschild der Erde diese Einschläge nicht verhindern?

Antwort: Es ist richtig, dass die Erde bereits mehrfach von Meteoriten getroffen wurde und die Zerstörungen bzw. die Langzeitauswirkungen massiven Einfluss auf das Leben auf der Erde hatten. Viele unterschiedliche Lebensformen sind auf diese Weise für immer von der Erde verschwunden. Warum der Schutzschild der Erde dies nicht verhindern konnte, kann wie folgt erklärt werden. Die Erde ist noch nicht besonders lange mit so einem Schutzschild ausgestattet, dieser hat sich, gemessen am Alter der Erde, erst vor verhältnismäßig kurzer Zeit gebildet – dafür sind u.a. die Kristalle auf der Erde verantwortlich. Dieser Schutzschild wurde installiert, um Vorkommnisse dieser Art nicht erneut geschehen zu lassen, damit sich das Leben auf der Erde in Ruhe entwickeln kann. Diese Maßnahme geschah in Abstimmung mit der Mutter Erde, und die Kristalle wurden aktiviert, um diese Funktion ausüben zu können.

Frage: Welche Faktoren stabilisieren die Erde, und wie arbeiten sie? Was könnte passieren, wenn deren Funktion nicht wieder in Gang kommt?

Antwort: Die Faktoren, von denen ich gesprochen habe, sind vielfältiger Natur. Sie bestimmen einerseits die genaue Neigung der Erdachse im Verhältnis zur Sonne und sorgen für die laufende Rotation in gleichmäßigem Tempo. Weitere Faktoren bestimmen den Abstand zur Sonne und zu den anderen Planeten im Sonnensystem. Eine Reihe weiterer Faktoren sorgen dafür, dass die Erde auf ihrem Kurs bleibt und nicht eine andere Umlaufbahn um die Sonne nimmt. Diese Faktoren hier zu erklären, wäre zu wissenschaftlich und für den durchschnittlichen Leser nicht verständlich – ich beschränke mich daher auf die Auswirkungen dieser Stabilisierungsfaktoren. Wie bereits gesagt, sind diese in ihrer Funktion geschwächt und die Erde läuft Gefahr, „aus der Bahn" geworfen zu werden, wenn die Funktion nicht bald wieder voll hergestellt ist. Diese Aktivierung kann der Mensch in Zusammenarbeit mit der Mutter Erde vornehmen, und sie ist Teil der Erdheilung, die der Mensch bald vornehmen wird. Die Gefahr der Destabilisierung der Erde wurde ebenfalls vom Menschen hervorgerufen und ist in Verbindung mit der Zerstörung des Energiefeldes der Erde zu sehen. Ein komplexer Prozess, der durch die Erdheilung wieder in Gang gesetzt wird.

Die Erde bewegt sich weiter

Die Erde wird aufgrund der Arbeit, die die Menschen verrichten, wieder ganz normal auf Kurs gehalten, und es beginnt ein Zeitalter, in dem die Reparaturarbeiten abgeschlossen sind und die Erde sich gemeinsam mit ihren Bewohnern ans Werk macht, um dem Universum ihren Stempel aufzudrücken. Die Handschrift der Mutter Erde und der Menschen wird in den folgenden Jahren mehr und mehr im ganzen Universum zu erkennen sein. Auf der Reise durch die Galaxien entdecken die Menschen völlig unbekannte, bewohnte Planeten, wo die verschiedensten Arten ein Dasein führen, das mit dem auf der Erde nicht vergleichbar ist. Es handelt sich um Lebewesen, die in ihrer Gestalt zum Teil den Menschen ähneln, doch in Wahrheit auf einer ganz anderen Basis entstanden sind und wenig Parallelen mit den Menschen aufweisen.

Diese Reisen erfolgen nicht in einem Raumschiff, das mit mehrfacher Lichtgeschwindigkeit durchs All rast, sondern in virtueller Form, die durch Projektionen auf der Erde ermöglicht werden. Darin kann der Mensch bis in die einzelnen Zellen der Lebewesen vordringen und diese im Detail erforschen und sehr viel über die Entstehung des Lebens dort erfahren. Was ihm das ermöglicht, ist eine technische Errungenschaft, die die Menschen gleich nach dem Aufstieg in die 5. Dimension machen werden. Es ist ein Energiestrahl, den die Erde weit in den Kosmos hinaus richtet und der in einer unvorstellbaren Geschwindigkeit die hintersten Winkel der verschiedensten Galaxien erreichen kann und unvorstellbare Datenmengen transportiert und mittels großer Kristalle dreidimensional projiziert. Dieser Leitstrahl erlaubt die Verbindung bzw. den Transport von Informationen in beide Richtungen in enormer Geschwindigkeit.

Die Informationen, die auf diese Weise zur Erde gelangen, sind faszinierend, und der Mensch erkennt langsam die unglaubliche Schöpfermacht, die all das erschaffen hat. Voll Ehrfurcht beginnt der Mensch zu realisieren, dass all diese Schöpfermacht auch in ihm steckt und er sie dazu benutzen kann, um weiteres Leben zu erschaffen.

Die Erde kommt hingegen zur Ruhe und kann sich voll auf ihre Aufgaben konzentrieren, die sie als Stern erhalten hat. Die Hausaufgaben zur Stabilisierung sind abgeschlossen und das Leben auf der Erde bekommt freie Bahn und entwickelt eine Eigendynamik in Bereichen, in denen bisher kaum Leben möglich war. Der Mensch hat vieles dazu beigetragen, dies zu ermöglichen, und dank seiner neuen Fähigkeiten erweitert er das Wunder des Lebens auf der Erde. Es entstehen unzählige Arten durch bewusstes Erschaffen durch den Menschen und Mutter Erde, und all diese neuen Arten bereichern das Leben auf der Erde und es entwickeln sich daraus weitere Gattungen und Kombinationen unterschiedlichster Lebensformen. Die Natur erblüht und die Erde erstrahlt wie ein heller Stern am Nachthimmel – weithin sichtbar und mit vielen Möglichkeiten, die er mehr und mehr nutzt, um das Universum zu beleben und zu erleuchten.

Die Erde kann von nun an ihre Macht zur Erschaffung neuen Lebens üben und auf ihrer eigenen Oberfläche sowie in ihrem Inneren für neue Lebensformen sorgen, die auch dazu geeignet sind, auf andere Planeten transferiert zu werden. Pflanzen und Tiere sowie Mikroorganismen werden auf andere Planeten verfrachtet und dort in eine Welt gebracht, in der sie sich voll und ganz entfalten können und im Laufe der Zeit dafür sorgen, dass auch dort Leben entsteht. Welche Planeten das sein werden, sehen wir uns in den nächsten Kapiteln an. Zuvor jedoch werfen wir einen Blick auf die Rolle der Engel in diesem Zusammenspiel.

Die Welt des Lichts scheint den Menschen heute noch sehr verschleiert und mystisch – sie glauben, dass sie dieser Welt nicht trauen können, und haben Angst vor der Existenz anderer Lebensformen, die sie nicht kontrollieren können. Diese urtümliche Angst stammt aus der Zeit der Unwissenheit über die Herkunft des Menschen, doch diese Angst beginnt langsam von der Welt zu weichen, denn der Mensch ist derzeit dabei, sich den unsichtbaren Welten zu öffnen, und das schafft Vertrauen in die Fähigkeiten des Menschen. Zugegebenermaßen wird diese Zeit die Menschen sehr fordern und vielleicht manche kurzfristig überfordern – so lange bis alle verstanden haben, dass die Welt des Lichts schon immer existent war, doch der Zugang für viele nicht auffindbar – und die Unterstützung der Menschen durch die Engel auch ohne deren Wissen immer funktioniert hat. Natürlich hatte der Mensch seinen freien Willen, und den wird er auch weiterhin uneingeschränkt behalten, doch kann er sich darauf besinnen, dass er jetzt Unterstützung in allen Lebenslagen erbitten kann. Der Zugang zu den Engeln wird für alle Menschen sehr viel leichter sein als bisher. Die höhere Schwingung der Erde und der Menschen schafft eine Annäherung der Schwingungsfrequenzen zwischen Menschen und Engeln – dadurch wird der Kontakt viel leichter herstellbar, und die beiden Welten verlaufen nicht mehr völlig getrennt voneinander, sondern kommen sich sehr nahe – der einzige Unterschied besteht darin, dass die Menschen neben ihrem Lichtwesen – ihrer Seele – auch noch über einen materiellen Körper verfügen, der dazu dient, die Erfahrungen im Leben am eigenen Leib verspüren zu können.

Diese Annäherung ermöglicht es den Engeln, die Menschen noch stärker zu unterstützen als bisher, denn der direkte, bewusste Dialog bringt sehr viel neues Wissen auf die Erde und ermöglicht dadurch eine Entwicklung in einem Tempo, wovon man bisher nur träumen konnte. Eine Entwicklung, die dermaßen schnell ist, dass die Menschen oft binnen Monaten Fortschritte machen, wofür sie früher Jahrzehnte gebraucht haben. Eine rasende Geschwindigkeit, die natürlich nicht ganz spurlos an vielen vorübergehen wird – einige fragen sich, wohin die Reise denn gehen wird, und ihre bisher eingeschränkte Wahrnehmung wird sie noch nicht ganz loslassen und viele werden etwas Zeit brauchen, um sich vorstellen zu können, wozu der Mensch alles fähig ist. Damit werden zwei unterschiedliche Gruppen von Menschen entstehen – die einen beginnen sich der Herausforderung ihres Schöpferdaseins zu stellen und kümmern sich um die Entwicklung der Erde und des Universums, während die anderen sich mehr um die Struktur im Hintergrund bemühen und ihre Aufgabe darin sehen, die Lebensgrundlagen für die Gemeinschaft zu schaffen.

Eine grundsätzlich sehr erfreuliche Entwicklung, denn die Einen können ohne die Anderen nicht existieren, und so entsteht eine Arbeitsteilung, die sehr wertvoll für alle sein wird, denn die Forscher und Entwickler können sich voll und ganz darauf verlassen, dass ihre Lebensgrundlage auf jeden Fall gesichert ist, und sich voll und ganz auf ihre Berufung konzentrieren, während die anderen aufmerksam den Ergebnissen lauschen und sich dann, wenn sie aufgefordert werden, sich an dem aktuellen Ereignis zu beteiligen, um die neue Form von Leben mitzugestalten, den Forschern anschließen. Die Vorarbeit wird von den Forschern geleistet, und dann, wenn diese abgeschlossen ist, beginnt der Prozess des gemeinsamen Erschaffens, an dem sich die meisten gerne beteiligen – alle setzen ihre schöpferische Macht der Gedanken ein, um eben das zu erschaffen, wozu sich die Allgemeinheit entschlossen hat.

Eine Schöpfung erfordert das Zutun von entsprechend vielen Menschen, denn nur die Summe ihrer Gedanken kann den Entstehungsprozess einleiten – alle müssen mitmachen, dann ist so gut wie alles möglich. Mutter Erde unterstützt diesen Prozess, wenn er den Grundprinzipien des Lebens entspricht. Diese Prinzipien basieren auf einer ganz einfachen Grundannahme: Alle neuen Lebewesen – egal ob Tier oder Pflanze –, alle müssen dem Grundsatz der Liebe entsprechen – das bedeutet, dass die höchste Form der Liebe durch dieses Geschöpf zum Ausdruck gebracht wird – das kann beispielsweise bei einem Tier der Fall sein, wenn es zum Zweck der Unterstützung einer anderen Gattung geschaffen wird – um diese zu ernähren und sie in ihrem Wachstum zu unterstützen. Eine Pflanze kann ebenso als Nahrung dienen oder diejenigen Früchte hervorbringen, die andere Lebewesen benötigen, um darin ihre Brut aufzuziehen. Auf jeden Fall muss es ein Zusammenspiel der gesamten natürlichen Prozesse sein, das durch das neue Geschöpf weiter gefördert und unterstützt wird – alles zum Wohl der gesamten natürlichen Entwicklung mit dem Ziel der größtmöglichen Artenvielfalt.

Ein Zusammenspiel, das auf der Erde seit Jahrmillionen bestens funktioniert – der Mensch hat darin jedoch einen großen Störfaktor dargestellt, und das beginnt er wieder gutzumachen, indem er all jene Geschöpfe, die er von der Erde verdrängt hat, wieder zurückbringt und dadurch die Artenvielfalt steigert. Die Natur trägt ihren Teil dazu bei und nützt die neuen Gelegenheiten und Freiräume, die ihr gewährt werden, um von sich aus die Vielfalt des Lebens weiter auszubauen. Eine wunderbare Entwicklung, die allen Menschen sehr große Freude bereitet und die auch die Engel mit großer Freude erfüllt, denn der Mensch bewegt sich auf das Endstadium, aufs Finale seiner Entwicklung zu. Wenn die Menschen all die Schöpfungen auf den verschiedenen Planeten abgeschlossen haben, dann haben sie ihr Ziel erreicht – sie sind zurückgekehrt zu ihrem Ursprung – sie sind der Schöpfer selbst!

Die Ausbreitung des Lebens im Universum wird die Erfahrung der Menschen im Erschaffen neuen Lebens im Laufe der Generationen sehr bereichern, und der Mensch wird dadurch zu einem mächtigen Wesen, das die höchste Form der Göttlichkeit in allen seinen Handlungen zum Ausdruck bringt. Als Basis diente den Menschen dazu ihre langjährige Erfahrung unzähliger Inkarnationen auf der Erde – eine Erfahrung, die auch die andere Seite des Lebens zum Ausdruck gebracht hat und dadurch den Menschen die Weisheit schenkte, sich von der dunklen Seite vollständig abzuwenden und ausschließlich dem Höchsten Ausdruck verleihen zu wollen. Aus dem Menschen mit all seinen Fehlern – auch wenn diese in Wirklichkeit keine waren –, entwickelt sich ein reines Wesen, das nur die Göttlichkeit in sich zum Leben erweckt – ein lichtes Wesen in materieller Gestalt, das nichts anderes ist als der Schöpfer selbst. Die Einheit der Menschen in Verbindung mit allen anderen Lebewesen im

Universum, egal ob von fester Gestalt oder nur in Gestalt von Licht, ist Gott, der allmächtige Schöpfer von allem, was ist!

Frage: Nach unserer Vorstellung kann so ein Transportstrahl, auf dem Informationen zu entfernten Galaxien transportiert werden, gar nicht so weit vordringen, da sich ihm immer wieder Planeten und Himmelskörper in den Weg stellen werden. Wie ist es möglich, so einen Transportstrahl dorthin zu richten?

Antwort: Ein Transportstrahl hat – im Gegensatz zu dem, wie ihr ihn euch vorstellt, keine geradlinige Bahn wie z.B. ein Sonnenstrahl, der die Erde erreicht – der ist für euer Verständnis gerade und trifft euch auf direktem Wege, so kann er z.B. durch Hindernisse davon abgehalten werden, auf die Erde zu treffen. Ein Strahl dieser Art, wie ihr ihn benutzen werdet, um in ferne Galaxien zu gelangen, ist in seiner Beschaffenheit mit dem Lichtstrahl der Sonne nicht vergleichbar, denn so ein Strahl ist in keiner Weise materiell zu sehen – er durchdringt alle Hindernisse, weil materielle Hindernisse einen nichtmateriellen Strahl nicht abhalten können, seinen Weg fortzusetzen. Nachdem er nicht materiell ist, kann er auch nicht durch irgendetwas gebremst oder abgehalten werden – daher ist er auch in Sekundenschnelle an allen Enden des Universums angekommen.

Frage: Ich weiß, dass unser Verstand äußerst begrenzt ist und wir uns die unendliche Weite des Universums nicht einmal annähernd vorstellen können. Unlängst hat ein Weltraumteleskop wieder wundervolle Bilder von Galaxien übermittelt, die so unvorstellbar weit entfernt sind, dass wir dort niemals hinreisen könnten. Mir fehlt in diesem Zusammenhang eine plausible Erklärung, warum wir Menschen diese so weit entfernten Galaxien mit unserem begrenzten Verstand mit Leben erfüllen sollen und wozu diese Pracht so weit entfernt geschaffen wurde?

Antwort: Die Menschen haben einen Auftrag, der da lautet: „Werdet zum Schöpfer und lasst im gesamten Universum Leben entstehen, das in seiner Vielfalt grenzenlos ist und dazu dient, die ganze Schöpfermacht zum Ausdruck zu bringen.“ Darin sind viele Komponenten enthalten, die auch den zweiten Teil deiner Frage beantworten. Euer Auftrag ist klar definiert, doch zuvor musstet ihr quasi selbst erfahren, was es bedeutet, unter Umständen zu leben, die dem Ausdruck der höchsten Göttlichkeit widersprechen. Dies habt ihr nun lange genug getan, und jetzt ist es an der Zeit, um genau diese Aufgabe in Angriff zu nehmen. Die große Pracht des Universums wurde genau zu diesem Zweck geschaffen, um euch vor Augen zu führen, wozu ein wahrlich großer Schöpfer alles fähig ist, und genau diesem Beispiel solltet ihr folgen. Wir haben euch die Erfahrungen auf der Erde machen lassen, damit ihr wisst, mit welchen Schwierigkeiten ihr rechnen müsst, wenn ihr Wesen erschafft, die nicht vollständig die Göttlichkeit zum Ausdruck bringen – wir haben euch durch das Vergessen eurer Herkunft die Gelegenheit gegeben, genau diese Erfahrung in unterschiedlichsten Ausprägungen zu machen, damit ihr gerüstet seid für die Erschaffung von Wesen, die unzweifelhaft das Höchste der Göttlichkeit zum Ausdruck bringen. Das ist der ganze Grund eures Daseins auf der Erde bisher. Jetzt ist die Zeit gekommen, dass ihr die Getrenntheit und das Vergessen verlasst und zurück kehrt ins volle Bewusstsein eurer Göttlichkeit. Ihr seid bestens gerüstet für das nächste große Abenteuer auf eurem Entwicklungsweg – ihr seid dabei, den Weg zur Rückkehr zum Schöpfer selbst anzutreten, und ihr könnt auf diesem Weg noch unzählige Schöpfungen vollbringen und richtig auskosten, was es bedeutet, ein Schöpfer zu sein.

Frage: Gibt es den Schöpfer in Person, so wie es dich und mich gibt?

Antwort: Am Anfang allen Seins gab es den Schöpfer in Person, bis er sich entschlossen hat, sich selbst in unzählige Teile aufzuteilen, um sich selbst als Schöpfer zu erfahren. Alle Teile wurden mit der gleichen Information ausgestattet, und alle Teile hatten nur eine einzige Aufgabe – zu erfahren, was es bedeutet, Schöpfer zu sein. Ihr

Menschen seid alle solche Teile und es ist euch bestimmt, dass ihr eure Aufgabe ausführt und dass ihr eines Tages eure Entwicklung abschließt, um wieder zu eurer Quelle zurückzukehren. Ich möchte es an dieser Stelle bei dieser kurzen Aussage belassen, denn zu einem späteren Zeitpunkt werden wir auf diese ureigenste Frage des Menschseins zurückkommen und uns näher damit beschäftigen.

Die Erde bekommt einen Zwilling

Die fortschreitende Entwicklung der Schöpfermacht der Menschen führt dazu, dass ein Planet in unmittelbarer Nachbarschaft zur Erde dazu auserkoren wird, auf ihm ein Abbild des Lebens auf der Erde zu erschaffen. Wir sprechen hier von einem Planeten in eurem Sonnensystem, den ihr alle gut kennt – wir sprechen hier vom Mars, der nicht allzu weit entfernt ist und den ihr schon lange Zeit auf Leben untersucht. Es war euch schon immer ein Anliegen, diesen Planeten näher kennenzulernen, um über dessen Struktur mehr zu erfahren. Der Mars eignet sich insofern sehr gut für die Schaffung eines Erdenzwillings, als er aufgrund seiner Oberflächenstruktur und seiner Positionierung im Sonnensystem sehr gute Voraussetzungen erfüllt, um mit Leben ausgestattet zu werden. Seine Atmosphäre ist der der Erde gar nicht so unähnlich – das Einzige, was fehlt, ist der Sauerstoff, den der Mars durch euer Zutun bekommen kann. Daraufhin kann sich auch das Temperaturniveau auf dem Mars anpassen, sodass langsam die Grundlage für Leben entstehen kann.

Die Erde wird ihr ganzes Leben nach und nach auf den Mars entsenden, und dort entsteht eine üppige Vielfalt an Leben – vorerst im Bereich von Mikroorganismen und später von Pflanzen, die für die weitere Entwicklung von Leben sorgen. Ein Leben von wunderbarer Vielfalt entsteht dort im Laufe der Zeit und der Mensch wird sein erstes großes schöpferisches Werk vollbracht haben. Die Freude ist groß und animiert zu weiteren großen Taten im Universum.

Es folgen viele weitere Planeten im ganzen Universum, und im Laufe von vielen Jahren und vielen Generationen wird sich der Mensch im ganzen Universum ausbreiten und seinesgleichen an die weit entfernten Planeten entsenden, um den Schöpfungsprozess wie auf der Erde von Neuem beginnen zu lassen. So ist gewährleistet, dass dieser Prozess niemals aufhört – er beginnt bei der absoluten Unwissenheit über die Herkunft und findet über das, was das Gegenteil zu sein scheint, den Weg zurück zum Ursprung und zu dem, was der ureigenste Auftrag des Menschen ist.

Nachdem all dies vollbracht wurde, kann der Mensch zurückkehren zu seiner Quelle und mit ihr verschmelzen und das Abenteuer des Lebens von Neuem beginnen – ein ewiger Kreislauf, der nur einen einzigen Zweck verfolgt. Der Mensch ist Schöpfer – er ist Teil von Gott und in seiner Macht als Schöpfer geboren, um genau diesen Auftrag auszuführen. Der lange Weg der Entwicklung des Menschen diente ausschließlich dazu, um ihn auf seine Rolle als Schöpfer vorzubereiten, damit er den Entwicklungsprozess am eigenen Leib verspüren kann und dadurch in seiner schöpferischen Verantwortung geschärft an seine Aufgabe herangehen kann – ein Entwicklungsprozess, der immer wieder von Neuem beginnen wird und unzähligen Teilen von Gott dazu dient, um genau das zu erfahren, was sie sind.

Die Erde erhält weitere Abbilder ihrer selbst

Nachdem das Abenteuer Mars soweit gediehen ist, dass es sich um einen blühenden Planeten handelt, der vor Leben strotzt und viele irdische Arten dort die Gelegenheit hatten, sich weiter auszubreiten und neue Arten und Gattungen hervorzubringen, entsteht auch auf anderen Planeten im Universum ein Abbild der Erde mit allen Lebensformen und Entwicklungen.

Die Besonderheit auf diesen Planeten ist die, dass der Mensch nun damit beginnt, auch seinesgleichen dorthin zu entsenden und sich also erstmals selbst zu verbreiten. Es entstehen dadurch Planeten, die von Anfang an eine vergleichbare Entwicklung wie die Erde machen und über Milliarden von Jahren zu dem werden können, was die Erde bald sein wird. So entsteht ein Lebensraum, der wieder zu dem Zweck geschaffen wurde, wie er auf der Erde geschaffen wurde. Alle Menschen werden an der Entstehung weiterer Abbilder im Universum mitarbeiten, und es wird ihnen dermaßen große Freude bereiten, dass sie dazu in der Lage sind, dass sie sich eines Tages wünschen, den Entwicklungsprozess selbst wieder ganz von vorne durchleben zu können. So dreht sich der Kreislauf des Lebens erneut und beginnt immer wieder von vorne.

Die Erde hat ihren Entwicklungsprozess vom Planeten zum Stern damit abgeschlossen, und ihr Auftrag lautet, eben genau diesen Schöpfungsprozess fortzusetzen und dafür zu sorgen, dass das Leben in seiner ganzen Pracht so vielfältig wie möglich im gesamten Universum Ausbreitung findet und die Göttlichkeit in ihrer höchsten Ausprägung erkennbar ist.

Damit dies alles möglich wird, braucht der Mensch und der Stern Erde eine entsprechende Unterstützung – Unterstützung in

Form von Weisheit und Unterstützung in Form von schöpferischer Kraft. Diese Unterstützung kommt aus der Welt des Lichts – die Engel werden die Menschen begleiten und ihnen all die Voraussetzungen zur Verfügung stellen, die sie für ihren Auftrag benötigen. Die Engel sind die ständigen Begleiter und Ratgeber für die Menschen, und sie weisen ihnen den Weg, wenn sie sich verirrt haben oder glauben, an Grenzen gestoßen zu sein, die die schöpferische Macht nicht überwinden kann. Solche Grenzen wird es geben, denn der Mensch hat in seiner Entwicklung noch viele weitere Schritte zu absolvieren, bis er in völliger Eintracht mit den Engeln sein Werk vollbringen kann. Die Einheit, die Menschen und Engel bilden, ist für den heutigen Menschen schwer vorstellbar, da er diese nicht sehen kann und da sie ihm als Geister vorkommen, vor denen er sich fürchtet. Diese Angst wird der Mensch dann zwar nicht mehr verspüren, doch glaubt er zunächst noch an seine Unabhängigkeit und will gewisse Werke alleine bewältigen, da er glaubt, dies für sein Ego brauchen zu müssen – etwas alleine zu schaffen, das strebt ihm vor, doch vergisst er dabei, dass er alleine sehr viel weniger Möglichkeiten hat, als wenn er in der Gemeinschaft mit den anderen Menschen und den Engeln ans Werk geht. Dies muss der Mensch erst noch lernen, und dieser Prozess braucht etwas Zeit. Diesen Hinweis gebe ich euch bereits jetzt, denn dies trifft bereits heute auf nahezu alle Lebenslagen zu – ihr kämpft heute sehr viel alleine, anstatt die Hilfe anderer anzunehmen und euch helfen zu lassen – sehr viel schneller und einfacher wird es gehen, wenn ihr diesen Hinweis beherzigt und aufhört, auf euer Ego zu hören, das immer nur sich selbst in den Vordergrund spielen möchte. Diese Zeit ist vorbei – ihr braucht das Ego nicht mehr – es steht euch nur noch im Wege und hindert euch an weitaus besseren Ergebnissen.

Die Zusammenarbeit ist das wichtigste Element der zukünftigen Tätigkeit als Schöpfer – alleine kann der Mensch sehr viel weniger bewerkstelligen als in der Einheit – diese Einheit ist es, wozu sich die Menschen heute unbedingt durchringen müssen, um die Ergebnisse erzielen zu können, die es benötigt, um den Schöpfungsprozess in

Gang zu bringen. Als Einheit kann der Mensch wahrhaft Göttliches vollbringen – alleine sind seine Möglichkeiten eben auf diesen Bruchteil, den er ausmacht, beschränkt.

Der Blick in die Zukunft eröffnet den Menschen den nötigen weiten Horizont, damit sie verstehen, worum es in ihrem Leben wirklich geht. Das tägliche Leben ist im Augenblick noch zu sehr auf das Geldverdienen konzentriert, und daher fehlt jeglicher Spielraum für wahrlich schöpferische Tätigkeit. Der Mensch könnte bereits heute sehr viel weiter fortgeschritten sein, wenn er nicht ausschließlich mit Geldverdienen beschäftigt wäre – die schöpferische Kraft steckt bereits heute in ihm, doch er kann sie nicht entsprechend nutzen, weil er sie für Dinge einsetzt, die keine Unterstützung finden – Dinge, die der Schöpfung nicht entsprechen, denn es ist nicht im Sinne des Schöpfers, dass der Mensch alles Mögliche unternimmt und erfindet, nur um Geld zu verdienen. Geld verdienen ist kein Ausdruck von göttlicher Liebe – das ist es wahrlich nicht! Göttliche Liebe, könnte man meinen, käme vielleicht im Einsatz des Geldes zum Ausdruck, doch auch das entspricht nicht dem göttlichen Ursprung, denn Almosen für Arme oder Kranke sind nicht das, was sich das Göttliche wünscht – nur unter den seltensten Bedingungen kann dies behauptet werden. Wenn der Mensch von seiner Natur aus auf ganz andere Dinge achten würde, dann könnte er ohne Geld sehr viel einfacher den Göttlichen Willen realisieren, denn er könnte zusammen mit vielen anderen Menschen Missstände bekämpfen und diese ins Positive umkehren und zu dem machen, was sie sein sollen. Möglichkeiten zum Ausdruck der höchsten Göttlichkeit – das ist der Auftrag der Menschen – von Geld war niemals die Rede. Eine Erfindung, die der Mensch nur dazu gemacht hat, um sich in der Getrenntheit von allen anderen einen Vorteil zu verschaffen und im System der Bewertung ein Maß zu finden, das ihm die Möglichkeit gibt, Dingen einen Wert zu geben. Doch der Ansatz der Bewertung ist vom Grundsatz her schon unangebracht und nicht dienlich, denn der Wert eines Menschen kann nicht gemessen werden, denn ein Mensch ist das, was er ist – ein Teil von Gott und in seiner Wertigkeit das Höchste, das es gibt!

Wenn die Menschen in Zukunft ihr System der Bewertung ablegen und darauf verzichten, irgendetwas und irgendjemanden zu beurteilen, dann beginnt die Zeit der Gleichberechtigung und die Zeit der Einheit – diese Zeit steht den Menschen unmittelbar bevor, denn bereits heute gibt es immer mehr Widerstand gegen das aktuelle System. Viele Menschen sind nicht mehr mit diesem System einverstanden und können ganz und gar nicht mehr verstehen, wie es überhaupt möglich war, so ein System, das von Grund auf ungerecht war, überhaupt zu installieren. Diese Enttäuschung grenzt mittlerweile sehr häufig an Wut, und diese kommt immer mehr zum Ausdruck – auch wenn Wut kein adäquates Mittel zum Ausdruck der Göttlichkeit ist. So entsteht die nächste Zeit immer mehr Widerstand, bis das System zur Gänze zu Fall gebracht wird und die Welt ohne Bewertungssystem auskommt.

Die Erde hat ihre Schuldigkeit getan und den Menschen über einen sehr langen Zeitraum beheimatet, ihn ernährt und ihm die Möglichkeit geboten, Erfahrungen zu sammeln – Erfahrungen in unterschiedlichster Form. Es waren viele schöne und gute Erfahrungen dabei, die das Herz erwärmten, doch ebenso viele Erfahrungen waren von unerfreulicher und schmerzhafter Natur – beides war so vorherbestimmt, denn beides diente dem Zweck der Sammlung von möglichst vielen unterschiedlichen Erfahrungen, damit der Mensch auf einen Reichtum an Wissen und Weisheit zurückgreifen kann, damit er all dieses Wissen in seine Schöpfungen einbringen kann und damit verhindert, dass die Göttlichkeit in ihrer höchsten Form nicht zum Ausdruck gebracht wird. Eine Mahnung, die auf den Erfahrungen der Menschen begründet ist.

Wir möchten hier an dieser Stelle noch einmal deutlich zum Ausdruck bringen, dass der Mensch all seine Erfahrungen nur zu diesem Zweck gemacht hat und all die Entbehrungen und schmerzhaften Verluste deshalb machen musste, um genau diese Seite des Lebens auch kennenzulernen – viele tragische Erfahrungen waren dabei, die tiefe Emotionen ausgelöst haben und von denen sich mancher in diesem Leben auch nicht mehr erholt hat – diese Erfahrungen in ihrer ganzen Tragweite dienten letztlich nur einem einzigen Zweck!

Wenn wir uns die heutigen Zustände auf der Erde ansehen, so erkennen wir ein enormes Gefälle zwischen den Industriestaaten und der sogenannten Dritten Welt. In diesem Gefälle sind sehr viele unterschiedliche Erfahrungswelten zu finden – die einen schwimmen im Reichtum und können sich alle Annehmlichkeiten, die es auf der Welt gibt, leisten, und die anderen kämpfen täglich ums Überleben. Dazwischen ist die Welt geprägt von unzähligen Erfahrungen, die unterschiedlicher nicht sein könnten. Eine Welt offenbart ihren gesamten Schatz an Erfahrungen – Reiche wie Arme können über reichlich viele Erfahrungen berichten, die alle in diesem Zusammenhang sehr wertvoll waren und sind. Dieser Reichtum steht der Menschheit nun zur Verfügung, und sie wird diesen ganzen Reichtum, den sie über unzählige Generationen und Inkarnationen zusammengetragen hat, nun nutzen lernen, denn genau diese Erfahrungen haben dem Menschen den Weg gewiesen – den Weg, den seine Schöpfungen nehmen sollen, damit sie das Höchste zum Ausdruck bringen können. Die Liebe ist das höchste Gut, und alle neuen Schöpfungen werden nur auf diesem Grundelement aufgebaut sein – niemals wird es wieder möglich sein, dass der Mensch etwas erschafft, das einem anderen die Liebe verwehrt.

Frage: Was hat es mit Liebe zu tun, wenn ein Löwe, der dazu geschaffen wurde, um Gazellen zu töten, diese zerfleischt und verspeist?

Antwort: Du hast völlig Recht – es scheint keine besonders große Liebe des Löwen zu sein, wenn er sich über die Gazelle hermacht, doch dazu ist ein entscheidender Punkt zu berücksichtigen, den die Schöpfung vorsieht: Der Mensch ist heute ebenfalls ein Wesen, das sich über unzählige Tiere hermacht, um von ihrem Fleisch ernährt zu werden. Im vorangegangenen Buch *Die Gesellschaft 2015* haben wir bereits die Entwicklung des Menschen zum Vegetarier skizziert und auch begründet, warum dies geschehen wird. Die Natur ist auf genau diesem Umstand aufgebaut – jedes Wesen hat seinen schöpferischen Auftrag – der z. B. darin begründet sein kann, dass es als Nahrung für andere Wesen dient. Das „Fressen und Gefressen werden-Prinzip" gilt in der Natur uneingeschränkt – auf diese Weise ist das ganze Leben aufgebaut. Der Unterschied zum menschlichen Dasein ist jedoch gravierend. Der Mensch ist nicht mehr Teil dieser Lebensspirale – er hat in diesem Zyklus nichts mehr verloren –, er ist ausgestiegen aus diesem Prozess und bewegt sich auf einer völlig anderen Ebene. Zu Urzeiten, als der Mensch eine weit niedrigere Entwicklungsstufe besaß, war er in diesen Kreislauf voll eingebunden und fiel ebenso häufig wilden Tieren zum Opfer. Heute ist ihm ein anderes Leben bestimmt, und er muss sich darauf besinnen, was er ist – er ist als Schöpfer geboren worden, und in dieser Funktion hat er die Aufgabe, das Leben weiterzuentwickeln und das Grundprinzip aufrechtzuerhalten. Selbst ist er nicht mehr Teil der Spirale, doch weiterentwickeln soll er sie.

Alles ist eins

Wir haben in den Kapiteln zuvor die Grundlagen der menschlichen Schöpfung beleuchtet und klargemacht, was der Auftrag des Menschen ist. In der Erfüllung dieses Auftrags wird der Mensch viele weitere Neuerungen auf die Erde und ins Universum bringen und damit eine großartige Veränderung bewirken. Das Grundprinzip der Liebe haben wir ebenfalls beleuchtet, damit die Schöpfungen von Grund auf ein Fundament haben, das die Göttlichkeit als oberste Ausdrucksform in sich trägt. Nachdem wir diese Grundlagen geklärt haben, können wir einen Schritt weitergehen und den Menschen auf andere Aspekte seiner Rolle im Universum vorbereiten.

Wenn der Mensch all diese Neuerungen erlernt und sich darin geübt hat, seine Fähigkeiten entsprechend einzusetzen, und die Erfolge sichtbar werden, so beginnt die Zeit, in der er weitere Aufgaben übernehmen kann. Diese sind einerseits im universellen Sinn zu sehen, und andererseits beziehen sie sich auf seine neue Rolle als Botschafter. Im universellen Sinn wird der Mensch seine Rolle als Schöpfer weiter ausbauen, doch wird ihm daraus eine völlig neue Aufgabe erwachsen, denn so wie die Menschen durch den Tunnel des Vergessens gegangen sind, so werden auch seine Abbilder durch den Tunnel des Vergessens gehen. Und damit seine Abbilder auf den anderen Planeten auch entsprechend Führung erhalten, wird er diese Menschen begleiten. Er wird sie als eine Art Mentor begleiten und ihnen die Möglichkeit geben, Erfahrungen zu machen, die sie in ihrer Entwicklung vorwärtsbringen und auf dem lichten Weg halten. Eine Aufgabe, die sehr vertrauensvoll ist und die der Mensch mit großer Freude übernehmen wird, da seine Führung für seine Abbilder von großer Bedeutung sein wird. Die Geschöpfe auf den anderen Planeten brauchen diese Unterstützung, damit sie aus eigener Kraft den Weg ihrer Entfaltung finden können. Somit übernimmt der Mensch auf der Erde die Patenschaft für seine Abbilder auf den anderen Planeten und führt sie durch ihren Entwicklungsprozess.

Der Mensch hat also seinesgleichen nicht nur erschaffen, sondern er hat auch ihre Führung übernommen, ganz so wie er im Laufe seiner Entwicklung von vielen Engeln Führung erhalten hat. Diese Rolle übernimmt nun der Mensch selbst und wird dadurch zu einer Art Botschafter aus der Ferne, der immer wieder in verschiedenster Form Informationen an seine Abbilder überbringt, die ihnen helfen sollen, ihre Entwicklung voranzutreiben. Ganz ähnlich seinem eigenen Entwicklungsprozess, der sich über viele Millionen Jahre erstreckt hat. Und so wird es auch für seine Abbilder auf anderen Planeten sein.

Eine Führungsaufgabe, die den Menschen einen weiteren Entwicklungsschritt machen lässt und bereits sehr nahe seinem absoluten Endziel liegt – wenn er sich in dieser Disziplin bewährt hat, so ist die höchste Stufe der Entwicklung erreicht und er kehrt zurück zur Quelle allen Seins – er verschmilzt mit ihr, und seine Entwicklung startet wieder von vorne – ganz im Auftrag des Lebens beginnt er wieder in einfachsten Lebensformen all die Erfahrungen des Lebens zu sammeln und sich von Grund auf über eine schier unendliche Zeit hinweg zu entwickeln, bis er wieder an dem Punkt angelangt ist, wo er sich nach Erfüllung seines Schöpferauftrags befindet. Er ist zurückgekehrt zur Quelle und stellt fest, dass er selbst die Quelle ist und er selbst diesen Weg gewählt hat, um sich als das zu erfahren, was er von Anbeginn gewesen ist: Er war und ist der Schöpfer, denn alle Teile zusammen bilden das Ganze, und das Ganze ist der Schöpfer selbst. Die Göttlichkeit steckt in allem und in jedem und alles zusammen ist die Schöpfung. Alles ist eins.

Dies ist die grundlegendste Erkenntnis, die der Mensch zu machen in der Lage ist! Alles ist eins – alles ist Gott – alle sind Schöpfer – alle zusammen sind Gott, der Schöpfer von allem, was ist!

Wenn der Mensch diese Erkenntnis verinnerlicht hat, dann wird er in seiner Entwicklung am höchsten Punkt angelangt sein, der jemals möglich sein wird – er ist zurückgekehrt zum Ursprung, und er kann den Prozess des Erfahrens wieder von vorne beginnen, ein Kreislauf, der niemals endet – er hat niemals begonnen und er wird niemals enden, so hat Gott sich selbst erschaffen – eine unendliche Geschichte, die sich immer und immer wieder wiederholt und die in ihrer Vielfalt durch nichts zu überbieten ist. Dadurch wird der Schöpfer auch niemals müde, sich jeden Tag aufs Neue selbst zu erschaffen, denn immer und immer wieder wird er erkennen, dass es erneut viele neue Variationen seiner selbst gibt und jeden Tag weitere Varianten hinzukommen – ein Prozess, der ihn endlos fasziniert.

Das ist die essenzielle Grunderkenntnis, die ihr alle machen werdet, denn dafür seid ihr auf die Erde gekommen, und es ist jetzt an der Zeit, euch diese eindeutige Information zukommen zu lassen, denn ihr macht jetzt den nächsten Schritt eurer Entwicklung und werdet im Zuge dessen eine Vielzahl von neuen Erfahrungen machen können, die euch dieser Erkenntnis in ihrer tiefsten Bedeutung näherbringen.

Das Leben endet nie und ihr seid Abbilder Gottes und ihr werdet diesen Prozess durchlaufen, egal, was ihr bisher über euer Leben gedacht habt und ob es euch Spaß gemacht hat oder nicht – ihr werdet diesen Prozess durchlaufen – egal, wie viele Leben ihr dafür noch benötigt – ihr werdet ihn durchlaufen – ihr steckt mittendrin und es gibt keinen Weg heraus. Ihr habt es in der Hand, wie ihr den Prozess betrachtet – es ist eure Entscheidung, ob ihr daran Spaß habt oder ob ihr euch beim Sammeln von Erfahrungen unwohl fühlt – es ist eure freie Entscheidung, und daran möchte ich euch erinnern. Ihr entscheidet, wie ihr den Prozess empfindet, denn es liegt ausschließlich in eurer Hand, was ihr daraus macht. Das Leben hat zwei Seiten – in jeder Lebenslage habt ihr es in eurer Hand, welche Seite der Medaille ihr sehen möchtet. Soll es die Seite sein, die euch gefällt, oder sollte es die andere sein – entscheidet selbst, welche ihr als die schönere empfindet. Um diese Entscheidung zu treffen, seid ihr hierher gekommen, und es ist an der Zeit, eure Entscheidung zu fällen, denn das ist die Grundlage für die Fortsetzung eures Entwicklungsprozesses. Je nachdem für welche Seite ihr euch entscheidet wird eure Entwicklung verlaufen – ihr habt es selbst in der Hand.

Wenn ihr heute die Entscheidung trefft, dass ihr euer Leben als grauenvoll empfindet, dann werdet ihr es grauenvoll empfinden, und eure Erfahrung wird so lange in dieser Form andauern, bis ihr verstanden habt, dass ihr es nicht mehr als grauenvoll zu empfinden braucht, weil ihr es nur aus einem anderen Blickwinkel betrachten müsst, um es als wundervoll empfinden zu können. Eure Emotionen sind zwar von Natur aus gesteuert, doch habt ihr in eurem Bewusstsein alle Möglichkeiten, diese grundlegende Steuerung zu beeinflussen, denn das ist die Grundstufe des Schöpfers. Eine Grundstufe, die euch die freie Möglichkeit einräumt, über euer Leben selbst zu entscheiden, welche Richtung es nehmen soll – ihr habt es selbst in der Hand, die Richtung zu bestimmen, und dementsprechend werden auch eure Erfahrungen ausfallen, die ihr im Zuge dieser Richtungsentscheidung machen werdet. Alle eure Erfahrungen dienen letztlich nur einem einzigen Zweck – zu der Erkenntnis zu kommen, dass ihr selbst der Schöpfer eurer Lebensumstände seid und dass ihr durch die Macht eurer Gedanken all das beeinflussen könnt. So seid ihr jederzeit in der Lage, euch ein Szenario zu erschaffen, das euch aus der derzeitigen Situation heraus und in ein neues, erwünschtes Szenario hineinbringt.

Ihr Menschen habt bisher sehr viel getan, damit ihr in der Getrenntheit verweilen und jede Menge Erfahrungen sammeln könnt, die euch wichtig waren. Viele dieser Erfahrungen haben euch nicht gefallen, und ihr habt sie wieder verändert und euch anders entschieden, damit das Leben in einer anderen Richtung weitergehen konnte. Viele haben allerdings das Szenario nur in leicht abgewandelter Form wieder erneut durchlebt, da sie von dieser Erfahrung anscheinend noch nicht genug hatten, und so wiederholten sich geschichtliche Ereignisse viele Male.

Auf dem Weg zur Erkenntnis, dass ihr es selbst steuern könnt, habt ihr euch viel Zeit gelassen, und wir haben euch jetzt ein bisschen geholfen, damit eure Entwicklung voranschreitet und ihr von vielem, von dem ihr überzeugt wart, dass es unumkehrlich ist, Abstand gewinnen könnt, denn eure Überzeugung hat euch in eine Sackgasse geführt, aus der ihr nicht mehr so schnell herauskommen konntet. Deshalb haben wir euch etwas unter die Arme gegriffen, um euch einen Weg zu zeigen, wie ihr aus dieser Sackgasse wieder herauskommt.

Die Veränderungen, die jetzt auf euch zukommen, werden euer System, das ihr euch über viele Jahre zurechtgezimmert habt, kräftig durcheinanderbringen, und ihr könnt jetzt die Gelegenheit ergreifen, um euch ein neues System zu errichten, das eurem Naturell viel mehr entspricht als das bisherige. Ihr habt die Gelegenheit, euch selbst aus der Sackgasse herauszuführen und ein neues Leben zu beginnen, das euch Möglichkeiten eröffnet, die ihr bisher noch nicht gekannt habt.

Die Veränderungen, die bereits begonnen haben, werden euch grundlegend in die Richtung verändern, dass ihr erkennt, wer ihr seid, woher ihr kommt und wo ihr nach Beendigung der Inkarnation hingeht. Diese Erkenntnis wird euch sehr bald einholen und ihr werdet entsprechend schnell auf die Veränderungen reagieren und eine neue Art des Zusammenlebens erschaffen, die euch genau das ermöglicht, was ihr euch schon immer gewünscht habt. Euer gemeinsames Erschaffen hat euch dort hingeführt, wo ihr heute steht, und euer gemeinsames Erschaffen wird euch auch wieder herausführen. Die Gemeinsamkeit ist der entscheidende Punkt, und ihr werdet diese Gemeinschaft erkennen und nutzen lernen und die Ergebnisse werden nicht lange auf sich warten lassen.

Wir freuen uns, dass ihr euch jetzt an der Schwelle zur nächsten Entwicklungsstufe befindet – viele von euch haben genau diesen Zeitpunkt gewählt, um auf der Erde zu sein, wenn der Sprung in die nächste Stufe vollzogen wird – ein freudiges Ereignis für alle Beteiligten, denn von nun an werdet ihr alle zusammen eine neue Realität erschaffen, die euch die Basis liefert, um Eurem Auftrag als Schöpfer gerecht zu werden.

Die große Erkenntnis wird die sein, dass ihr feststellt, dass alles aus derselben Quelle entstammt und dass ihr alle zusammen die Quelle bildet – ihr seid der Schöpfer und das Geschöpf in Einem, und auf diese Art habt ihr die Möglichkeit, all das zu erfahren, was ihr seid und was ihr sein wollt. Eine wunderbare Basis, um ein Dasein zu führen, das schöner nicht sein kann – wenn es heute nicht so ist, wie ihr es euch wünscht, dann liegt das daran, dass ihr es mit euren Gedanken so gewollt habt und dass der gemeinsame Schöpfungsakt genau dieses Ergebnis hervorgebracht hat. Ihr selbst habt es in der Hand, all das in eine Richtung zu lenken, die euch gefällt – tut es einfach und ihr werdet das Ergebnis sehr schnell erkennen können.

Frage: Ist mit dem Unter-die-Arme-greifen gemeint, dass ihr uns jetzt in die 5. Dimension aufsteigen lasst, um unser Bewusstsein zu erweitern?

Antwort: Die Antwort auf diese Frage ist ein klares „Ja"! Die Menschen haben sich in eine Sackgasse manövriert, und dadurch, dass sie alle nur mehr dem Geld hinterherlaufen, tun sie nur noch das Eine – sie erschaffen Situationen, die ihnen Geld zukommen lassen, und sonst haben sie ihre Arbeit ziemlich eingestellt. Geld ist derzeit die Fessel, die ihr alle tragt, und diese Fessel muss euch genommen werden, damit ihr wieder klar euren Entwicklungsauftrag erkennen könnt. Euch nur das Geld alleine zu nehmen, wäre nicht genug, denn ihr würdet erneut ein System der Bewertung einführen – egal, ob das in Form von Geld oder anderen Dingen erfolgt, die ihr als wertvoll erachtet.

Frage: Nachdem wir heute bereits unsere Gedanken benutzen können, um Szenarien zu erschaffen, die uns gefallen – das Ergebnis unserer Schöpfung uns jedoch gar nicht gefällt, bitte ich dich um Aufklärung:

Wie kann einerseits jeder Einzelne für sich seine Gedanken verändern, um das gewünschte Leben führen zu können, und was können wir tun, damit alle zusammen jetzt das Gleiche denken und damit alle das Gleiche erschaffen?

Antwort: Ihr tut heute bereits tagtäglich das, was man einen Schöpfungsakt nennen kann. Mit euren Gedanken erschafft ihr Situationen, die euer Leben bestimmen. Euch gefallen viele dieser Ergebnisse nicht, weil ihr eure Gedanken entsprechend auf dieses Ergebnis fokussiert. Wenn ihr heute eine Situation vorfindet, die euch nicht gefällt, dann sprecht ihr von Schicksal und tut es als unabänderlich ab, doch in Wahrheit ist die Situation deshalb eingetreten, weil ihr sie so erschaffen habt. Oftmals vielleicht gar nicht bewusst, denn eure Emotionen haben euch geleitet, und die Emotionen sind die stärksten schöpferischen Kräfte, die es gibt. Wenn die Emotionen bei euren Überlegungen Hass und Wut waren, dann wird das Ergebnis eurer Schöpfung auch in Form von Hass und Wut zu euch zurückkehren. Wenn eure Emotionen, die euch dazu bewegt haben, etwas zu denken, auf der Basis von Liebe und Freude beruht, dann wird auch genau das auf euch zurückkommen. So einfach funktioniert das mit euren Gedanken und euren Emotionen. Denkt euch euer Leben liebevoll und fröhlich, dann wird es das auch sein! Wenn ihr hingegen eine große Sache anstrebt, die die ganze Welt oder weite Regionen davon beeinflussen soll, dann müsst ihr euch zusammentun, um das gewünschte Ergebnis zu erzielen. Die Einheit, die ihr braucht, ist natürlich aufgrund eurer unterschiedlichen Interessen schwer herzustellen, doch müsst ihr einen Weg finden, wie ihr euch miteinander verständigt, um genau diese Verabredung zu treffen, dass ihr alle genau dasselbe Ergebnis erzielen möchtet. Die Einheit stellt ihr dadurch her, dass ihr eure Kommunikationskanäle benutzt, um euch gegenseitig von eurer Absicht zu unterrichten. Diese Informationskanäle sind derzeit leider nur auf technischer Ebene wirklich voll funktionstüchtig, denn eure intuitive Kommunikation untereinander habt ihr so lange nicht mehr benutzt, dass sie auch nicht mehr funktioniert – dies müsst ihr erst wieder erlernen, doch dazu werdet ihr noch genug Möglichkeiten haben. Derzeit wird es am effektivsten sein, wenn ihr eure modernen Kommunikationsmöglichkeiten nutzt, um genau diese gewollte Absicht kundzutun, damit ihr vereinbaren könnt, dass alle zu einem bestimmten Zeitpunkt eine gewisse Absicht hegen und diese in ihrer Qualität auch dem entspricht, was ihr möchtet. D.h. wenn ihr wollt, dass es ein liebevolles Ergebnis werden soll, so müsst ihr dafür liebevolle Emotionen einbringen, und das von möglichst vielen Teilnehmern, denn dann wird das Ergebnis entsprechend liebevoll und kräftig sein. Wenn ihr z.B. möchtet, dass im Nahen Osten Friede einkehrt, so sendet alle zusammen Liebe und Versöhnung dorthin und ihr werdet genau das bewirken – je mehr daran teilnehmen, desto eher wird das Ergebnis dort zu erkennen sein.

Die Angst besiegen

Wenn es die Menschen geschafft haben, sich als das zu erkennen, was sie sind, dann werden sie ihre schöpferische Kraft dazu benutzen, um das Universum weiter zu entwickeln und Leben an alle Ecken und Enden zu bringen. Das ist eine wunderbare Aufgabe, die den Menschen immer leichter von der Hand gehen wird und sie alle glücklich macht. Ein Umstand, der auch ein bisschen stolz macht, denn das alles zu erschaffen, ist der größte Augenblick der Liebe, der überhaupt möglich ist, und alle Menschen werden eifrig daran teilnehmen, denn alle wollen Teilhaber am großen Schauspiel sein. So wie diese Zeilen entstehen, entstehen auch am anderen Ende des Universums viele neue Lebewesen, die zum Teil Abbilder der Menschen sind und auf jeden Fall alle Abbilder Gottes! So eine Entwicklung zu beobachten, ist das Höchste, das einem Schöpfer widerfahren kann, und genauso großartig werden sich die Menschen dabei fühlen. Ein Ergebnis ihrer gedanklichen Schöpfung, das in dieser Form noch nie dagewesen ist und seine Tragweite erst dann enthüllt, wenn sich das Leben dort weiterentwickelt und eine Eigendynamik erlangt, die es noch blühender und noch strahlender werden lässt.

Viele Schöpfer zusammen vollbringen ein großartiges Werk, denn ein Einzelner kann nur in seinem persönlichen Umfeld gewisse Veränderungen erschaffen, doch die großen Dinge entstehen immer in Gemeinschaft. Dieses Grundgesetz ist der Schöpfung auferlegt – wenn alle zusammen das Gleiche wollen, dann wird dies auch geschehen – arbeitet ein Teil in eine andere Richtung, so erzielt man eine Mischung aus den beiden Strömungen. Das ist der ganze Grund für euer Dilemma, in dem ihr jetzt steckt. Einerseits wollen die Menschen ein Leben voller Liebe und Zuneigung, und andererseits wollen die Menschen viel haben und dem anderen etwas wegnehmen, damit dieser weniger und sie selbst mehr haben – das erzeugt logischerweise eine Mischerscheinung, die man als Neidgesellschaft bezeichnen könnte, in der jeder Einzelne dem anderen sein Hab und Gut neidet und wo leider sehr wenig Platz für Liebe und den Ausdruck der Göttlichkeit ist.

Diese Gesellschaft, deren Folgen ihr heute tagtäglich erkennen müsst, habt ihr selbst produziert, denn die Gedanken, die ihr an den Tag legt, haben dazu geführt, dass ihr genau das bekommen habt, was ihr euch erdacht habt. Leider war euch das nicht so bewusst und darum habt ihr auch Mühe, aus eurem Dilemma herauskommen. Das, was wir jetzt tun, um euch dabei zu unterstützen, betrifft eben diese Gedankenstruktur. Wir implementieren die fehlende Liebe in eure Gedankenmuster und sorgen dafür, dass so niedrig schwingende Gedanken wie Hass und ähnliches kein Fundament mehr haben, um sich in der Realität zu manifestieren. Diese Unterstützung erfolgt in Form von Schwingungen, denn die Liebe hat die höchste Schwingung aller Gedanken und Emotionen. Diese hohe Schwingung wird euer Gedankennetzwerk in seiner gesamten Struktur anheben und dadurch zu anderen Ergebnissen eurer Schöpfung führen. Die Liebe, die eurem Bestreben fehlt, wird hinzugefügt, und je früher ihr damit beginnt, dies ebenfalls zu tun, desto früher werdet ihr veränderte Ergebnisse haben, die wiederum dafür sorgen, dass noch mehr Liebe in euer Gedankennetzwerk einfließt und dadurch erneut andere liebevollere Ergebnisse erzielt werden können. Und so weiter und so fort entwickelt sich euer Gedankennetzwerk zu einem Netzwerk der Liebe, und die Ergebnisse eurer weiteren Schöpfungen beruhen dann ausschließlich auf diesem Fundament. So einfach das Ganze auch klingen mag, so schwer verständlich ist es, wenn man nicht die nötigen Informationen über das Funktionieren eures Schöpfungsnetzwerkes zur Verfügung hat. Und deshalb helfen wir jetzt etwas nach, damit dieses Bewusstsein in euren Köpfen Einzug halten und die Welt grundlegend verändert werden kann. Ein Prozess, der schon vor langer Zeit begonnen hat und der immer mehr das Leben auf der Erde beeinflusst – ihr habt sicherlich bereits bemerkt, dass jeder von euch der Überzeugung ist, dass euer Leben in dieser Form nicht weiter aufrechterhalten werden kann und dass irgendetwas passieren muss. Ihr spürt die Veränderung, die bevorsteht, doch habt ihr wieder einmal Angst vor dieser Veränderung, und dadurch wird es wieder schwieriger, diese schnell zu bewerkstelligen. Angst ist eine der großen Hürden, die euch an wundervollen Schöpfungen hindern. Das ist eure große Hürde, die ihr nehmen müsst, um zu dem Ergebnis zu kommen, zu dem ihr gelangen möchtet. Die Angst muss überwunden werden – Angst sagt euch lediglich, worauf ihr achten solltet, wenn ihr den Weg gehen wollt, doch sie will euch grundlegend nicht daran hindern, den Weg zu gehen. Angst ist als Wächter gedacht, der euch auf mögliche Gefahren hinweisen soll, doch ist sie niemals ein guter Ratgeber, wenn ihr etwas Großes erreichen wollt. Angst hindert euch daran, das zu erreichen, was ihr tatsächlich wollt. Wenn ihr die Angst in euren Schöpfungsprozess mit einbaut, dann entsteht ein wackeliges Gebilde, das sehr schnell wieder zusammenbricht. Also lasst die Angst weg und erschafft euch euer Leben ganz ohne Angst, und ihr werdet auch ein kräftiges Fundament damit schaffen. Vorausgesetzt, dass euer Leben ein liebevolles sein soll, so wird es auch die nötige Unterstützung eurer ständigen Begleiter erfahren, die ebenfalls maßgeblich am Schöpfungsprozess beteiligt sind, denn sie verstärken eure Gedanken und damit euren Schöpfungsprozess auf allen Ebenen. Die Basis stellt jedoch ihr selbst her – das Ergebnis basiert immer auf dem Fundament eurer Schöpfungsgedanken.

Wenn ihr die Angst besiegt und frohen Mutes auf eure Aufgabe zugeht und euer Leben in der Form gestaltet, wie es Eurem Entwicklungsprozess entspricht, dann habt ihr die größte Hürde eurer Entwicklung genommen. Ihr seid heute alle hier, um genau diesen Schritt zu machen – diese Hürde zu nehmen und zu einem angstfreien und liebevollen Wesen zu werden, das nichts anders tut, als mit seinen Gedanken eine liebevolle Welt zu erschaffen, in der das höchste Göttliche seinen Ausdruck findet. Das ist eure Aufgabe in dieser Inkarnation, und viele von euch werden diese Aufgabe auch meistern, denn die Vorstufe ist bereits damit geschafft, dass ihr z.B. diese Zeilen lest und euch darüber Gedanken macht.

All jene, die diese Entwicklung in dieser Inkarnation nicht schaffen, und wir fürchten, dass dies doch einige sein werden, können diese Aufgabe auf jeden Fall zu einem späteren Zeitpunkt erledigen, denn auch wenn ein großer Teil der Menschheit in die 5. Dimension aufsteigt, so wird ein gewisser Anteil der Menschen, die heute auf der Erde leben, diesen Aufstieg nicht mitmachen und zu einem anderen Zeitpunkt auf die Erde zurückkehren und diesen Schritt dann absolvieren. Das ist möglich, weil es zeitgleich zu eurem Leben weitere Möglichkeiten gibt, ein Leben auf der Erde in einer anderen Zeitschiene zu führen. Zeit gibt es in Wahrheit nicht – wir leben in einem zeitlosen Sein, das lediglich diese Komponente besitzt, um unterschiedliche Epochen erfahren zu können. Unterschiedliche Zeiträume, die die Möglichkeit eröffnen, in vielen Zeitepochen Erfahrungen sammeln zu können, denn jede Epoche ist von unterschiedlichen Lernerfahrungen und Entwicklungsmöglichkeiten gekennzeichnet – somit hat jeder Einzelne die Möglichkeit, selbst zu entscheiden, ob er diesen Abschnitt noch einmal durchlaufen will oder ob er bereit ist, diese Stufe zu verlassen und in die nächste Entwicklungsstufe vorzudringen.

Frage: Du sprichst davon, dass ihr Engel das kollektive Gedankenmuster der Menschen um das fehlende Element der Liebe ergänzt – wie und in welchem Zeitraum findet das statt?

Antwort: Eure Situation auf der Erde spiegelt das kollektive Gedankenmuster aller Menschen wider. Alle eure Gedanken sind in diesem Muster vorhanden und alle eure Gedanken sind von schöpferischer Natur. Nachdem das Wirrwarr an Gedanken zu genau diesem Wirrwarr als Ergebnis geführt hat, habt ihr gar keine andere Wahl, als euch mit diesem Ergebnis zu beschäftigen. Ihr könnt dieses Wirrwarr nur dadurch auflösen, dass ihr eine klare, einheitliche Struktur in eure Gedanken bringt. Diese Struktur braucht einen sogenannten roten Faden, und dieser fehlt in euren Gedanken. Dieser rote Faden wird jetzt von uns hinzugefügt – wir machen das durch Zuleitung von Energieströmen in das kollektive Gedankennetzwerk, um daraus neue Ergebnisse erwachsen zu lassen. Die Energiestrahlen sind mit den Komponenten ausgestattet, die in diesem kollektiven Gedankenmuster fehlen oder nur gering ausgeprägt sind. Die Liebe ist die wichtigste Komponente, die in euren Gedanken fehlt und deshalb ist dies der Hauptbestandteil unserer Zufuhr an Energie.

Frage: Du fürchtest, dass viele Menschen die geplante Entwicklung in dieser Inkarnation nicht meistern werden. Sind die Menschen gefordert, diese Entwicklung bis zum Datum des Aufstiegs in die 5. Dimension abzuschließen, und welche Konsequenzen hat es für die Betroffenen, wenn sie dies nicht schaffen?

Antwort: Wenn sich die Menschen mit den Besonderheiten ihres Lebens zu beschäftigen beginnen, dann haben sie den wichtigsten Teil ihrer Entwicklung bereits begonnen, denn alleine die Beschäftigung damit bedeutet, dass der Mensch Interesse hat an seiner Herkunft und an dem, wozu er hier ist. Diese entscheidenden Fragen des Lebens sollte sich jeder Mensch stellen, und er sollte daraus ableiten, dass er eine Aufgabe zu erfüllen hat, die er im Laufe seines Lebens abschließen sollte. Diese Aufgabe hat nichts mit der Erlangung der Meisterschaft in dieser Inkarnation zu tun – sie hat lediglich damit zu tun, dass der Mensch begreift, dass er in einem Entwicklungsprozess steht, und darin vorwärts kommen möchte. Das ist die wichtigste Sache in diesem Zusammenhang. Die Entwicklung ist ein stetiger Prozess, der am ersten Tag beginnt und erst am letzten Tag endet – dazwischen ist viel Zeit und Platz für Fortschritte. Alle Menschen machen Fortschritte – niemand ist davon ausgeschlossen, die Frage ist nur, ob die Richtung, in die sich jemand entwickelt, die vorgesehene ist. Schafft er es, der Erkenntnis seiner göttlichen Abstammung einen Schritt näherzukommen und sein

Verhalten daran auszurichten, dann hat er sich bereits in die richtige Richtung entwickelt. Es gibt allerdings Menschen, die ganz und gar nicht darüber nachdenken, woher sie kommen und warum sie hier sind, und diese Menschen verweigern jeglichen Gedanken, der ihnen sagen würde, dass sie aus derselben Quelle stammen wie alle anderen Menschen – diese Menschen sind in dieser Hinsicht anscheinend unverbesserlich und haben ihren Entwicklungsauftrag nicht erkannt. Sie leben stark verwurzelt in der Getrenntheit von den anderen und versuchen, ausschließlich zu ihrem eigenen Vorteil zu arbeiten. Diese werden es schwer haben, in die 5. Dimension aufzusteigen, denn es gibt eine Voraussetzung, die wir dafür vorgesehen haben. Diese Voraussetzung kann jeder Mensch, der zurzeit auf der Erde lebt, erfüllen, doch diese Voraussetzung bedeutet für viele eine große Umstellung ihrer generellen Gedankenstruktur. Die Menschen müssen lediglich akzeptieren, dass es eine höhere Macht gibt, von der sie abstammen, und dass diese höhere Macht ihnen einen Entwicklungsauftrag erteilt hat und dieser Auftrag den Ausdruck der göttlichen Liebe beinhaltet. Wer diese Grunderkenntnis zulässt, hat sich das Ticket für den Aufstieg bereits gesichert. Alle anderen, die bis zuletzt strikt bei ihrer Überzeugung der Getrenntheit verweilen möchten, die können das gerne tun und erhalten weitere Gelegenheiten, um dies in anderen Inkarnationen wieder zu erfahren. Das ist alles in Ordnung so – diese Menschen sind dann noch nicht soweit, ihren nächsten Entwicklungsschritt zu machen, und werden vor diesem Ereignis die Erde verlassen. Ihre Seele wird den Aufstieg nicht mitmachen und deshalb werden sie sich vorzeitig verabschieden.

Der Stern erholt sich

Die Menschen haben in den letzten Jahrzehnten sehr viele Umweltsünden begangen, die die Erde erst verkraften muss, bevor sie an ihre weitere Aufgabe herangehen kann. Diese Belastungen sind so stark, dass die Erde dazu nicht nur Zeit braucht, sondern die aktive Mitarbeit der Menschen und der Engel, die laufend in Kontakt mit Mutter Erde stehen, um ihr in dieser schweren Zeit beizustehen. Die Engel sind es auch, die den Menschen beistehen und ihnen klar vor Augen führen, dass es jetzt endgültig genug ist mit der Zerstörung der Natur und der Verschmutzung der Erde und der Atmosphäre. Diese Verschmutzungen haben die Erde enorm geschädigt und der Mensch kämpft einerseits mit den Auswirkungen dieser Verschmutzungen und andererseits mit sich selbst, denn die Veränderungen, die er vornehmen müsste, um diese Belastungen der Erde zu reduzieren bzw. rückgängig zu machen, sind enorm.

Nachdem klar erkennbar geworden ist, was der Mensch der Mutter Erde abverlangt hat, kann er sich ans Werk machen, diese Zerstörungen, soweit es möglich ist, wieder zu heilen. Da, wo es nicht mehr möglich ist, die Schädigungen kurzfristig zu reparieren, da muss der Mensch der Mutter Erde zumindest durch seine Arbeit auf energetischer Basis beistehen und die Wunden im Energiefeld wieder schließen. Er sorgt damit dafür, dass die Energielinien, die mit Adern vergleichbar sind, wiederhergestellt werden und dadurch die Energie wieder ins Fließen kommt. Das dadurch wiedererstarkte Kraftfeld der Erde bewirkt, wie bereits zuvor ausgeführt, die Stabilisierung der Erde und aktiviert ihre Möglichkeiten zur Selbstheilung.

Diese Tätigkeit ist im Wesentlichen eine leichte Aufgabe für die Menschen, denn sie verfügen bereits jetzt über das nötige Wissen, um diese Heilungen durchzuführen, und sie werden bald damit beginnen und somit dafür sorgen, dass die Erde bald wieder geheilt ist. Die Wunden in der Natur sind etwas langwieriger zu heilen – die Teilnahme des Menschen an ihrer Heilung ist ebenfalls von großer Bedeutung für Mutter Erde, denn sie kann alleine nicht so schnell die richtigen Pflanzen an die verwundeten Stellen bringen, und der Mensch wird sich darum bemühen, dass die großflächigen Zerstörungen schnell wieder mit Leben überzogen werden. Die Zerstörungen durch den Bau der Städte, die enorme Ausmaße angenommen haben, werden durch Rückbauten etwas gemildert. Der Mensch beginnt sich nach und nach aus den großen Städten zurückzuziehen und sucht mehr die Nähe zur Natur, denn er sieht sein Leben bald aus einem ganz anderen Blickwinkel. Er sieht, dass er grundsätzlich ein Wesen ist, das aus der Natur stammt, doch allmählich dieser Natur entwachsen ist, und jetzt einen anderen Status einnimmt als noch vor vielen Jahren. Dieser Status gibt dem Menschen auch eine ganz andere Bedeutung als früher, denn er weiß sich jetzt als Schöpfer und begreift, dass er verpflichtet ist, sich um die Entwicklung der Natur zu kümmern.

Die Hilfe, die der Mensch bei seiner Arbeit bekommt, erhält er von den Engeln, die ihn seit Urzeiten auf seiner Entwicklung begleiten. Die Engel haben ihm immer schon auf seinem Lebensweg geholfen, ihn beschützt, ihm Ratschläge erteilt und ihm geholfen, wieder auf seinen Lebensweg zurückzufinden, wenn er sich verirrt hatte. Die Engel waren es, die ihn vor vielen ungewollten und nicht vorgesehenen Erfahrungen geschützt haben, und sie waren es auch, die ihm dabei geholfen haben, Situationen zu erzeugen, die er sich aus freien Stücken gewünscht und damit selbst erschaffen hat. Diese Unterstützung erhält der Mensch noch viel mehr als je zuvor, denn in dieser schwierigen Phase der völligen Umstellung braucht der Mensch diese Unterstützung mehr denn je. Wir sind natürlich immer für euch da, doch haben wir immer euren freien Willen respektiert, der euch die Möglichkeit gegeben hat, all jene Erfahrungen zu machen, die ihr wolltet, doch jetzt braucht ihr mehr als nur Unterstützung und einen freien Willen. Jetzt braucht ihr Führung, damit ihr den Weg finden könnt, der euch in die 5. Dimension führt. Dieser Weg führt über eine grundlegende Umstellung eurer Gedankenstruktur und eine Umstellung eures Bewusstseins. Diese Umstellung steht euch nun bevor, und ihr könnt euch schon jetzt darauf freuen, denn die Ergebnisse eurer neuen Lebensform werden euch begeistern.

All diese Umstellungsmaßnahmen, die auf euch zukommen, werden euch in eurer Erfahrung als Mensch ganz gravierend beeinflussen, denn ihr erkennt, dass ihr alle von Gott abstammt und dass ihr alle eine Einheit bildet – eine Einheit mit dem Schöpfer und eine Einheit zwischen allen Geschöpfen – und als solche seid ihr alle eins! Dieses grundlegende Verständnis bildet die Basis für alle eure weiteren Entscheidungen auf eurem Lebensweg.

Nachdem diese Einheit erkannt wurde und ihr verstanden habt, dass ihr ab sofort kein Geld mehr benötigt, um euch gegenseitig zu übervorteilen, werdet ihr anfangen, eure Gemeinsamkeit auszuleben, und immer mehr feststellen, dass ihr alle zusammen sehr viel mehr erreichen könnt als als Einzelner. Vom Einzelkämpfer werdet ihr zum Teamplayer, und damit habt ihr die beste Voraussetzung dafür geschaffen, die Erde bei ihrem Heilungsprozess zu begleiten und zu unterstützen.

Nachdem ihr alle verstanden habt, dass ihr zusammenarbeiten müsst, um die Erde wieder zu dem zu machen, was sie einmal war, könnt ihr schnell damit beginnen und dafür sorgen, dass die Erde wieder erstrahlt und mit einer prachtvollen Natur angefüllt ist. Diese Strahlung einer gesunden Natur ist die Voraussetzung dafür, dass die Erde ihre weiteren Aufgaben angehen kann und mit euch gemeinsam das Universum mit Leben ausstattet. Doch zuvor seid ihr gefordert und müsst dafür sorgen, dass der Prozess der Heilung schnell voranschreitet, denn ihr habt in so kurzer Zeit so viel Schaden angerichtet, dass ihr in ebenso kurzer Zeit dafür sorgen müsst, dass diese Schäden wiedergutgemacht werden.

Dies wird bald geschafft sein, denn ihr habt ja die Unterstützung aus der Welt des Lichts, die euch auf besonders wichtige Maßnahmen aufmerksam machen wird, und ihr werdet alle zusammenhelfen, um diese Aufgaben zu erledigen.

Im Vorfeld empfangene Botschaft

Die Erde hat in ihrer Zusammensetzung einen ganz besonderen Auftrag, denn sie besteht nicht nur einfach aus einer Oberfläche, auf der Pflanzen und Tiere sowie Menschen gedeihen können, sondern sie hat in ihren unterschiedlichen Schichten sehr viel mehr zu bieten, als der Mensch überhaupt bisher entdeckt hat. Die vielen Schichten setzen sich nicht nur in ihr Inneres fort, sondern es gibt auch Schichten, die sich rund um die Erde befinden, die der Mensch bislang noch nicht kennt. Alle diese einzelnen Schichten bilden zusammen eine Einheit, und diese Einheit wird der Mensch langsam kennenlernen und erfahren, dass jede Schicht eine ganz besondere Aufgabe hat. Diese Aufgabe wird er im Detail in ihrer Bedeutung und Auswirkung auf seine Existenz erkennen. Diese Erkenntnis ist von größter Bedeutung, denn sie bildet die Grundlage für das Begreifen vieler weiterer Zusammenhänge und erleichtert ihm auch das Verständnis seiner selbst, denn auch der Mensch besteht aus mehreren Ebenen, die dem heutigen Menschen kaum bewusst sind. Diese neuen Erkenntnisse geben Antwort auf viele ungeklärte Fragen und eröffnen den Menschen eine völlig neue Erfahrungswelt, und man wird feststellen, dass nicht nur die Erde, sondern auch der Mensch ein viel komplizierteres Wesen ist, als man bisher angenommen hat.

Die Welt hat eine Neuerung bekommen

Zu Beginn seines Daseins hat sich der Mensch ausschließlich mit seinem Überleben auseinandergesetzt. Er war Teil der Natur und voll in den Kreislauf der Natur eingebunden. Er ist einerseits Jäger und andererseits Gejagter gewesen und musste sich laufend Bedrohungen gegenüber wappnen. So ist sein Gehirn auf genau diese Funktionen ausgelegt worden. Einerseits sorgten sie für die Beschaffung von Nahrung und die Versorgung seiner Familie; und andererseits warnte ein Instinkt vor Bedrohungen und ließ ihn blitzartig flüchten oder kämpfen. Seine Gefühle konnte er dann völlig unterdrücken und alles andere vergessen und sich nur auf die Flucht oder den Überlebenskampf konzentrieren. Eine Funktion, die über eine sehr lange Zeit sehr wertvoll war und den Menschen daran gehindert hat, sich frühzeitig zu ergeben. Diese Funktion seines Gehirns ist eine ganz besondere, die ihr heute noch zur Verfügung habt. Doch ist diese Urprogrammierung heute nicht mehr wirklich dienlich – sie ist hingegen eher hinderlich, da Aggressionen aus diesem Gehirnzentrum entspringen und die Kampflust, speziell der Männer, aus dieser Region gespeist wird. Frauen sind diesbezüglich schon viel sanfter geworden und haben diese Funktion ihres Gehirns bereits deutlich zurückgebildet, und an ihre Stelle ist eine hohe Sensibilität getreten, die den Frauen mehr Einfühlungsvermögen und Fürsorge verleiht.

Der Unterschied zwischen Mann und Frau ist ein bedeutender, denn die Frauen sind es, die jetzt viel mehr auf die Veränderungen hoffen und sich wünschen, dass die Menschheit einen Wandel vollzieht. Sie erkennen bereits seit geraumer Zeit, dass es nach wie vor die Männer sind, die kämpfen und den Rivalen übertrumpfen wollen.

Die Veränderung der Gesellschaft führt somit über die Frauen, denn diese sind sehr viel mehr daran interessiert, dass die Welt ihren Frieden findet. Die Männer haben zwar ebenfalls ein Gespür dafür entwickelt, wohin die Welt sich bewegen sollte, doch ihnen fehlt am meisten noch der Glaube daran, dass dies alles möglich sein kann, da sie sich selbst in ihrer Vorstellung nicht ausmalen können, dass der Mensch in Frieden zusammenarbeitet, denn dies würde ja bedeuten, dass er seine Kämpfe beenden müsste und dadurch seine Möglichkeiten, sich als Mann zu beweisen, eingeschränkt würden. Dieser Instinkt ist derzeit noch verhältnismäßig stark ausgeprägt, und je mehr Kampferfahrung ein Mann hat, desto schwieriger ist für ihn die Umstellung auf ein friedliches Miteinander.

All die Erfahrungen, die der Mann im Laufe der Zeit gemacht hat, lehrten ihn, dass er kämpfen muss, um etwas zu erreichen. Diese Erfahrung jetzt beiseitezulegen und durch eine Kooperationsbereitschaft zu tauschen, ist ein schwieriger Prozess, den die Männer erst erlernen müssen. Eine Umstellung, die vielen Köpfen schwerfallen wird, und die der Grund für Widerstände gegen eine Veränderung der Gesellschaft sein wird. Diese Widerstände haben die Männer unbewusst immer wieder dazu bewogen, bis heute gegen eine friedliche, kooperative Linie zu arbeiten. Man kann diese Kämpfe überall beobachten – in der Politik, in der Familie, unter Freunden oder am Arbeitsplatz – Männer kämpfen sehr viel mehr als Frauen, und dies ist natürlich verständlich, denn die Aufgabe des Mannes war eben früher der Kampf ums Überleben seiner selbst und seiner Familie.

Damit dieses Kämpfen aufhören kann, braucht die Welt eine Veränderung in den Köpfen der Menschen, denn die Köpfe sind es, die im Einzelfall letztlich entscheiden, ob eine kooperative Zusammenarbeit möglich ist oder ob es im Kampf ausgetragen wird. Der Nachteil des Kampfes ist der, dass es immer einen Gewinner und einen Verlierer geben muss, damit der Kampf endet. Wir sehen dies in allen Konflikten auf der ganzen Welt – immer wird so lange gekämpft, bis es einen Gewinner und einen Verlierer gibt – viele dieser Kämpfe gehen seit Jahrhunderten und an ein Ende ist aus heutiger

Sicht nicht zu denken. Die grundlegende Änderung der Einstellung der Menschen ist somit die allererste Mission, die erfüllt werden muss, damit die Gesellschaft der Menschen umgebildet werden kann.

Viele Völker haben sich in der Vergangenheit über den Kampf definiert – einige davon haben sich fast über die ganze Erde verbreitet, um sich wieder und immer wieder im Kampf behaupten zu können. Dieses Verhalten muss jedoch ein Ende finden, damit die Menschen endlich für Frieden auf der Erde sorgen können – und damit dies geschieht, wird jetzt das Bewusstsein der Menschen grundlegend erweitert und Veränderungen vorgenommen, die genau diesen Kampf nicht mehr als opportun erscheinen lassen. Der Mensch behält zwar seine grundsätzliche Fähigkeit, sich in Notsituationen im Kampf zu verteidigen oder zu flüchten, doch wird dieses Gehirnzentrum anderen Funktionen zugeführt, und dadurch entspannen sich die weltweiten Krisenherde zusehends. Diese Entspannung wird dadurch hervorgerufen, dass die Sinnlosigkeit des Kampfes erkannt wird, und man stattdessen die Kooperation sucht. Und plötzlich werden Lösungen möglich, die bislang nicht einmal im Ansatz vorstellbar gewesen waren. Eine Veränderung der Welt, die nur durch eine kleine Abänderung einer altertümlichen Gehirnprogrammierung ausgelöst wird.

Diese Neuerung auf der Erde hat so weitreichende Folgen, dass der Mensch in allen Belangen aufhört zu kämpfen. Die gesamte Gesellschaftsform wird dadurch grundlegend verändert. Territorien, die bislang für den Einzelnen so wichtig waren, dass er sie mit all seiner Gewalt verteidigt hat, werden jetzt nur noch von untergeordneter Bedeutung sein. Die Territorien werden auch nicht mehr klar markiert und abgesteckt, sondern die Zusammenarbeit innerhalb dieser fiktiven Grenzen wird zum obersten Gebot, und dadurch kann der Mensch seine Entwicklung rasant vorantreiben. Die Neuerungen, die in den Köpfen der Menschen entstehen, sind bereits seit längerer Zeit im Gange – zuerst wurden die Frauen in ihrer Überzeugung verändert, und jetzt folgen die Männer. Wer sich in der Weltpolitik aufmerksam die einzelnen Krisenherde ansieht, der wird feststellen, dass in allen Konflikten ausschließlich Männer involviert sind – alle Entscheider sind Männer, und alle, die wieder neue Konflikte beginnen, sind Männer, und bevor diese nicht aufgehört haben, sich über den Kampf zu definieren, wird es keinen Frieden auf der Erde geben. Nachdem die Frauen bereits weitgehend umgedacht haben und sich selbst neu zu definieren beginnen, fangen nun auch die Männer an, diesen Wandel zu durchlaufen. Nach und nach wird die Programmierung der Gehirne der Männer verändert und führt zu einer anderen Einstellung und einem anderen Verhalten.

Es gibt bereits eine Reihe von Persönlichkeiten, die diese neue Überzeugung in sich tragen. Ein Prozess, der für den Betroffenen oft unbemerkt verläuft – er wird sich vielleicht wundern, dass er so reagiert, denn früher, kann er sich erinnern, hätte er ganz anders in vergleichbaren Situationen reagiert. Eine Verwunderung, die nicht lange anhält, denn es wird allgemein für selbstverständlich erachtet und bedarf daher keiner zusätzlichen Überlegungen. Diese Veränderung wird bald abgeschlossen sein, und dadurch können die Konflikte auf der Erde befriedet und dafür gesorgt werden, dass eine Versöhnung der Völker stattfindet, was eine riesige Tragweite hat und dazu führt, dass viele Nöte, die durch den Kampf hervorgerufen wurden, gelindert werden können.

Wer sich fragt, wie diese Veränderungen zustandekommen, der muss einen Ausflug in die Grundstruktur des Menschen machen und beobachten, wie die jeweilige Programmierung eines Menschen funktioniert. Dazu gleich vorweg, die Grundprogrammierung ist dem Menschen angeboren, denn jeder von euch kommt mit einer Programmierung zur Welt, die sich durch die weiteren Erfahrungen entweder verstärkt oder eben leicht verändert. Die Lebenserfahrung hat einen großen Einfluss auf das Verhalten des Menschen, doch die Grundprogrammierung ist auf jeden Fall vorhanden – die bringt jeder von Geburt an mit. Diese Programmierung kann jetzt auch nachträglich verändert werden – ebenso wie die Grundprogrammierung mitgegeben wurde, so kann diese jetzt auch verändert werden. Ein kleiner Eingriff eurer ständigen Begleiter, der unbemerkt die Menschen vom Kämpfen wegbringt und dafür sorgt, dass die Zusammenarbeit die wichtigste Eigenschaft des Menschen wird. Beide Eigenschaften waren grundlegend schon immer vorhanden – die Veränderung, die jetzt passiert, ist die Vertauschung dieser Eigenschaften in ihrer Priorität.

Es sind also die Engel, die diese Umprogrammierung vornehmen – dies geschieht nachts in mehreren kleinen Schritten und wird demnächst abgeschlossen werden. Alle Menschen unterliegen dieser Veränderung, und alle Menschen haben die gleiche Grundstruktur, an der gearbeitet wird. Wenn die Menschen diesen Prozess beendet haben, dann werden sie vorläufig wenig davon bemerken, doch langsam manifestiert sich ein geändertes Verhalten, das nahezu unbemerkt für die meisten Menschen geschieht, geht und die Veränderung ist dann abgeschlossen, wenn die Kriege dieser Erde beendet wurden und niemand mehr die Lust verspürt, für etwas Sinnloses zu kämpfen. Heute werden Kriege geführt, weil es um territoriale oder um wirtschaftliche Themen geht. Letztlich geht es wie immer um Macht und Geld. An ihre Stelle tritt ein Verständnis, das die Menschen dazu veranlasst, generell von Besitztümern Abstand zu nehmen, denn objektiv betrachtet ist Besitz ja ohnedies eine fiktive Geschichte, denn alles auf dieser Erde ist nur für einen bestimmten Zeitraum geliehen, und niemand kann jemals seinen Besitz auf ewig in Anspruch nehmen, denn nichts ist für die Ewigkeit – das Einzige, das für die Ewigkeit bestimmt ist, ist das Leben selbst, und das hat die Schöpfung in ihrer Urgestalt vorgesehen – ewiges Leben, und das steht auch den Menschen zu, auch wenn ihr Besuch auf der Erde nur von kurzer Dauer ist.

Wenn die letzten Veränderungen in den Köpfen der Menschen vollzogen sind, entwickeln sich innerhalb sehr kurzer Zeit neue Verhaltensmuster, und wenn man die höchsten Politiker beobachtet, so stellt man fest, dass die kampfeslustigen und patriarchischen zusehends die Weltbühne verlassen müssen und durch gemäßigte Kräfte ersetzt werden, die die Kooperation suchen und darauf aus sind, die Welt dauerhaft zu befrieden. Diese Veränderungen laufen in sehr schneller Folge ab und man kann bereits heute in vielen Ländern einen Machtwechsel beobachten, der genau dies aufzeigt. In manchen Ländern hat es der bisherige Machthaber vielleicht noch einmal geschafft, an der Macht zu bleiben, doch halten kann er sich auf Dauer nicht, denn der Druck von der breiten Masse wird dermaßen stark werden, dass keiner dieser Machthaber dem Druck des geeinten Volkes mehr standhält. Große Umwälzungen auf der Bühne der Weltpolitik stehen bevor und die Auswirkungen auf die ganze Welt werden enorm sein. Kämpfe gehören bald der Vergangenheit an, und die Kooperation wird sehr bald im Vordergrund stehen. Die Menschen haben es dann geschafft, sich für alle Zeit vom Krieg zu verabschieden.

Die Zeit ist gekommen, um sich eine völlig neue Gesellschaftsform vorzustellen – es ist an der Zeit, dass sich alle Menschen darum bemühen, ihre Vorstellung von der Zukunft zu überdenken, und sich eine Gesellschaft einprägen, die auf völlig neuen Parametern aufgebaut ist. Das Grundgerüst dafür ist die Einheit – die Einheit aller und dass alles allen gehört, sodass damit auch die Besitzanspruchsproblematik gelöst ist, und jeder selbst entscheiden kann, wo er und wie er in Zukunft leben möchte. Diese Freiheit ist die grundlegendste Veränderung, die die Gesellschaft der Menschen erfährt – eine Freiheit, die bisher immer durch Einschränkungen verschiedenster Art gemindert wurde und jetzt ihre volle Blüte erreicht.

Eine Freiheit wird sich etablieren, die dazu animiert, sich der geistigen Entwicklung hinzugeben und vom materiellen Denken völlig abzugehen, denn die Versorgung aller ist in dieser neuen Gesellschaftsform ohnedies immer und überall gesichert. Die geistige Entwicklung wird viele Menschen begeistern, und viele werden sich genau dieser Entwicklung hingeben, um herauszufinden, was sie alles noch nicht über ihr Leben wissen, und feststellen, dass es sehr viel einfacher ist, als sie je gedacht haben. In der Einfachheit liegt der Schlüssel zur Entschlüsselung des Geheimnisses der Erde und des Menschen – so simpel hat man es sich nicht vorgestellt, doch beruht alles nur auf ein paar wenigen Grundsätzen, die wir bereits vorgestellt haben.

Frage: Könntest du uns bitte diese Grundsätze nochmals zusammenfassen?

Antwort: Die Grundsätze, die das Geheimnis der Erde ausmachen, sind, wie gesagt, sehr einfach, denn es geht lediglich darum, dass jeder wissen sollte, dass er von Gott abstammt wie alle anderen Menschen auch. Diese Abstammung macht aus den Menschen eine ganz besondere Spezies, denn sie sind Teile von Gott und nicht nur Geschöpfe von Gott, darin liegt der kleine, aber entscheidende Unterschied. Die Geschöpfe von Gott haben ihren Auftrag darin, zu leben und ein Teil des Lebensprozesses zu sein – der Mensch hingegen ist einerseits Teil dieses Lebens und andererseits als Teil von Gott ein Teil des Schöpfers. Der Schöpfer hat sich in unzählige Einzelteile aufgeteilt, und diese Einzelteile zusammen bilden den Schöpfer. Somit ist grundlegend zu sagen, dass jeder Mensch also auch ein Schöpfer ist und mit seinen Gedanken wahre Schöpfungen vollbringen kann. Jeder in seinem Bereich und alle zusammen im großen Ganzen. Unser Ziel ist, den Menschen diese Erkenntnis zu überbringen, damit sie verstehen, dass sie alle zusammen die größte Macht im Universum darstellen und diese Macht entsprechend dazu benutzen sollen, neues Leben in vielfältigster Form auf der Erde und im ganzen Universum zu erschaffen. Die Erde dient dem Menschen als Heimat, und diese Heimat ist nicht nur Lebensgrundlage, sondern die Erde ist ebenso ein Teil des Schöpfers und in ihrer Funktion somit ebenfalls schöpferisch – gemeinsam mit Mutter Erde können die Menschen ihre Schöpfungen vollbringen.

Frage: Warum haben zuerst die Frauen begonnen, umzudenken und sich vom Kampf zu verabschieden, und sind zu einer liebevollen und kooperativen Einstellung gekommen?

Antwort: Die Frauen waren schon immer mit sehr viel mehr Einfühlungsvermögen und Fürsorge ausgestattet als die Männer. Dieser grundlegende Vorteil wird ihnen jetzt erneut einen Vorsprung verschaffen. Die Fürsorglichkeit, die Frauen für ihre Kinder aufbringen, ist deutlich größer als die der Männer. Dadurch haben die Frauen eine ganz andere Einstellung zu sich und dem Leben gegenüber. Die Männer hingegen haben immer nur gekämpft und versucht, ihre Gene möglichst auf der ganzen Welt zu verbreiten. Dieser urtümliche Instinkt ist sehr stark, und daher dauert es etwas länger, bis die Männer die neue Schwingung in der Gedankenstruktur verarbeiten können und ihre Einstellung zum Leben und ihrer Aufgabe ändern. Die Männer sind dabei, diesen Prozess zu bewältigen, und sie werden bald eine neue Einstellung zu sich und ihrem Leben an den Tag legen – das ist der Zeitpunkt, zu dem die Konflikte auf der Erde ihr Ende finden werden.

Frage: In welchem Verhältnis stehen wir zu den menschenähnlichen Lebewesen auf anderen Planeten? Sind diese Wesen nicht ebenso Geschöpfe Gottes, wie wir es sind, bzw. haben diese nicht auch die gleichen Voraussetzungen wie wir auf der Erde und sind sie nicht ebenfalls Teile von Gott und somit ebenso Schöpfer? Teilweise sind diese ja sogar viel höher entwickelt als wir – gibt es hier Unterschiede in der Göttlichkeit?

Antwort: Die Menschen sind die einzige Spezies, die als göttliche Teile auftreten – alle anderen Planeten mit menschenähnlichem Leben sind Geschöpfe der Menschen und keine Teile von Gott, und daher ist es auch nur auf der Erde möglich, dass Schöpfung entsteht, weil hier der Schöpfer sein Zuhause hat. Nur hier ist der Mensch zu Hause und nur hier ist Gott zu Hause.

Frage: Einige dieser „Außerirdischen" leben unerkannt auch auf unserem Heimatplaneten Erde – woher kommen sie, auf welchem Weg bzw. mit welchem Transportmittel sind sie hierher gekommen und warum sind sie hier?

Antwort: Die Außerirdischen, wie ihr sie nennt, leben heute in verhältnismäßig großer Zahl auf eurem Planeten – sie waren schon immer hier und verbergen ihre Identität. Sie sind auf die Erde gekommen, um die Menschen zu studieren – ihr Verhalten und ihre Lebensweise zu erforschen, und zwar deshalb, damit auf ihrem Heimatplaneten ein ähnliches Leben entstehen kann wie auf der Erde. Das ist der Grund ihres Besuchs auf der Erde, denn sie möchten ihren Planeten ebenso lebendig machen wie die Erde. Sie wollen nur das erlernen und wissen, wie das Leben auf ihren Planeten kommen kann. Das wird ihnen nicht gelingen, denn sie haben bisher noch nicht verstanden, dass dies nicht einfach ein Prozess ist, den man quasi im Labor nachstellen kann, sondern wahrlich Schöpfung, und diese Schöpfung, ist genau der Unterschied, den diese Planeten erst verstehen müssen. Der Weg, den sie auf die Erde genommen haben, führte durch viele Galaxien über einen sehr langen Zeitraum. Der Grund, warum ihnen das überhaupt gelungen ist, liegt in ihren hochtechnisierten Fortbewegungsmitteln, die ihr Menschen nicht kennt. So haben sie es geschafft, diese großen Distanzen zu überwinden, und auf diesem Wege werden sie früher oder später auch versuchen, wieder zurückzukehren, um ihre Erkenntnisse auszuwerten.

Frage: Was bedeutet „die waren schon immer da"? Leben sie direkt unter uns und wenn ja, warum können wir sie nicht erkennen?

Antwort: Sie waren deshalb schon immer da, weil sie schon seit unendlich langer Zeit hier festsitzen, denn sie haben bislang noch nicht verstanden, warum sie es nicht schaffen, das unglaublich artenreiche Leben auf einen anderen Planeten zu transportieren. So blieb ihnen nichts anderes übrig, als hier zu bleiben und sich anzupassen, damit sie ein ganz normales Leben führen konnten. Sie sind in eure Gesellschaft voll integriert und haben daher kaum eine Möglichkeit, sich zu unterscheiden, denn viele Generationen von ihnen haben sich hier auf der Erde entwickelt und haben bereits das gleiche Verhalten und das gleiche Denkmuster wie ihr Menschen heute.

Sie haben kaum eine Unterscheidung mehr zu euch, und deshalb könnt ihr sie nicht erkennen. Sie selbst fühlen sich so wie ihr und wissen gar nicht mehr, dass sie anders sind als ihr Menschen.

Frage: Werden wir sie jemals wieder los? Müssen wir uns vor ihnen fürchten? Machen Sie den Aufstieg in die 5. Dimension mit? Sterben sie irgendwann aus?

Antwort: Nein, sie werden hier bleiben und ein ganz normales Leben führen, so wie sie es gewöhnt sind. Ihr müsst euch keineswegs vor ihnen fürchten, denn sie fürchten sich ebenso sehr, wie ihr es tut, und daher sind sie völlig friedlich und verfügen auch über keinerlei Fähigkeiten, um euch gefährlich zu werden. Den Aufstieg in die 5. Dimension können sie nicht mitmachen, denn sie sind keine Teile von Gott, und daher können sie diesen Weg nicht mitgehen – sie können nach wie vor in eurer Gesellschaft weiterexistieren, doch sie können sich an den Schöpfungen der Menschheit nicht beteiligen, denn ihnen fehlt diese nötige grundlegende Ausstattung in ihren Fähigkeiten, und daher werden sie zwar hier weiterleben können, doch wird ihre Aufgabe in der Gesellschaft auf die einfacheren Dinge beschränkt bleiben. Sie werden im Laufe von Generationen irgendwann voraussichtlich aussterben.

Der Aufstieg

Dass der Aufstieg in die 5. Dimension bereits unmittelbar bevorsteht, ist dem versierten Leser bereits bekannt. Das Datum, das dafür vor langer Zeit bereits festgelegt wurde, ist der 21. Dezember 2012. Was genau zu diesem Termin geschieht, haben wir bereits in vielen Büchern dargelegt, und welche Auswirkungen dies auf das gesellschaftliche Zusammenleben der Menschen hat, wurde ebenfalls bereits ausführlich dargestellt. Wir möchten hier an dieser Stelle nicht näher auf Einzelheiten dazu eingehen, doch gibt es eine Komponente in diesem Zusammenhang, die bislang noch nicht genauer betrachtet wurde.

Der Mensch hat in seiner grundlegenden Zusammensetzung drei Komponenten. Er besteht aus einem Körper, der feststofflich ist und der ihm dazu dient, die Welt am eigenen Leib verspüren zu können. Ein Körper, der voller Empfindungen steckt und der dem Ziel, das Leben zu spüren, dient. Zu leben heißt nicht nur zu existieren, sondern im Kreislauf des Lebens integriert zu sein – den Naturgesetzen zu unterliegen und ein Dasein in fester Materie zu führen, die sich im permanenten Wandel befindet. Ein Wandel, der jeden Tag aufs Neue zu spüren ist und mit jeder Nacht neue Abenteuer bringt, die in feinstofflicher Form nicht möglich sind. Der Körper ist somit ein Abenteuer – von der ersten bis zur letzten Sekunde, in der der Körper lebt. Dieses Leben ist genau das, wozu wir Lichtwesen keinen direkten Zugang haben, deshalb möchten wir gerne genau dieses Leben erfahren und dadurch wurdet ihr geschaffen, damit dieses Leben in dieser Form erlebt werden kann. Die nächste Komponente ist euer Geist, der mit all den Informationen gespeist wurde, die ihr braucht, um ein Leben zu führen, das euch die nötigen Freiheiten gibt, um die Abenteuer erleben zu können, die ihr euch wünscht. Somit ist der Geist die treibende Kraft, die euch von einem Abenteuer zum nächsten antreibt – er sorgt dafür, dass niemals Stillstand herrscht, und er sorgt dafür, dass eurem Leben immer neue Komponenten hinzugefügt werden. Ohne diesen Geist wäre euer Körper lediglich eine Hülle, die zu kaum einer Sache zu gebrauchen wäre – erst eure Persönlichkeit, die euch euer Geist verleiht, belebt die Hülle, in der euer Geist steckt. Diese Komponente ist sozusagen die Essenz des Lebens.

Diese beiden Komponenten sind ein gutes Team, das zu vielen Abenteuern in der Lage ist und das aufgrund der zunehmenden Erfahrung, die ihr tagtäglich macht, immer mehr an Weisheit gewinnt. Weisheit in Form von Erfahrungen, die euch, aufsummiert, einen Charakter verleihen, der einzigartig auf dieser Welt ist. Diese Einzigartigkeit macht euch als Person so interessant, denn jeder von euch hat für sich die Erfahrungen gemacht, die er sich gewünscht hat und daraus die Erkenntnisse gezogen, die er sich als Essenz aus der Erfahrung herausnimmt. Diese Erfahrung macht eure besondere Stärke aus, denn ihr könnt auf eine Erfahrungswelt zurückgreifen, die auf viele Generationen zurückgeht – ihr wurdet auf diese Welt geschickt, um mit einer gewissen Reife zurückzukehren. Diese Reife nimmt von Inkarnation zu Inkarnation zu, und genau das ist das Ziel eures Lebens. Die Reife sollte irgendwann einen Grad erreicht haben, der es euch ermöglicht, die höchste Göttlichkeit zum Ausdruck zu bringen. Wenn dieser Reifegrad erreicht ist, dann gibt es keine Kämpfe mehr, dann ist das Leben nur noch ein einziges Abenteuer in Form von Liebe, denn in jedem einzelnen Augenblick kommt diese Liebe zum Ausdruck. Alles, was ihr dann tut, hat nur einen einzigen Zweck – es bringt die Göttlichkeit in euch zum Ausdruck, und solange ihr dies noch nicht geschafft habt, werdet ihr auf die Erde zurückkehren, um genau das zu erlernen und zu erfahren. Dazu benötigt es jedoch einige Grunderkenntnisse, die ihr in Form von Erfahrungen macht, die das Gegenteil von dem zum Ausdruck bringen, was ihr eigentlich wollt und seid. Diese negativen Erfahrungen, wie ihr sie nennt, sind oft von Schmerz begleitet – eine Empfindung, die körperlicher oder geistiger Natur sein kann. Oftmals ist es beides gleichzeitig. Eine Empfindung, die Lichtwesen in der Form nicht kennen, und über genau diesen Schmerz gelangt ihr zu der Erkenntnis, was für euch gut ist und was nicht. Ihr lernt zu unterscheiden, was euch dienlich ist und was nicht – diese grundlegende Erkenntnis ist von größter Bedeutung für euren Reifeprozess, und darauf gründet sich jeglicher Fortschritt auf eurer Entwicklungsreise durch die vielen Inkarnationen. Nahezu alle Menschen, die sich derzeit auf der Erde befinden, sind sehr erfahrene Menschen, die bereits oftmals auf der Erde waren und dadurch über einen großen Erfahrungsschatz verfügen. Es stellt sich nur die Frage, warum ist das so? Der Grund ist darin zu suchen, dass derzeit so interessante Vorgänge auf der Erde stattfinden, dass sehr viele reife Seelen zur Welt kommen wollten, um diese Abenteuer am eigenen Leib spüren zu können und über diese Erfahrung des Aufstiegs zu der höchsten Erkenntnis zu kommen, die als Mensch auf der Erde überhaut möglich ist. Diese Erkenntnis heißt zu erfahren, dass die Menschen alle zusammen nicht nur göttlicher Abstammung und das Abbild Gottes sind, sondern dass sie alle zusammen Gott sind – Gott, der Schöpfer von allem, was ist!

Damit dieses Abenteuer des Lebens nicht einfach nur aus einem Körper und einem dazugehörigen Geist besteht, wurde dem Wesen Mensch eine entscheidende dritte Komponente hinzugefügt. Diese Komponente heißt Seele und besteht aus einem lichten Wesen, das sich den menschlichen Körper aussucht und ihn so formt, wie sie ihn haben möchte, um genau die Erfahrungen sammeln zu können, die sie sich für diese Inkarnation ausgesucht hat. Das bedeutet, dass sich jede Seele, bevor sie beschließt, zur Welt zu kommen, zuerst ein Leben aussucht und gewisse Abenteuer einplant, die sie auf jeden Fall gerne erleben möchte. Diesen Lebensplan, den sie sich zurechtgelegt hat, will die Seele auf jeden Fall durchsetzen, und sie wird alles unternehmen, um das auch zu können. Hindernisse, die ihr in den Weg gelegt werden, räumt sie mit allen ihren Möglichkeiten beiseite und versucht, alle jene Vorhaben zu realisieren, die sie sich auf ihren Lebensplan mitgenommen hat. Jetzt kommt es zur großen Konfrontation der Seele mit dem Geist des Menschen – zwei Komponenten, die oftmals unterschiedliche Vorstellungen von den Abenteuern dieses Lebens haben. Der Geist glaubt, dass er alleine ist und dass er nur dieses eine Leben zur Verfügung hat, und versucht deshalb, dieses Leben so lange wie möglich zu verlängern und möglichst alle bedrohlichen Situationen von sich fernzuhalten; er kümmert sich in erster Linie um sein Überleben. Dieses Überleben ist natürlich von verschiedensten Komponenten abhängig und kann dadurch von so vielen Einflüssen tagtäglich verändert oder beendet werden. So hat der Geist ständig Angst davor, es könnte etwas Unvorhergesehenes passieren, und ist permanent auf der Hut und fürchtet sich vor so ziemlich allem.

Dieser Zwiespalt zwischen dem Geist und dem Lebensplan der Seele lässt sich jedoch insofern überwinden, dass die beiden beginnen, im Einklang miteinander das Leben zu meistern, denn nur dann kann es ein erfülltes Leben werden, und alle beide kommen dazu, die Abenteuer des Lebens auf eine Weise zu erfahren, die sowohl der Seele als auch dem Geist gerecht wird. Wenn die beiden in Einklang sind, erfahren sie gemeinsam ein wunderschönes Leben mit vielen Abenteuern und Erkenntnissen, die ihnen viel Reife und Weisheit verleihen. Die wenigsten Menschen aber führen so ein Leben im Einklang mit ihrer Seele, und daraus resultiert eine Vielzahl von Störungen, die zumeist von der Seele verursacht wurden, um den Geist des Menschen darauf aufmerksam zu machen, dass sie nicht miteinander harmonieren und dass sie unterschiedliche Vorstellungen von ihrem gemeinsamen Leben haben.

Diese Störungen sind vielfältig, und ihr Menschen habt dafür eine Reihe von Kategorien zu ihrer Bezeichnung geschaffen. Dies sind einerseits Krankheiten, die den Körper schwächen, damit der Geist beginnt, auf andere Komponenten aufmerksam zu werden, die das gemeinsame Leben betreffen. Die nächste Kategorie sind Unfälle, die ebenfalls die gleiche Ursache des gestörten Verhältnisses zwischen dem Lebensplan der Seele und den Ängsten des Geistes haben. All dies bringt das gestörte Verhältnis zwischen Geist und Seele zum Ausdruck. Die dritte Kategorie, derer sich die Seele oftmals bedient, sind Lebenskrisen, die in unterschiedlichster Form auftreten können – sei es als materielle Verluste oder Verluste in Herzensbeziehungen. All diese zeichnenden Erlebnisse sind zumeist Ausdruck von Missverständnissen in der Auffassung, wie das Leben verlaufen soll.

Diese Missverständnisse sind zahlreich, denn die Menschen haben verlernt, auf ihre Innere Stimme zu hören, und treffen daher häufig Entscheidungen, die von Ängsten geprägt sind und die Existenz möglichst nicht gefährden sollen. Doch diese Entscheidungen sind häufig übervorsichtig, da die Ängste, die der Mensch in sich trägt, sehr stark ausgeprägt sind und er oftmals nicht genügend Mut aufbringt, sich auf ein Abenteuer einzulassen. Die Innere Stimme sagt ihm für gewöhnlich, wohin die Reise gehen soll, doch der Mensch überhört dieses Signal oder ignoriert es. Die Folge sind oftmals heftige Reaktionen der Seele, die ihm klarmachen will, dass er sich darauf besinnen sollte, den gemeinsamen Weg nicht zu verlassen. Angst ist der häufigste Grund, warum Menschen erkranken – Ängste sind oft so schwerwiegend, dass sich die Seele nicht mehr zu helfen weiß und dann den Menschen in eine Krise zwingt, damit er sich völlig neu ausrichtet und auf seine Innere Stimme hören lernt. Doch der moderne Mensch hat sich auf die Medizin verlassen und glaubt, dass die Medizin alles wieder heilen kann. Dies ist in der Tat häufig auch so, doch das löst den Konflikt zwischen Verstand und Seele noch nicht. Und so werden weitere Erscheinungen auftreten, die dem Menschen klarmachen, dass es eine unterschiedliche Gesinnung in seinem Inneren gibt und er Signale missachtet und daher seinen geplanten Lebensweg verfehlt.

Dieser Zwist der beiden verrät oft das fehlende Vertrauen in sich selbst, denn der Mensch vertraut sich selbst zu wenig und hat auch zu wenig Vertrauen in das Leben und entscheidet sich daher zu häufig gegen die gut gemeinten Ratschläge seiner Inneren Stimme und verhindert damit seinen Entwicklungsprozess. Nachdem dies der Seele gar nicht gefällt, ergreift sie diverse Maßnahmen, um eine Korrektur zu bewirken. Wirken diese Maßnahmen nicht und der Mensch verhält sich langfristig entgegen seiner Bestimmung, dann schreckt die Seele auch nicht davor zurück, den Körper wieder zu verlassen und es in einem neuen Körper erneut zu versuchen. Dies würde den vorzeitigen Tod des Menschen bedeuten.

So funktioniert, vereinfacht dargestellt, das Leben dieses dreigeteilten Wesens Mensch. Je mehr alle drei Komponenten im Einklang sind, desto besser funktioniert das Leben. Die Komponenten an sich waren bereits bekannt, die Zusammenhänge sind vielleicht jetzt etwas besser verständlich. Die vierte und bislang nicht beachtete Komponente ist die Komponente des Schöpfers – denn der Mensch ist nicht nur dazu da, seine Entwicklung zu durchlaufen, sondern in seiner höchsten Ausprägung ist der Mensch dazu da, um seinen Ursprung, dessen Abbild er ist, zu würdigen. Der Mensch ist ein Abbild Gottes, denn er wurde in der vollen Schöpfermacht geboren und mit einem schöpferischen Geist ausgestattet, der ihm die Macht verleiht, selbst als Schöpfer aufzutreten und nach erfolgtem Reifeprozess als genau das aufzutreten, was er von seiner Abstammung her ist – der Mensch ist ein Teil von Gott –, ich kann es nicht oft genug sagen, denn als Einzelner ist der Mensch zwar nur ein Teil von Gott, doch alle Menschen zusammen sind der Schöpfer selbst, und somit besteht das Ziel des Entwicklungsprozesses genau darin zu finden, dass die Menschen zusammenfinden und in ihrer Funktion als Gott die Schöpfung im gesamten Universum vorantreiben und weitere göttliche Geschöpfe erschaffen, die das Höchste zum Ausdruck bringen – die göttliche Liebe! Das ist die Aufgabe des Menschen – gemeinsam das Universum mit Leben zu erfüllen, das vielfältiger nicht sein könnte und das alles unter dem Gesichtpunkt der höchsten Göttlichkeit – der uneingeschränkten und bedingungslosen Liebe – zum Ausdruck bringt.

Diese Komponente des Lebens wurde bislang kaum in Betracht gezogen, und der Mensch ist derzeit viel zu sehr auf sich selbst fixiert, um diese vorherrschende Macht, die in ihm steckt, zu entdecken und zum Ausdruck zu bringen.

Frage: Ich muss Dir leider zustimmen, dass es die Menschen heute bei weitem nicht schaffen, sich soweit zu entwickeln, dass man von der höchsten Entwicklungsstufe sprechen könnte. Ich glaube, dass es nur ganz wenige gibt, die dieses Bewusstsein haben und nur noch aus tiefstem Herzen heraus denken und handeln. Wie konnte es passieren, dass sich die Menschen so dermaßen weit von ihrem Entwicklungsziel entfernten?

Antwort: Die Menschen haben sich sehrwohl weit entwickelt – ihnen ist leider nur noch nicht klargeworden, dass sie sich einen riesigen Klotz ans Bein gebunden haben, der sie in ihrer Entwicklung massiv behindert. Diesen Klotz nennt ihr Geld – indem ihr das Geld erfunden und euch dafür entschieden habt, alles zu bewerten und in Form von Geld oder sonstigen Zahlungsmitteln aufzuwiegen, habt ihr euch in eurer Entwicklung massiv gebremst. Diese Entwicklung könnte schon um Jahrhunderte weiter sein, wenn ihr nicht begonnen hättet, alles zu bewerten. Diese Wertung ist das größte Hindernis, das ihr euch jemals auferlegt habt. Dies wird jetzt anders werden und dadurch könnt ihr die Entwicklung nachholen.

Frage: Warum wurde der Mensch dreiteilig erschaffen – wäre Körper und Seele nicht genug gewesen, dann gäbe es diesen Konflikt zwischen Geist und Seele nicht? Woher stammen eigentlich Geist und Seele?

Antwort: Die Seele ist das ureigenste Element eines Menschen – die Seele ist es, die sich den Körper formt, damit er ihr dazu dient, das Leben am eigenen Leib zu erfahren. Der Geist wurde deswegen erfunden, damit er die Körperfunktionen Tag und Nacht kontrollieren kann und diese entsprechend steuert. Nebenbei hatte der Geist auch noch die Aufgabe, den Körper zum Leben zu erwecken, damit er seine Lebensaufgabe erfüllen kann. Dazu war es notwendig, dem aus Fleisch und Blut bestehenden Menschen eine Charakteristik zu verleihen, die möglichst einzigartig sein sollte, denn das Ziel der Schöpfung ist die Einzigartigkeit. Somit wurde das dreiteilige Wesen komplett, und das Ergebnis ist eine perfekte Gestalt, die zu dermaßen viel fähig ist – ein Wunderwerk der Schöpfung mit vielen Besonderheiten, die im ganzen Universum nahezu einzigartig sind. Die Seele ist der Teil des Schöpfers, der auf der Erde inkarniert, um das schöpferische Werk zu vollbringen. Der Geist und der Körper sind ihr Konstrukt, das sie in dieser Form erschaffen hat.

Frage: Warum weiß der Geist nichts von der Seele?

Antwort: Die Seele hat sich den Geist in dieser Form erschaffen, damit sie auch dessen Entwicklung beobachten kann, denn ihr Auftrag war nicht nur, selbst zum Schöpfer zu werden und das Leben zu beobachten und sich daran zu erfreuen – ihr Auftrag war auch die Erschaffung eines Schöpfers, der von sich aus kreativ sein kann und der von sich aus die Möglichkeit hat, die Erde und das Universum zu erweitern.

Frage: Bedeutet das, dass der Mensch – ich bezeichne ihn jetzt als das zweiteilige Wesen, bestehend aus Geist und Körper, dazu erschaffen wurde, dass die Seele ihr schöpferisches Werk einerseits beobachten und seine Entwicklung erkennen kann – und andererseits den Körper als Werkzeug zu benutzen, damit sie das Leben am eigenen Leibe erfahren kann?

Antwort: Die Seele hat den Auftrag, den Menschen zu erschaffen, ihm einen Geist zu geben, der eine einzigartige Persönlichkeit hervorbringen und sich im Laufe der Zeit weiterentwickeln kann und das Leben vorantreibt. Das ist die grundsätzliche Aufgabe der Seele. Der weitere Auftrag ist, das Leben selbst zu erfahren – in seiner ganzen Pracht der Schöpfung alle die Komponenten zu erfahren, die überhaupt möglich sind. Dazu bedient sich die Seele des Körpers und erfährt so das Leben hautnah. Der Geist hingegen ist von der

Seele getrennt und macht eine eigenständige Entwicklung durch, die das Wesen Mensch ausmacht. Dieser Geist hat den Auftrag, sich zu entwickeln, und dieser Entwicklungsauftrag wird von der Seele überwacht und gefördert. Diese Förderung erfolgt manchmal entgegen dem Willen des Geistes, denn die Seele ist die höchste Instanz und sagt dem Körper und dem Geist, wohin die Entwicklung gehen soll. Daraus entstehen manchmal Missverständnisse, da der Geist einen freien Willen hat und diesen auch gerne durchsetzt. Dies ist grundsätzlich auch in Ordnung so, doch das langfristige Ziel der Entwicklung darf dabei nicht aus den Augen verloren werden, denn sonst muss die Seele gegensteuern und Ereignisse hervorrufen, die den Geist zwingen, sich zurückzubesinnen auf seinen eigentlichen Auftrag.

Frage: Sind die Krankheiten somit alle von der Seele verursacht, oder gibt es da auch noch andere Komponenten, die dazu beitragen?

Antwort: Die Krankheiten, die der Mensch im Laufe seines Lebens durchmacht, sind großenteils von der Seele verursacht, da sie immer wieder eine Mahnung sind, auf den Entwicklungsweg zurückzukehren. Kleinere Erkrankungen, die im Laufe des Lebens sehr häufig auftreten, sind nicht immer von der Seele verursacht, denn sie können auch durch den normalen Entwicklungsprozess eines Menschen hervorgerufen sein. So dienen z.B. Krankheiten wie eine Verkühlung dem Körper dazu, sein Immunsystem und seine Abwehrkräfte zu stärken. Die größeren Erkrankungen sind jedoch klare Anzeichen der Seele, dass der Weg, den der Mensch geht, vom Wege der Seele abweicht, und er wieder auf den Weg zurückkehren soll. Dieser Weg ist im Innersten des Menschen verankert – d.h. er kennt seinen Weg, denn die Erfahrungen, die er im Laufe der Zeit macht, zeigen ihm ganz klar, wohin der Lebensweg gehen soll – immer wenn er sich entgegen dieser Grundlage entscheidet, wird er nach entsprechender Zeit darauf hingewiesen, dass er sich auf dem Holzweg befindet.

Frage: Wenn die Seele so mächtig und dazu imstande ist, den Körper krank zu machen oder einen Unfall zu verursachen, der u. U. zu einer schweren Verletzung führt, warum ist sie dann nicht auf eine andere, schmerzlosere Art imstande, dem Menschen klarzumachen, dass sie eine andere Erwartungshaltung hat? Dies führt doch dazu, dass die Menschen ihre Seele zu hassen beginnen, wenn sie erfahren, dass die Seele sie so krank gemacht hat?

Antwort: Die Seele ist sehr mächtig, denn sie ist der direkte Ursprung des Schöpfers und der direkte Teil des Schöpfers im Menschen. Damit sie ihre Erwartungshaltung an diese Inkarnation erfüllt bekommt, bedient sie sich des Körpers, den sie erschafft, und des Geistes, der ihm innewohnt. Diese Grunderkenntnis wird dem Menschen helfen, dass er versteht, worum es im Leben geht. Diese Grunderkenntnis hindert den Menschen nicht, seinen freien Willen durchzusetzen, denn die Seele wird ihn darin nicht behindern. Er hat jegliche Möglichkeiten, sein Leben zu führen – es geht lediglich darum, gewisse Entwicklungen zuzulassen und diese zu fördern, damit der Entwicklungsweg, der für dieses Leben vorgesehen ist, auch tatsächlich stattfinden kann.

Frage: Nachdem es Seelen unterschiedlichen Alters bzw. in unterschiedlichen Entwicklungsstufen gibt, bedeutet das, dass die Seele hier auf die Erde kommt, um zu lernen, um ihre Erfahrungen zu machen, und bedeutet dies, dass die Seele auch nicht alles weiß und deshalb auch nicht perfekt ist und Fehler macht?

Antwort: Völlig richtig, die Seele ist keinesfalls perfekt und befindet sich in eben diesem Entwicklungsprozess, den sie durchläuft, damit sie zur höchsten Stufe aufsteigen und selbst im vollem Umfang ihre schöpferische Macht einsetzen kann. Das ist der Entwicklungsweg der Seele, der dem des Menschen gleichzustellen ist, und dadurch kann es auch zu Fehlentscheidungen kommen, die für den Menschen unverständlich sind. Die Entscheidungen der Seele sind nicht immer für den Menschen vollständig nachvollziehbar, denn sie hat ihre eigene Vorstellung von den Mitteln, die sie einsetzt, um ihre Ziele zu erreichen. Nachdem der Mensch manchmal anderer Meinung ist, versteht er die angewandten Mittel nicht. So kann es vorkommen, dass der Mensch nicht versteht, warum er diese Krankheit bekommt und was die Seele damit bezweckt. Dies kann daran liegen, dass die Seele kein anderes adäquates Mittel gefunden hat, das den Menschen dazu bringt, seinem Entwicklungsweg eine andere Richtung zu geben. Lebenskrisen sind immer eine gute Methode, die Entwicklung des Menschen umzulenken, und sie haben bislang immer sehr gut funktioniert, doch das gefällt den Menschen erst, wenn sie die Hintergründe ihrer Erkrankung erfahren haben. Wenn die Menschen jedoch hellhörig sind und sich darauf konzentrieren, was ihnen ihre Seele sagen möchte, dann werden sie diese Antwort auch erhalten, doch dazu muss ein Mensch bereit sein und sich dazu aufraffen, einmal ganz tief in sich hineinzuhören, um wahrzunehmen, was ihm die Seele sagen will. Hätte er dies schon viel früher getan, dann hätte er sich den Weg über die Krankheit ersparen können. Somit ist die klare Botschaft an die Menschen – hört in euch hinein, dort sind alle Antworten zu finden!

In der Freude leben

In den vorherigen Kapiteln haben wir die Grundlagen für das Schöpfertum des Menschen dargelegt und zusammenfassend kann gesagt werden, dass den Menschen auf der Erde eine Zeit bevorsteht, die nicht schöner sein könnte, denn der Mensch beginnt alle Schäden an der Natur, die er ihr zugefügt hat, zu reparieren und bringt die Erde wieder auf Hochglanz, damit sie erstrahlen und gemeinsam mit den Menschen ihrer Bestimmung folgen kann.

Die Erde hat also ihren Auftrag erfüllt und dem Menschen das Zuhause gegeben, das er benötigte, um seinen Entwicklungsweg gehen zu können – bis zu dem Punkt, an dem er zurückkehrt in die Einheit und sein Bewusstsein es ihm ermöglicht, das zu sein, wozu er geboren wurde. Der Mensch ist ein Abbild Gottes und in dieser Bewusstheit lebt er auf einem Stern, der mit ihm gemeinsam dazu bestimmt ist, das Schöpferwerk fortzusetzen und das gesamte Universum mit Leben zu erfüllen. Leben in der höchsten Ausprägung des Göttlichen – dem uneingeschränkten und bedingungslosen Ausdruck der göttlichen Liebe.

In der Annahme, dass alle Leser die Entwicklungsgeschichte des Menschen aufgenommen haben und ihnen nun klar ist, warum sie all diese Erlebnisse hatten und warum es genau so sein sollte, können wir nun einen Schritt weitergehen und uns das Geheimnis der Erde näher betrachten. Das Leben der Menschen vereinfacht sich zusehends, denn ihre Aufgabe ist nicht mehr, tagtäglich um ihr Überleben zu kämpfen, sondern gemeinsam mit Mutter Erde die Erschaffung neuen Lebens anzugehen. Wie das im Detail funktioniert, haben wir bereits zuvor beschrieben, doch was es damit sonst noch auf sich hat, werden wir uns jetzt genauer anschauen:

Der Mensch bringt in seiner Geburtsstunde bereits alle Informationen mit, die er für den Rest seines Lebens auf der Erde benötigt. Er ist mit allen Detailinformationen versorgt, die er benötigt, um sich zu entwickeln, einen Beruf zu erlernen und sich körperlich und geistig weiterzuentwickeln. All diese Informationen sind von der ersten Sekunde an vorhanden. Was der Mensch daraus macht, ist seine individuelle persönliche Entscheidung – jeder Mensch hat die gleichen Voraussetzungen – die Entscheidungen des Einzelnen sind von Bedeutung, wenn es darum geht, wie das Leben im Detail verlaufen soll. Der freie Wille ist das größte Geschenk des Schöpfers, denn damit kann der Mensch anstellen, was er will – in welche Richtung er sein Leben steuert und welche Vorlieben er hat, das entscheidet er alles völlig frei und unbeeinflusst. Was seine geistige Entwicklung angeht, so hat der Mensch jedoch eine klare Aufgabe mit auf den Weg bekommen und die Abenteuer des Lebens, die auf ihn warten, sind von seiner Seele bereits im Vorfeld ausgesucht worden, und die Lernerfahrung ist eben gewollt und klar definiert. Wie der Mensch damit umgeht, wie er diese Erfahrungen durchleben möchte und welche Schlüsse er daraus zieht, das bleibt ihm jedoch völlig frei überlassen. Das Einzige, worum er sich bewusst kümmern muss, ist, dass er sich überhaupt entwickelt. Die zusätzlichen Abenteuer, die er erleben möchte, sind ebenfalls freie Entscheidung – so kann der Mensch ein aufregendes und glückliches Leben führen und all das erleben, wozu er Lust hat. Das Einzige, das er im Auge behalten sollte, ist seine Entwicklung. Beherzigt er dies, so hat er im Leben gar nichts zu befürchten und alles wird wie gewünscht verlaufen.

Die Entwicklung seines Lebens hängt in erster Linie von seinen Entscheidungen ab, und je mehr er seine Entscheidungen auf der Basis der höchsten Göttlichkeit trifft, umso größer wird das beglückende Gefühl sein, wenn sich seine Entscheidungen in der Realität manifestieren. Er entscheidet, was er ist und wie er sich gegenüber der Welt zeigen möchte. Es ist der freie Wille, der ihn sich selbst definieren lässt; eine Definition mit schwerwiegenden Folgen für die Reaktionen des Lebens, denn je genauer und geradliniger der

Mensch sich selbst definiert, umso präziser werden auch seine Erfahrungen von sich selbst sein. Diese grundlegende Erkenntnis ist von größter Bedeutung, denn je genauer ein Mensch sagt, was er ist, umso genauer wird das Ergebnis sein. Wichtig ist jedoch, dass die Definition seiner selbst und die daraus folgenden Handlungen übereinstimmen, denn durch das Handeln als der, der man ist, entsteht erst die Realität, die sich aus dem tatsächlichen Sein ergibt. Wenn jemand sagt, dass er dies ist, aber jenes tut, dann wird er jenes als Ergebnis seiner Selbstdefinition erhalten. Somit ist klar, dass der Mensch nicht nur sagen und denken muss, was er ist, sondern er ist das, was er mit seinen Handlungen über sich aussagt. Die Diskrepanz zwischen Sagen, Denken und Tun macht den entscheidenden Unterschied, auf den es ankommt, wenn jemand sein eigenes Leben bestimmen möchte. Das bedeutet, dass jeder, der sich ein bestimmtes Ergebnis wünscht, zuerst danach leben muss, um zu beweisen, wer er wirklich ist. Diese Selbstdefinition ist eine wichtige Angelegenheit, die die Menschen heute sehr wenig zum Einsatz bringen und daher auch so viele Ergebnisse erhalten, die ihnen nicht gefallen. Ihre Handlungen beruhen auf vielen verschiedenen Charakteren oder Seinsweisen und bringen deshalb so vermischte Ergebnisse hervor.

Um diese Diskrepanz künftig auszuschließen, braucht der Mensch ein angstfreies Umfeld, denn immer wenn er sich vor etwas fürchtet, ist er bereit, seine Selbstdefinition aufzugeben und der Angst Raum zu geben, damit diese ihn nicht erdrückt. Dieser angstfreie Zustand ist jedoch in der heutigen materiellen Welt sehr schwer herzustellen. Diejenigen, die wenig Geld haben, fürchten sich davor, ihre Existenz zu verlieren, und diejenigen, die über mehr oder viel Geld verfügen, fürchten sich davor, dieses zu verlieren und dadurch in die gleiche Situation zu kommen wie die ohne Geld. Und damit wären wir wieder bei der Geißel der Menschheit angelangt, die ununterbrochen als Bedrohung über jedem Einzelnen schwebt.

Um dieser Geißel zu entkommen und den Klotz am Bein loszuwerden, braucht der Mensch eine bestimmte Voraussetzung. Diese

Voraussetzung kann aber nicht für alle erschaffen werden, denn sie ist in der heutigen Welt immer von Umständen abhängig, die nicht überall herstellbar sind. Der Mensch hat das Bedürfnis, sich zu ernähren und mit einem gewissen Komfort sein tägliches Leben zu bestreiten. Um dies nicht zu verlieren, braucht er das Geld, und um das Geld zu bekommen, braucht er Arbeit, mit der er es verdient. Fällt eines davon weg, so hat er einen Mangel, der sich sofort wieder in Form von Angst manifestiert. Diesen Mangel kann man nur beseitigen, indem man einen gesicherten Überfluss herstellt – einen Überfluss, der in Form von Lebensmitteln und in Form von anderen Wertgegenständen bereitgestellt werden kann und so abgesichert ist, dass eines von beiden jemals ausgeht. Mit Geld ist das nicht zu erreichen, denn bereits zu häufig hat sich gezeigt, dass das Geld im Nu völlig wertlos sein kann und solcherart keine Sicherheit bietet. Der Umstand, dass jemand seine Lebensmittel selbst produzieren, über die nötigen Anbauflächen und die klimatischen Bedingungen dazu verfügen kann, bietet immerhin schon eine gewisse Sicherheit, doch ganz frei von Ängsten wird auch so ein Mensch nicht sein und da und dort an Grenzen stoßen, die wiederum einen Mangel zumindest vermuten oder erwarten lassen.

Ist ein Mangel vorhanden oder in Aussicht, so beginnt wieder die Angst die Oberhand zu gewinnen, und darum ist es so dringend notwendig, dass die Menschen diese Angst ein für alle Mal aus ihrem Leben verbannen. Damit dies möglich ist, müssen wir der Angst auf den Grund gehen und sehen, warum der Mensch denn überhaupt so viel Angst hat. Angst hat immer mit dem möglichen Ende oder einer Verschlechterung der Lebensumstände zu tun. Angst ist immer ein Ausdruck von Verlust. Verlust heißt aber, dass man zuvor etwas besitzen muss, um es überhaupt verlieren zu können. Verlust bedeutet, dass man zuvor etwas hat, das man nicht mehr hergeben will. Dazu ist zu sagen, dass niemand wirklich etwas besitzen kann, denn das Einzige, das euch geschenkt wurde, ist das Leben, und das Leben ist unendlich – ihr lebt ewig! Es hat niemals begonnen und es wird niemals enden, denn ihr seid auf die Erde gekommen, damit ihr Erfahrungen macht und eine Entwicklung absolviert. Die Seele ist euer Wächter über euer Leben, und sie erschafft die Umstände, die ihr benötigt, um die Erfahrungen zu machen, die ihr euch vor Beginn eurer Inkarnation ausgesucht habt.

Die Seele kann sich um euer Wohlergehen kümmern, wenn ihr sie lasst – das bedeutet, ihr könnt gerne ein Abenteuer eingehen und euch auf etwas einlassen, das ihr grundsätzlich gerne machen würdet, wovon euch aber ein paar Bedenken abhalten, die euch etwas Angst machen. Solche Abenteuer sind meistens die besten, denn da gibt es den nötigen Nervenkitzel und sehr viel Gelegenheit, Selbstvertrauen aufzubauen. Die Seele kümmert sich um euer Wohlergehen und hilft euch, die Umstände zu schaffen, damit dieses Abenteuer auch das wird, was es sein soll – ein Abenteuer mit vielen erfreulichen Erkenntnissen. Vertraut darauf, dass die Seele einen Weg findet, um es euch zu ermöglichen. Dieses Vertrauen braucht ihr jedoch, man nennt es Urvertrauen in das Leben. Das Urvertrauen nimmt euch die Ängste und ist genau der Aspekt, der euch oftmals fehlt, um ein Abenteuer einzugehen. Ihr verlasst euch immer noch zu sehr auf eure materiellen Möglichkeiten, anstatt dem Leben zu vertrauen, das für euch immer einen Weg weiß, den ihr nehmen könnt, um das Abenteuer unbeschadet zu überstehen. Macht so viele Abenteuer wie möglich wahr und ihr könnt über einen reichen Schatz an Erfahrungen verfügen. Das ist die Essenz des Lebens!

Damit der Mensch dieses Urvertrauen wiedererlangt, ist es wichtig, dass seine materielle Abhängigkeit bald ein Ende nimmt. Dann können die Menschen wieder völlig frei und ungebunden alle möglichen Abenteuer in Angriff nehmen. Nachdem euer Finanzsystem in den letzten Zügen liegt und sehr bald sein Ende findet, könnt ihr bereits heute damit beginnen, euch auf ein Leben ohne finanzielle Abhängigkeit vorzubereiten. Übt bereits heute diese Vorstellung und diskutiert mit eurer Familie und euren Freunden über ein Leben ohne Geld und ohne sonstige Zahlungsmittel. Dieses Leben steht euch bevor und ihr werdet es genießen!

Durch den Aufstieg in die 5. Dimension wird das Bewusstsein der Menschen entsprechend weiter und dadurch öffnen sich Areale im Gehirn des Menschen, die dazu beitragen, dass er all die Veränderungen, die unmittelbar bevorstehen, auch verarbeiten und verstehen kann. Diese Gehirnareale lassen viele neue Erkenntnisse zu und ermöglichen auch ein Leben ohne Ängste. Ängste können insofern abgelegt werden, als die Welt einerseits kein Finanzsystem mehr hat und andererseits jeder verstanden hat, dass er ewig leben wird und daher keine Sorge um sein Leben auf der Erde zu haben braucht. Egal, wann immer es endet – es geht trotzdem weiter, und jeder hat die Möglichkeit, wieder auf die Erde zurückzukehren und das Leben in gewünschter Form fortzusetzen. Alles beginnt immer wieder beim Nullpunkt – an dem Punkt, wo ihr euch das Leben aussucht, das ihr haben möchtet, und dann könnt ihr losleben, wie es euch gefällt. Die Voraussetzungen dazu sind alle mit dem Aufstieg in die 5. Dimension geschaffen, und niemand braucht mehr irgendeinen Mangel zu erleiden oder sich vor etwas zu fürchten.

Frage: Wie und wann findet unser Finanzsystem sein Ende? Wird es zwischenzeitlich eine Art Weltwährung geben, oder müssen zuerst wieder Krisen und Katastrophen eintreten, damit das System zusammenbricht, und wie wird gewährleistet, dass die Menschen nicht wieder ein neues Finanzsystem aufbauen?

Antwort: Das Finanzsystem wird aufgrund einer Verkettung von Ereignissen zusammenbrechen. Der Zeitpunkt hängt von verschiedenen Faktoren ab, die von gewissen Entscheidungen der Menschen beeinflusst werden. Ein genauer Termin, zu dem das Finanzsystem zu existieren aufhört, kann dadurch nicht vorhergesagt werden. Fest steht, dass die Ereignisse stattfinden werden und die Menschen die Gelegenheit haben werden, auf diese Ereignisse entsprechend zu reagieren. Je nachdem wie schnell die prekäre Situation erfasst wird, umso eher können die Menschen das System noch einmal retten, und erst das nächste Ereignis wird es wieder mächtig ins Schwanken bringen. Die Ereignisse sind vorprogrammiert und ihr könnt euch heute bereits die Vorboten genau ansehen, denn ihr wisst, dass die Finanzlage vieler Länder mächtig in Schieflage geraten ist und daraus jederzeit eine neue Krise entstehen kann. Weitere Akteure findet ihr auf den großen Finanzplätzen der Welt, die ihr buntes Treiben bereits wieder ungehindert fortsetzen, wodurch eine weitere Krise entsteht, und wenn dann auch noch Einflüsse aufgrund von Vorkommnissen auf der Erde, die die Natur hervorruft, dazu kommen, dann wird es für euer Finanzsystem sehr eng und es wird kaum noch zu halten sein. Ihr werdet nicht sofort ohne euer Geld dastehen, denn ihr werdet zuvor alles Mögliche unternehmen, um es zu retten und euch eine Lösung einfallen zu lassen, die garantiert, dass zumindest vorübergehend das Geld noch einen Wert besitzt und ihr etwas dafür kaufen könnt. Bald darauf kommen jedoch weitere Ereignisse auf euch zu, die euch dann letztlich das Ende eures geliebten Geldes bescheren. Dieses Ereignis wird weltweit für den Verlust des Wertes eures Geldes sorgen, und dann ist der Zeitpunkt gekommen, dass ihr realisiert, dass eine andere Art der Bewertung von weit größerem Vorteil ist als durch Geld. Ihr werdet beginnen, die Erde aus einem ganz anderen Blickwinkel zu betrachten, denn ihr stellt fest, dass es kein Geld auf der Erde gibt, das den Wert eurer Natur aufwiegen könnte, und so beginnt ihr, alles nach den Maßstäben der Natur zu bewerten, und das ist die richtige Währung, die ihr heranziehen müsst, um eure Handlungen zu bewerten.

Frage: Am 21.12.2012 wird der Aufstieg in die 5. Dimension vollzogen – werden wir zu diesem Zeitpunkt noch mit Geld bezahlen?

Antwort: Wie gesagt, hängt der Zeitpunkt von verschiedenen Faktoren ab, die in eurer Entscheidungsgewalt liegen, doch der Zeitpunkt Ende 2012 ist ein guter, um das System außer Kraft zu setzen. Auf jeden Fall werdet ihr die verbleibende Zeit bis zu diesem Datum damit verbringen, euch die Turbulenzen auf den Finanzmärkten anzusehen, und bei jeder neuen Krise oder jedem neuen Ereignis werdet ihr euch mehr fragen, ob es noch sinnvoll ist, an so einem System festzuhalten.

Am Ende siegt die Natur

Nachdem euch die Vergangenheit immer wieder gezeigt hat, dass die größte Macht auf der Erde die Natur ist, könnt ihr euch darauf verlassen, dass, ganz gleich, was immer ihr anstellt und was ihr mit der Natur alles aufführt – ihr es nicht schaffen werdet, die Natur vollkommen zu zerstören, denn bevor euch das gelingt, werdet ihr selbst durch eure Handlungen vernichtet. Ihr habt das bereits mehrfach erfahren, und am Ende war immer die Natur der einzige Überlebende. Die Menschen haben es bereits mehrfach geschafft, sich selbst auszulöschen – verschiedenste Umstände haben dazu beigetragen, und immer wieder war der Grund darauf zurückzuführen, dass die Menschen geglaubt haben, sie seien die höchste Macht auf diesem Planeten und alles müsste sich ihnen unterordnen. Eine Respektlosigkeit, die ihr auch heute wieder an den Tag legt und daher erneut Gefahr lauft, euch selbst von diesem Planeten zu vertreiben. Deshalb haben wir jetzt begonnen, euch zu helfen, damit ihr diesen fatalen Fehler nicht erneut macht und die Besiedelung des Planeten Erde nicht noch einmal von vorne vorgenommen werden muss. Durch den bereits vor langer Zeit geplanten Aufstieg, den ihr absolvieren werdet, kann die Gefahr der Vernichtung der Menschheit gebannt werden.

Bei den vorherigen Malen, als bereits Menschen auf der Erde gelebt haben, wurde ihre Spezies durch ihre eigenen Handlungen ausgelöscht – eine Erfahrung, die so gewollt war, denn dies gehörte ebenfalls zum Entwicklungsprozess der Menschheit auf der Erde dazu – ein Prozess, der bereits unzählige Jahre andauert und erst jetzt, nachdem diese Erfahrungen mehrfach gemacht werden konnten, in die nächste Entwicklungsstufe übergeht. Wie gesagt, gibt es keine Schuldzuweisung, denn es war ein gewollter Prozess, der die Menschheit auf ihre große Aufgabe vorbereiten sollte und der ihr die Möglichkeit gibt, das Leben in allen Bereichen bis ins letzte Detail auskosten zu können – auch das Ende des Lebens ist ein Erfahrungsprozess, der mit dazu gehört – sowohl das eigene Ende wie auch das Ende von Familienmitgliedern, Freunden und Bekannten. Jedes dieser Ereignisse birgt viel Potenzial in sich, um daraus Erkenntnisse zu ziehen. Und so wird jedes Lebensende für euch eine Erfahrung sein, die euch nicht unbedingt gefällt, doch letztlich im Zusammenhang mit eurer Entwicklung eine wichtige Rolle spielt.

Damit das Ende eines Menschen auf der Erde verstanden werden kann, braucht es einige Vorkenntnisse. Oberflächlich betrachtet, ist jeder Tod ein schreckliches Ereignis und löst tief empfundene Gefühle aus. Diese Gefühle sind mehr als natürlich und vermitteln euch eine Verbundenheit mit dem Verstorbenen, die ihr zu Lebzeiten vielleicht gar nicht so stark verspürt habt. Diese Verbundenheit ist es, worum es in der Erfahrung des Todes geht, denn ihr verabschiedet euch nicht nur von einem geliebten Menschen, sondern ihr verabschiedet euch von einem Teil von euch, denn ein Teil von euch verlässt die Erde und tritt in einen Bewusstseinszustand über, den ihr nicht verstehen könnt. Ihr glaubt, diesen Teil von euch zu verlieren, doch es ist ganz anders, als ihr denkt.

Der Tod ist eine ganz und gar natürliche Angelegenheit, und es war vorgesehen, dass das Leben, das ein Entwicklungsprozess ist, mit der Geburt beginnt und mit dem Tod endet – das Dazwischen ist der entscheidende Teil. Genau zwischen diesen beiden Ereignissen, die von Anfang an bekannt und die jedem bewusst sind, liegt der entscheidende Teil eures Lebens. Ihr alle wisst schon als Kleinkind, dass ihr eines Tages wieder von dieser Welt gehen werdet und euer Aufenthalt nur auf Zeit geplant ist. Niemand verweilt ewig auf der Erde, und noch niemand hat das ewige Leben in Gestalt eines Menschen. Wenn wir von ewigem Leben sprechen, dann kann ich euch versichern, dass es euch absolut gewiss ist, dass ihr ewig lebt – der einzige Unterschied liegt jedoch in der Erscheinungsform – die

Form des Menschen auf der Erde habt ihr nur für einen sehr kurzen Zeitraum – den größeren Rest verbringt ihr in Gestalt von Licht, was sehr viele Vorteile hat.

Wir möchten heute nicht auf die Gestalt nach eurem Tod eingehen, sondern uns mehr auf das Leben auf der Erde konzentrieren, denn ihr sollt daraus die Erfahrungen mitnehmen, die euch dann später, wenn ihr in eurer Lichtgestalt weiterlebt, von Vorteil sind. Ihr sollt die Reife erlangen, die euch zum Höchsten zurückführt und mit dem Schöpfer wieder verschmelzen lässt. Das ist dann der Zeitpunkt, wo ihr eure Entwicklung abgeschlossen habt. Ihr seid dann wieder voll und ganz der Schöpfer selbst. Derzeit seid ihr hier auf der Erde, um Erfahrungen zu sammeln und um euch auf das weitere Leben als Schöpfer vorzubereiten. Ihr wart schon so oft auf dieser Erde und konntet so viele Leben erleben, dass ihr alle zusammen über einen Erfahrungsschatz verfügt, der schier unendlich erscheint. Es ist die Zeit gekommen, dass ihr diesen Erfahrungsschatz für das benutzt, wofür er gedacht wurde.

Der Erfahrungsschatz dient euch jetzt dazu, eure Rolle als Schöpfer verantwortungsvoll ausführen zu können. Ihr werdet alle eure Erfahrung einsetzen und alle zusammen so viel Einfluss auf eure neuen Geschöpfe nehmen, dass das höchste und zugleich einzige Gebot eurer Schöpfung erfüllt werden kann. Was immer ihr erschaffen werdet, es wird auf der Grundlage eurer Erfahrung aufbauen, und ihr werdet danach trachten, dass alle Geschöpfe bestrebt sind, nur den höchsten schöpferischen Wert zum Ausdruck zu bringen – ihr werdet Geschöpfe erschaffen, die ausschließlich die höchste Göttlichkeit – die uneingeschränkte und bedingungslose Liebe – verkörpern. Um das zu ermöglichen, seid ihr hierher gekommen, und genau dazu macht ihr all diese Erfahrungen. Subjektiv betrachtet, waren diese Erfahrungen nicht immer erfreulich – ihr habt auch sehr viele schmerzliche Erfahrungen machen müssen, doch unter dem Strich könnt ihr auf eine Erfahrungswelt zurückblicken, die so reichhaltig und wertvoll ist, dass ihr, wenn ihr wieder ganz bei Null anfangen müsstet, euch wieder genau die gleichen Erfahrungen wünschen würdet. Ihr habt sie euch so gewünscht – es war eure Entscheidung, sie auf diese Art zu machen, und ihr habt eure Entscheidungen so getroffen, dass die Lebensumstände eintreten konnten, die euch diese Erfahrungen ermöglicht haben.

Wenn ihr einmal auf euer Leben zurückblickt, dann werdet ihr all die Erfahrungen mit etwas Abstand genauer betrachten können und feststellen, dass euch die Erfahrungen damals vielleicht nicht immer gefallen haben, doch eurem Leben einen Facettenreichtum geschenkt haben, den ihr nicht missen möchtet. Ihr lebt ein Leben, das ihr euch selbst so ausgesucht habt, und ihr habt diesen Körper geschaffen, damit ihr genau das am eigenen Leib erfahren könnt. Es war eure Entscheidung – ich kann es nicht oft genug sagen – ihr habt es so gewünscht. Ihr seid Teile von Gott und alle zusammen Gott – macht euch das bewusst und ihr werdet anfangen zu verstehen – ihr habt euch selbst erschaffen, und ihr habt es deshalb getan, weil ihr genau das erfahren wolltet.

Ihr seid jetzt soweit – ihr habt die Entwicklung soweit abgeschlossen, dass ihr in die nächste Stufe aufsteigen könnt. Diese Stufe wird von vielen besonders schönen Erfahrungen gekennzeichnet sein, und ihr werdet jetzt erst zu verstehen anfangen, warum ihr all diese Erfahrungen bisher machen musstet. Das Leben in der 5. Dimension, in der ihr beginnt, zusammen als Schöpfer aufzutreten, bringt euch an eine Wende in eurer Entwicklung. Ihr habt das Leben als solches verstanden, und ihr könnt jetzt eure Erfahrung nutzen, um neues Leben im ganzen Universum zu erschaffen.

Ihr könnt auf eure Entwicklung stolz sein, denn ihr seid euer eigenes Geschöpf, und dieses Geschöpf diente ausschließlich der Sammlung von Erfahrungen verschiedenster Art und einer Entwicklung, die nur durch diese Erfahrungen möglich geworden ist. Dies habt ihr jetzt auf dieser Erfahrungsstufe absolviert und jetzt schreitet ihr voran in die nächste Erfahrungswelt, in der es heißt, dass ihr ab sofort in der Lage sein werdet, euren schöpferischen Geist dazu zu verwenden, neues Leben zu erschaffen, das eurem Abbild gerecht wird und das all die Erfahrung beinhaltet, die ihr in euren Leben gemacht habt. Der Kreislauf des Lebens beginnt erneut von vorne und ihr erschafft Leben, das in der Natur seinen Lauf nehmen kann – selbst entscheidet, wohin die Reise geht, und die Entwicklungsgeschwindigkeit selbst bestimmt. Ihr seid erschaffen worden, um selbst zu erschaffen – damit könnt ihr jetzt bald beginnen!

Im Vorfeld empfangene Botschaft

Der Tod ist eine besondere Erscheinung – es ist der Zeitpunkt, zu dem die Seele des Menschen entscheidet, den Körper wieder aufzugeben und zu verlassen. Das ist der Zeitpunkt, zu dem die Erfahrungen, die die Seele in dieser Inkarnation gemacht hat, und alle wichtigen Erkenntnisse, die für diese Inkarnation geplant waren, erledigt sind. Der Tod ist nicht das Ende des Lebens – er beendet lediglich eine Epoche in der Entwicklung des Menschen. Die Entwicklung findet daraufhin in einer weiteren Inkarnation ihre Fortsetzung, und mit dieser neuerlichen Ankunft auf der Erde gibt es wieder jede Menge neuer Erfahrungen zu sammeln. So ist das Grundprinzip der menschlichen Entwicklung aufgebaut. Das Endziel ist die Meisterschaft und diese bedeutet, dass der Mensch all jene Erkenntnisse erlangt hat, die er benötigt, um das Höchste Göttliche in ihm zum Ausdruck zu bringen. Die wahre Meisterschaft bedeutet, in allen Lebenslagen und mit jedem Gedanken nur die bedingungslose Liebe zum Ausdruck zu bringen. Da gibt es keine Gedanken mehr wie Hass, Neid oder Vergeltung – das Einzige, das noch zählt, ist die Liebe. So schwer das auch klingen mag – es ist doch so einfach, denn wenn man die anderen Menschen als das betrachtet, was sie sind – Wesen, die von Gott abstammen und auf ihrem Entwicklungsweg Erfahrungen sammeln, dann ist das ganze Geschehen rund um euer tägliches Leben sehr viel einfacher zu verstehen.

Die Welt ändert sich

Nachdem der Mensch den Aufstieg absolviert hat und er zu realisieren beginnt, dass sich sein Leben von Grund auf ändert, versteht er, dass es jetzt an der Zeit ist, all das, worauf die Menschen gar nicht stolz sind, rückgängig zu machen, sofern dies möglich ist. Welche Maßnahmen die Menschen ergreifen werden, haben wir in den Kapiteln davor bereits dargestellt. Die Heilung der Erde und ihres Energiefeldes haben oberste Priorität, und darum kommen wir auf dieses Thema noch einmal zurück.

Diese Heilung ist ein energetischer Prozess, bei dem die Energiebahnen der Erde wieder zum Fließen gebracht werden. Die Bahnen sind unterbrochen worden, weil sie die Menschen durch ihre Bauten und den Abbau von Bodenschätzen weiträumig gestört und verletzt haben. Damit diese Energiebahnen wieder zum Fließen gelangen können, kommen riesige Kristalle zum Einsatz, die dafür vorgesehen sind, die Erde zu heilen und ihr ihre Strahlkraft zurückzugeben. Diese Kristalle haben diese Aufgabe von Anbeginn an erhalten, und sie werden jetzt zum Einsatz kommen, um die Energie rund um die Erde wieder zum Fließen zu bringen.

Die Menschen, die dazu imstande sind und die bereits heute über das nötige Wissen verfügen, erhalten überdies Anleitung von den Engeln und werden sich ganz besonders bemühen, dass diese Arbeit sehr bald abgeschlossen werden kann. Das tun sie deshalb, weil sie bereits seit geraumer Zeit auf ihren Einsatz warten, denn sie wurden beizeiten darauf vorbereitet, genau diese Heilung vorzunehmen. Diese Menschen brauchen jedoch, um ihr Werk vollständig ausführen zu können, die Unterstützung möglichst vieler Menschen, und zwar durch ihre Gedanken.

Damit so viele Menschen gefunden werden können, ist es besonders wichtig, das Vorhaben dieser auserwählten Menschen rechtzeitig an möglichst viele Menschen zu kommunizieren. Sowie dies geschehen ist, können diese Menschen zusammenkommen und dem Heilungsprozess beiwohnen. Je mehr es sind, desto effektiver wird der Heilungsprozess sein. Dies hier ist bereits der Aufruf an alle Menschen, sich an solchen Heilungen zu beteiligen, denn je mehr zusammenkommen, desto früher wird das Energiefeld der Erde wieder erstrahlen und seinen Zweck erfüllen.

Die Wirkung auf die Erde und auf die Menschen, die sich an dieser Heilung beteiligen, wird enorm sein. Ihr habt heute keine Vorstellung, von welchen mächtigen Energien wir hier sprechen, denn die Schöpferkraft eines einzelnen Menschen ist schon sehr groß, doch wenn sich mehrere zusammenfinden, dann ist deren Schöpfermacht mehr als nur die Summe ihrer Anzahl, sie bilden eine sehr viel mächtigere Einheit, als man sich das heute vorstellen kann. Die Schöpfermacht der Menschen in der Gruppe ist um ein Vielfaches höher als nur die Summe ihrer Gedanken. Macht euch diesen Umstand bewusst, und ihr könnt wahrlich Wunder vollbringen. Ihr könnt damit nicht nur die Erde und ihr Energiefeld retten, ihr könnt damit ganze Ozeane von den Verunreinigungen befreien, die ihnen über die Jahrhunderte der Industrialisierung zugefügt wurden. Ihr könnt damit wahrlich die ganze Erde säubern und alle Giftstoffe neutralisieren, damit diese niemandem mehr Schaden zufügen können. Diese Macht schlummert in euren Köpfen, und deshalb braucht es eine möglichst große Zahl von Mitwirkenden, wenn ihr zur Heilung der Erde aufbrecht.

Diese Macht wird euch gefallen, denn ihr könnt gleich im Anschluss an eure Arbeit das Ergebnis erkennen und selbst spüren, wie alles wieder rein ist und fließt. Ein wunderbares Gefühl, wenn ihr an diesem Ritual teilhaben könnt, denn es wird euch eine tiefe Verbundenheit mit Mutter Erde einbringen und eure Beziehung zu eurer Mutter, die euch über so viele Jahre ernährt und eine Heimat gegeben hat, sehr viel inniger werden, als sie es jemals zuvor war.

Eine Erfahrung, die möglichst jeder im Laufe der nächsten Jahre machen sollte!

Wenn die Heilung abgeschlossen ist, dann werdet ihr feststellen, dass sich die Erde ganz anders anfühlt als zuvor – ihr werdet spüren, dass sich die Mutter Erde wieder so richtig wohlfühlt und sie euch wieder all das zurückgeben kann, was ihr ihr geschenkt habt. Die Mutter Erde wird daraufhin erblühen, und die Ausstrahlung einer gesunden Natur wird weit ins All hinaus sichtbar sein. Der blaue Planet bekommt eine völlig neue Seite – eine strahlende Schicht aus blühenden Pflanzen, lebendigen Tieren und einem Schöpfer, der in Form von Menschen auf diesem Stern zu Hause ist. Ein wundervolles Bild, das sich jeder einprägen sollte, damit er weiß, auf welch wunderbarem Boden er sein Zuhause hat! Und er wird die Mutter Erde ehren und mit ihr gemeinsam viele neue Abenteuer erleben. Viele Rituale werden zu Ehren der Mutter Erde abgehalten werden und alle Menschen werden sich gerne an der Huldigung ihrer Heimat beteiligen. So wandelt sich die Erde vom geschundenen Planeten zum strahlenden Schöpferstern.

Eine neue Welt

Auf dem Weg zum Stern entwickelt sich die Erde überaus schnell – alle Pflanzen und Tiere entwickeln eine Eigendynamik, so als würden sie förmlich spüren, was sich alles verändert hat, auch wenn die Veränderungen erst kürzlich vorgenommen wurden. Eine Entwicklung, die dermaßen schnell verläuft, dass die Natur in der Startphase gar keine besondere Unterstützung braucht, sondern von selbst rasch beginnt, sich zu erholen. Diesen Umstand verdankt die Erde der Heilung durch die Menschen. Es braucht einige Jahre, bis die Menschen ihre neue Bewusstheit dazu benutzen werden, sich in ihrer Gesellschaftsform umzustrukturieren, bis alles auf die Basis der neuen Gesetze, die ausschließlich Naturgesetze sind, umgestellt wurde und das Zusammenleben eine neue Dynamik bekommen hat. Diese Jahre wird die Natur nutzen, um sich entsprechend zu erholen. Die Menschen haben indes mit sich selbst sehr viel zu tun und brauchen diese Zeit, um sich von der Umstellung ihres Lebens zu erholen und sich völlig neu auszurichten. Eine heilsame Zeit, die allen sehr gut tun wird, denn die Industrie wird deutlich zurückgefahren und die Produktion vieler unnötiger Produkte eingestellt werden. Man konzentriert sich hauptsächlich auf die Produktion von Lebensmitteln und sonstige Annehmlichkeiten des täglichen Lebens.

Auf dem Weg zum Stern wird die Erde von den Engeln begleitet – sie erhält eine große Anzahl von Unterstützern, die teilweise sogar in inkarnierter Form auf der Erde sind und den ganzen Prozess fördern. Alle Engel, die damit beauftragt sind, werden sich als solche zu erkennen geben, und sie alle wissen bereits jetzt um ihre Aufgabe wie sie sich darauf vorbereiten sollen. Alle diese Engel sind es, die laufend neue Informationen bekommen und sie verbreiten, damit alle Menschen wissen, wo auf der Erde Handlungsbedarf besteht.

Sollte sich ein Engel auf der Erde verirren, so hat er die Möglichkeit, sich an uns zu wenden, und wenn er mit seiner Aufgabe nicht vorwärtskommt, wird er dies auch tun – denn wir begleiten nicht nur die Menschen in ihrer Entwicklung, wir unterstützen auch die auf der Erde lebenden Engel und geleiten sie durch ihre Aufgabe. Diese Information ist für alle jetzt auf der Erde noch im Verborgenen lebenden Engel, die auf ihren Einsatz warten und nicht wissen, wann dieser Einsatz von ihnen verlangt wird. Ihr könnt euch jederzeit an uns wenden – tut dies am besten gleich jetzt und ihr werdet die entsprechende Führung erhalten, die ihr euch wünscht. Mancher Engel weiß aufgrund seines Lebens als Mensch noch gar nicht, dass er zu einem bestimmten Zweck auf die Erde gekommen ist, und all jene, die so ein Gefühl haben, als wäre ihnen ihre Aufgabe auf der Erde unklar und sie wüssten nicht, warum sie eigentlich hier sind, denen sei gesagt, dass sie sich öffnen und uns die Möglichkeit geben sollen, ihnen die Informationen zukommen zu lassen. Hört auf eure innere Stimme, sie wird euch leiten!

Sobald die Erde ihre Entwicklung zum Stern abgeschlossen hat, wird sie sehr schnell ihre neue Aufgabe wahrnehmen. Der Stern Erde wird erstrahlen und das ganze Universum mit einem ganz besonderen Licht erhellen, was dazu führt, dass die anderen Planeten davon Notiz nehmen und versuchen, mit der Erde in Kontakt zu treten. Das Ziel der Planeten ist eine enge Zusammenarbeit mit der Erde, damit sie von den Möglichkeiten des neuen Sterns profitieren können. Ein Rennen um die Gunst des Sterns Erde setzt ein und viele Planeten melden sich an, um auf ihre Oberfläche Leben von der Erde übersandt zu bekommen – alle wollen so erblühen wie die Erde – alle möchten die Heimat von so vielfältigem Leben wie auf der Erde werden – das Größte, das ein Planet erreichen kann, ist, die gleiche Pracht von Leben auf seiner Oberfläche zu haben, wie es die Erde als Vorbild zeigt.

Schon bald darauf werden die Menschen gemeinsam mit der Mutter Erde beginnen, die Planeten mit den Voraussetzungen für Leben auszustatten – ein erster Schritt, um bislang unbewohnte Planeten zum Leben zu erwecken. Weitere Schritte brauchen etwas Zeit, denn auf den einzelnen Planeten müssen sich erst die Umstände für das neue Leben entsprechend entwickeln und anpassen, damit eine Besiedelung möglich wird. Diese Zeit werden die Menschen und die Mutter Erde dafür nutzen, auf der Erde alle Vorkehrungen zu treffen, die nötig sind, um genau diesen schöpferischen Akt zu vollziehen.

Eine neue Welt entsteht, die sich völlig anders darstellt als noch vor kurzer Zeit, als die Menschen aufgrund ihrer Unwissenheit und ihres aktuellen Entwicklungsstandes kurz davor waren, diesen Planeten Erde zu zerstören bzw. sich ihre eigene Existenzgrundlage zu nehmen. Die Erde ist von nun an nicht mehr ein Problemkind, sondern die Hoffnung auf Leben für das gesamte Universum.

Aufstieg

Wenn der Stern Erde diese Entwicklung genommen hat, dann verläuft seine weitere Entwicklung völlig anders, als man es von so einem Stern erwarten könnte. Dadurch, dass die Erde als Schöpferstern zu sehr vielen großartigen Taten in der Lage ist, könnte man vermuten, dass überall im Universum alle möglichen Planeten besiedelt werden und überall die gleiche Pracht entsteht wie auf der Erde. Dem ist jedoch nicht ganz so, denn es gibt etwas im Universum, was den Menschen noch nicht bekannt ist. Und dies ist ein großer Rat, der die Geschicke des Universums lenkt und bestimmt, wo welche Entwicklungen möglich sind und wo für spätere Zeitpunkte andere Entwicklungen vorgesehen sind. Die Erde wird in diesen Rat des Universums aufgenommen und eine entscheidende Rolle darin spielen.

Als Mitglied der Mächtigen im Universum hat die Erde die Aufgabe, für das Leben zu stehen und das Leben zu vertreten. Mit Leben ist nicht das gesamte Leben aller Wesen im Universum gemeint, damit ist gemeint das physische Leben in Gestalt von Pflanzen, Tieren und auch Menschen. Alle anderen Ratsmitglieder vertreten Planeten, Sonnensysteme und sonstige Mächte im Universum, doch ein Vertreter des physischen Lebens war bisher nicht Teil dieses Rates. Die Erde wird diesen Platz einnehmen und dafür sorgen, dass im unendlichen Universum die Entwicklung des Lebens entsprechend den Möglichkeiten in den einzelnen Sonnensystemen voranschreiten kann.

Die Erde bekommt deshalb den Vorzug gegenüber anderen bewohnten Planeten, da sie die größte Erfahrung im ganzen Universum einbringen kann und schon sehr viel länger bewohnt ist als alle anderen Planeten. Das Spektrum Raum und Zeit gibt es in Wahrheit nicht – es ist lediglich in der Vorstellung und dem Empfinden der Menschen so, dass es die schier unendlichen Weiten im Universum und die Zeit, die man braucht, um dorthin zu gelangen, überhaupt gibt – in Wahrheit gibt es weder Raum noch Zeit. Somit ist es auch ein Leichtes, alle Entwicklungen auf engstem Raum und in derselben Zeit möglich zu machen – es gibt das Konstrukt Zeit nur auf der Erde, damit der Mensch eine Entwicklung durchlaufen kann, die irgendwann beginnt und irgendwann endet. Diese Zeitspanne ist künstlich erfunden, damit unterschiedliche Abschnitte möglich sind, in denen gewisse Entwicklungsstufen absolviert werden können. Zeit existiert nur, damit das Leben den Raum bekommt, um sich zu entwickeln und wieder zu vergehen – ein unendlicher Kreislauf, den man Leben nennt und woraus immer wieder neue Konstrukte entstehen, die man als Fortschritt bezeichnet – Entwicklungen, die den Menschen in Form von Zeit und Raum ermöglicht werden, um das Leben physisch erlebbar zu machen, und genau das tut ihr derzeit auf der Erde – ihr erlebt eure Existenz. Das ist das Höchste, das überhaupt als Mensch erfahren werden kann – ihr erlebt euch förmlich selbst – eine Erfahrung, die man als privilegiert ansehen kann, denn nur das echte Erleben bringt all die Erkenntnisse mit sich, für die ihr auf diese Erde gekommen seid.

Die Erkenntnis, dass es weder Zeit noch Raum gibt, ist insofern von Bedeutung, als ihr daran die Besonderheit des Wandels, der sich gerade auf der Erde vollzieht, erkennen könnt. Die Besonderheit des Wandels liegt darin, dass er eine extra für diesen Entwicklungsschritt in der Evolution des Menschen gemachte Konstruktion ist, die es nur sehr selten gibt. Denn die Entwicklungsschritte, die ihr bisher immer wieder absolviert habt, waren kleine Schritte und bestanden eigentlich aus häufigen Wiederholungen einzelner Erlebnisse in unterschiedlicher Form – jetzt geht es dagegen um den Aufstieg, und dieser Aufstieg ist ein ganz besonderes Ereignis. Ihr könnt euch glücklich schätzen, dass ihr das jetzt alles erleben dürft und die

Möglichkeit habt, mit dabei zu sein, wenn dieser Aufstieg vonstatten geht!

Euer Ziel war, möglichst viele Erfahrungen als Schöpfer in kleinerem Ausmaß zu sammeln, damit diese Erfahrungen aus euch einen großen Schöpfer machen. Die vielen Erfahrungen kommen euch jetzt zugute beim Aufstieg in die nächste Entwicklungsstufe. Auf der nächsten Stufe sind eure Schöpferfähigkeiten bereits sehr stark ausgeprägt und ihr habt die Möglichkeit, diese entsprechend euren Erfahrungen einzusetzen und Dinge zu erschaffen, die ihr bislang nur mühsam herstellen konntet. Diese Fähigkeiten sind für die weitere Sammlung von Erfahrungen von großer Bedeutung, denn ihr werdet erkennen, was ihr alles erschaffen könnt, sofern ihr die grundlegenden Erkenntnisse eurer bisherigen Erfahrungssammlung beherzigt. Neue Erfahrungen werden dadurch möglich, die euren Erfahrungsschatz komplettieren – bis er so groß angewachsen ist, dass ihr allwissend seid. Das ist das höchste Entwicklungsziel, das ihr alle anstrebt. Sowie dies erreicht ist, könnt ihr zurückkehren in die Einheit eures Schöpfers; dann werdet ihr wieder zu dem, was ihr immer schon gewesen seid – ihr seid Gott, und als der Schöpfer habt ihr euch selbst erschaffen, um euer Sein in Gestalt eines lebenden Menschen, der den Gesetzmäßigkeiten des Lebens unterworfen auf einem Planeten lebt, zu erfahren und es am eigenen Leib erspüren zu können. Das ist das Grundprinzip eurer Existenz – darum seid ihr hier, und das seid ihr – ihr seid Gott, der sich gerade selbst erlebt!

Der Wendepunkt

Sobald die Schwingung der Erde eine Frequenz erreicht hat, bei der die dritte Dimension verlassen wird und der Eintritt in die 5. Dimension stattfindet, können die Menschen aufatmen und sich am veränderten Bewusstsein erfreuen. Diese Veränderung geschieht in den Köpfen der Menschen – und das bedeutet, dass ab sofort die Ängste verschwunden sind, weil alle realisiert haben, wer sie sind und woher sie kommen. Das ist der erste und wichtigste Schritt bei den Veränderungen in den Köpfen der Menschen. Der zweite und ebenso wichtige Schritt ist die Erkenntnis, dass alle aus derselben Quelle stammen und daher alle eine Einheit bilden. Diese Einheit ist von ebenso großer Bedeutung wie die dritte Erkenntnis, dass auf dieser Welt mehr als genug für alle da ist.

Nachdem diese drei Erkenntnisse bei allen Menschen angekommen sind, kann die Entwicklung der Erde voranschreiten und die Symbiose zwischen dem Stern und seinen Bewohnern entwickelt werden. Eine Zusammenarbeit, die sich auf die Oberfläche des Sterns zuallererst auswirken wird und erst in zweiter Linie auf die Entwicklungen im Universum. Zuerst geht es darum, die Oberfläche der Erde und ihre Atmosphäre zu heilen und zu reinigen.

Dieser Reinigungs- und Heilungsprozess bringt der Erde ihre Strahlkraft zurück, und ihre Energiefelder werden wieder zu ihrer ursprünglichen Stärke zurückfinden. Nachdem all dies durch das Zutun der Menschen und der Engel geschehen ist, kann sich die Erde von selbst wieder erholen. Dies geht verhältnismäßig schnell und der Mensch kann sich glücklich schätzen, dass die Auswirkungen seiner Zerstörungen im Rahmen geblieben sind und keine größeren Lebensumstellungen erfordern.

Die Herrschaft des Menschen über die Natur und den Planeten findet somit ein Ende, und der Natur wird wieder die Oberhand gelassen, damit sie, die Grundlage allen Lebens, sich weiterentwickeln und noch mehr Leben auf der Erde beheimaten kann. Die Entwicklung der Natur ist somit das Allerwichtigste, worum sich die ehemaligen Kontrahenten bemühen werden. Die Kontrahenten sind einerseits die Erde, deren Aufgabe es war, den Menschen als Heimat zu dienen und sie zu ernähren, und andererseits der Mensch, der die Erde geschunden und ausgebeutet hat, um einen Reichtum anzusammeln, der nur allzu vergänglich ist. Ein theoretischer Reichtum, der in Form von Papier dargestellt wird, ein Papier, das keinen dauerhaften Wert haben kann. Nichts ist jemals mehr wert als das Leben selbst! Genau dieses Leben hat der Mensch auf der Erde bedroht, und jetzt, wo er verstanden hat, warum er hier ist, beginnt er den Weg möglichst umzukehren, und lebt von nun an im Einklang mit der Natur und versucht all seine Bedürfnisse auf eine Art zu befriedigen, die in der Natur keinen Schaden anrichtet.

Der Wandel ist so groß, dass die Menschheit innerhalb kürzester Zeit alle Emissionen einstellt und dadurch der Natur und der Atmosphäre einen großen Dienst erweist. Das Leben auf der Erde erfährt dadurch eine grundlegende Änderung, die in erster Linie gesellschaftlicher Natur ist und im Buch Die Gesellschaft 2015 ausführlich dargestellt wird. Die Auswirkungen dieser Veränderung auf die Erde als Planet bzw. Stern sind, unter dem Blickwinkel der Erde als Himmelskörper betrachtet, gewaltig. Die Planeten aus dem Rat des Universums haben seit langer Zeit das Geschehen auf der Erde beobachtet und sind von der Entwicklung dort fasziniert – sie alle wünschen sich so einen Aufstieg wie der, den die Erde erfährt. Alle haben große Achtung vor dem nun erwachsenen Schöpferstern. Es war von Anfang an die Bestimmung der Erde, als Schöpferstern in Erscheinung zu treten, und sie hatte das große Glück, die Menschen beherbergen zu dürfen und auf ihrer Entwicklung zu begleiten. Jetzt, wo die wichtigste Phase der Vorbereitung auf das schöpferische

Auftreten der Menschheit abgeschlossen ist, kann die Erde als das erstrahlen, was sie ist – ein Schöpferstern!

Frage: Der Aufstieg der Menschheit in die 5. Dimension ist somit der Beginn der vorerst globalen und später universalen schöpferischen Tätigkeit. Aus heutiger Sicht kann ich mir noch nicht vorstellen, dass wir Menschen tatsächlich schon soweit sind, um eine so verantwortungsvolle Tätigkeit auszuüben. Heute sind wir noch diejenigen, die die Welt an einen Punkt gebracht haben, wo ihr Ende in Sicht ist, und nun sollen wir in so kurzer Zeit die verantwortungsvolle schöpferische Tätigkeit ausüben. Ist das wirklich nur durch die Weitung unseres Bewusstseins möglich, und ist dieser Schritt, den wir machen werden, nicht etwas sehr groß und geschieht dies nicht in zu kurzer Zeit?

Antwort: Die Welt hat sicherlich Großes vor und die Veränderungen sind durchaus als historisch zu bezeichnen, doch die Menschheit hatte so viele Jahre und so unsagbar viele Inkarnationen Zeit, um sich auf den großen Schritt vorzubereiten, dass es gar keinen Zweifel mehr gibt, dass die Menschheit reif genug ist, um den nächsten Schritt in ihrer Entwicklung zu vollziehen. Jetzt ist der richtige Zeitpunkt, denn seit sehr langer Zeit arbeiten wir gemeinsam darauf hin, und jetzt ist der Zeitpunkt gekommen, auf den alle schon so lange warten. Freut euch darauf, denn euer Bewusstsein wird sich an so viele Erfahrungen erinnern können, die euch im Moment noch nicht zur Verfügung stehen. Euer ganzer Schatz an Weisheit wird euch zur Verfügung stehen, und das wird auch die große Sicherheit in euch auslösen, die euch das Gefühl gibt, dass ihr sehr weise seid, und diese Weisheit wird euch auch dazu bringen, dass ihr mit großer Freude und Stolz die Herausforderung des Schöpfers annehmt.

Frage: Bedeutet das, dass wir uns an alle Details unserer bisherigen Inkarnationen erinnern können?

Antwort: Das, woran ihr euch erinnern könnt, ist bereits in euren Köpfen gespeichert – ihr müsst nur noch den Zugang zu diesen Arealen finden und dann könnt ihr euch an viele Erfahrungen erinnern – nicht im Detail, doch die Erkenntnisse, die ihr daraus gezogen habt, stehen euch zur Verfügung. Ihr habt diese Erfahrungen alle gespeichert und die Essenz davon steckt in euren Köpfen – derzeit noch etwas verworren und verschlossen, doch das Schloss wird sich öffnen und den Zugang freigeben.

Im Vorfeld empfangene Botschaft

Die Welt kann sich noch an all die vielen Ereignisse, die im Laufe ihrer Entwicklung stattgefunden haben, erinnern, und diese Informationen sind für die Ewigkeit gespeichert und stehen den Menschen zur Verfügung. Die Menschen können dadurch das Wissen um die Entstehung der Erde und die ganze Geschichte abrufen und daraus eine Unmenge von Erkenntnissen ziehen. Alle Epochen der Erde sind bis ins letzte Detail abrufbar, und ihr Menschen bekommt Zugriff auf die größte Datenbank, die ihr euch vorstellen könnt. Dieses Wissen ist der große Schatz der Erde, und ihr könnt diesen benutzen, um ebensolche Abbilder dieser Erde zu erschaffen – nur mit den Unterschied, dass ihr Geschöpfe erschaffen werdet, die mit all der Weisheit, über die ihr alle zusammen verfügt, ausgestattet sind und sich daher von Anfang an in eine ganz andere Richtung entwickeln können, als ihr das tatet. Eure Erfahrungen brauchen sie nicht mehr zu machen, und daher ist Platz und Zeit für viel höhere Werte als die, die die Menschheit bislang gelebt hat. Diese höchsten Werte der Göttlichkeit basieren ausschließlich auf der uneingeschränkten und bedingungslosen Liebe.

All das beginnt jetzt langsam Realität zu werden, und ihr könnt euch bereits heute darauf freuen, dass die Welt zu dem wird, was sie von Anfang an sein sollte – ein Schöpferstern, der seinesgleichen im gesamten Universum erschafft.

Der Aufstieg setzt sich fort

Nachdem alle Vorbereitungen abgeschlossen wurden, um der Menschheit den Aufstieg in die 5. Dimension zu ermöglichen, kann dieser vollzogen werden, und er wird wie angekündigt zum 21. Dezember 2012 erfolgen. Damit ist der Aufstieg jedoch noch nicht abgeschlossen – ihr befinden euch zwar in der nächsthöheren Dimension mit einem veränderten Bewusstsein, doch ist die Menschheit noch lange nicht am Endziel ihrer Entwicklung angekommen. Es ist erst der Anfang einer weiteren Entwicklungsreise, die die Menschheit antritt.

Dazu ist zu bemerken, dass sich die Menschheit über einen längeren Zeitraum – für einige Inkarnationen – in der 5. Dimension aufhalten wird und bereits schon ein völlig anderes Leben führen kann, als es ihr bisher möglich war. Sie kann sich darauf verlassen, dass ihr Überleben auf jeden Fall gesichert ist und dass es keinerlei Bedrohungen ihrer Existenz mehr gibt. Die schöpferische Kraft der Menschen ist mehr als ausreichend, um sie auf Dauer hier zu halten und ihren Heimatstern zu pflegen. Die Menschheit beginnt sich dann langsam auf andere Planeten im Universum auszubreiten und verändert dadurch ihr Erscheinungsbild. In der 5. Dimension kann der Mensch seine Fähigkeiten voll zum Einsatz bringen und ist zu vielen Schöpfungen in der Lage – er wird dies auch sehr eifrig tun, doch in seinem Innersten weiß er, dass dies nur ein weiterer Entwicklungsschritt ist, der ihn der Rückkehr zur absoluten göttlichen Einheit näher bringt. Weil der Mensch dies bereits weiß, wird er diese Phase verhältnismäßig schnell durchlaufen und sich auf den Aufstieg in die nächste Stufe vorbereiten. Zu diesen Vorbereitungen zählen nicht nur die Übungen im Erschaffen weiteren Lebens auf der Erde und im Universum, sondern weit intensivere Aktivitäten, die mit seiner geistigen Entwicklung zu tun haben.

Die geistigen Fähigkeiten des Menschen sind bereits jetzt enorm – und sie vergrößern sich dadurch, dass der schöpferische Geist intensiv genutzt wird und dazu beiträgt, dass die Erde erblüht und voller Leben erstrahlt. Doch beinhalten sie noch weit mehr Kapazitäten – und dies betrifft die Erforschung und Anwendung der Verbindungen, die er zu allem auf der Erde bzw. im Universum hat. Die Verbindungen, die zwischen allen und allem existieren, ermöglichen die Kommunikation zwischen allen und allem. Seine kommunikativen Fähigkeiten sind so stark ausgeprägt, dass der Mensch mit allen Wesen selbst im entferntesten Winkel des Universums kommunizieren kann.

Diese Fähigkeit ist eine ganz besondere Gabe, und Medien wie der Autor dieses Buches verfügen darüber bereits bewusst – alle anderen tragen diese Fähigkeit noch im Verborgenen in sich. Damit diese Fähigkeit ans Tageslicht und zum Einsatz kommen kann, muss der Mensch zuerst akzeptieren, dass er sie hat und gebrauchen kann. Sie wird sich in großem Ausmaß zu einer globalen Fähigkeit entwickeln, mit der der Mensch eine Art globalen Denkprozess einleiten kann, in dem er die Welt auffordert, eine Schöpfung zu vollziehen und sich daran zu beteiligen, unabhängig davon, wo die einzelnen Menschen wohnen. Ein globales Denkkonzept, das alle Informationen beinhaltet, die der Einzelne braucht, um sich an der Schöpfung zu beteiligen. Dies funktioniert in der Art, dass ein gewollter Schöpfungsakt von einer kleineren Gruppe mental ins Gedankennetzwerk gestellt wird und dieser von sich aus Mitwirkende sucht, die sich daran beteiligen möchten. Alle Mitwirkenden sehen dazu eine Vision, die das gesamte Spektrum der Schöpfung beinhaltet. Diese Technik ist von größtem Wert, denn der Mensch braucht für seine Schöpfungen eine gewisse Anzahl von Mitwirkenden, damit ein Ergebnis überhaupt zustandekommen kann.

Die Technik im Detail werden wir hier noch nicht beschreiben – es soll jedoch schon einmal ein Hinweis darauf sein, dass sich die

Menschen nicht einfach nur in der Gewissheit ausruhen können, dass sie sich nach dem erfolgten Aufstieg in die 5. Dimension nur noch um ihr Wohlergehen zu kümmern brauchen, sondern dass ihr Schöpfungsauftrag weit mehr umfasst und niemals endet!

So bekommt ihr schon einmal eine gewisse Vorstellung davon, was euch in den nächsten Entwicklungsstufen alles erwartet – der Gebrauch und Ausbau eurer geistigen und eurer schöpferischen Fähigkeiten, die alle zusammen nur ein einziges Ziel verfolgen – den Menschen zu dem zu machen, was er bereits ist: der Schöpfer selbst!

Frage: Welche weiteren Entwicklungsschritte warten noch auf uns?

Antwort: Du hast Recht – auf euch warten weitere Entwicklungsschritte, doch keiner von ihnen wird in seiner Tragweite und universellen Bedeutung so großartig sein wie der, der euch unmittelbar bevorsteht. Die nächsten Schritte werden euch dem Endziel der Verschmelzung mit der Urquelle allen Seins immer näher bringen, doch jetzt bleiben wir vorerst dabei, dass ihr Menschen mit dem Erschaffen neuen Lebens beginnen könnt – die weiteren Stufen werden eure Fähigkeiten weiter ausbauen, doch dazu weitere Details zu übermitteln, ist jetzt nicht der richtige Zeitpunkt. Fest steht, dass ihr bald erstmals in eurer vollen Schöpfermacht tätig werden könnt und dass ihr die nächste Zeit dazu benutzen werdet, um euch darin zu üben.

Im Vorfeld empfangene Botschaft

Die ganze Welt wartet auf den großen Tag, an dem die Erde und ihre Bewohner in die nächste Dimension der menschlichen Entwicklung aufsteigen. Der Tag kommt mit großen Schritten näher und kündigt sich immer deutlicher durch entsprechend intensive Erscheinungen an. Diese sind vielfältiger Natur, und überall kann man erkennen, dass der große Wandel bevorsteht. Die großen Nationen haben begonnen, sich ein neues Bewusstsein in Bezug auf ihre Umweltpolitik zuzulegen, auch wenn die ersten Ansätze noch etwas zaghaft sind. Es wird immer weniger Krieg geführt, und in alten Krisenherden wird verstärkt nach Lösungen zur endgültigen Befriedung gesucht und sehr bald auch gefunden. Die ganze Welt freut sich darauf, denn seit Menschengedenken gab es immer irgendwo auf der Erde kriegerische Auseinandersetzungen, weil die Einen glauben, dass sie mehr im Recht sind als die Anderen, und dieses Recht mit Gewalt durchzusetzen versuchen. Dass dies niemals funktionieren kann, ist den Akteuren jedoch nicht bewusst. Mehr und mehr werden sie jedoch erkennen, dass es auf Dauer wirklich keinen Sinn macht, sich gegenseitig zu bekämpfen, und so beginnen sie in der nächsten Zeit mehr die Gemeinsamkeiten zu suchen. Dies wird gelingen, auch wenn manch ein Mächtiger dabei seine Position verlieren wird, damit die Einigung zustandekommen kann.

Alle Welt ist in Aufruhr, denn es beginnt eine hektische Zeit, die viele Veränderungen mit sich bringen wird – alle sind von dieser Unruhe betroffen, denn die Energien auf der Erde befinden sich im Wandel, und ebenso wandelt sich das Bewusstsein der Menschen – sie bekommen zusehends Zugang zu neuen Arealen im Gehirn, die ihnen die Erkenntnis ermöglichen, dass sie alle zusammen eine Einheit bilden und diese Einheit für etwas ganz Großes bestimmt ist. Dieses Gefühl der Einheit wird dazu führen, dass die Menschen aufhören, sich gegenseitig zu bekriegen und zu übervorteilen. An ihre Stelle tritt der Gedanke, dass sie zusammen sehr viel mehr erreichen können als jeder Einzelne für sich alleine. Das ist der Schlüssel zu allen weiteren Entwicklungen, die demnächst auf der Erde stattfinden werden. Begrüßt all diese Veränderungen, denn sie bringen euch die Freiheit – eine Freiheit von unvorstellbarer Größe, die die Welt ganz neu definieren wird.

Der Schöpfer erwacht

Es ist an der Zeit, dass ihr alle zusammen erkennt, was und wer ihr eigentlich wirklich seid. Ihr könnt euch nicht mehr länger hinter euren Fassaden, die ihr feinsäuberlich zusammengezimmert habt, verstecken und verleugnen, dass ihr Geschöpfe Gottes seid und als solche von Anfang an dafür bestimmt wart, das schöpferische Werk fortzusetzen. Das Universum steht derzeit still und wartet auf euren Einsatz. Alle warten darauf, dass ihr euch von der Ebene des Menschen emporhebt und in die Ebene des Schöpfers aufsteigt. Ihr seid diejenigen, die dazu auserkoren wurden, das schöpferische Werk im Universum fortzusetzen. Ihr seid alle zusammen der Schöpfer und ihr habt euch selbst erschaffen, um euch als das zu erfahren, was ihr alle zusammen seid. Der Schöpfer hat sich geteilt, um in unzähligen Facetten sein eigenes Werk zu erfahren und über diese Erfahrung zu noch größerer Weisheit zu gelangen und mittels dieser Weisheit das Universum noch prächtiger und noch gehaltvoller erschaffen zu können. Ihr seid diejenigen, die die Planeten erschaffen haben, auf denen Leben existiert, und ihr seid diejenigen, die die Planeten erschaffen haben, auf denen künftig Leben entstehen wird – ihr wart auch diejenigen, die all das Drumherum geschaffen haben, damit das Bild einen wunderschönen Rahmen bekommt, der einerseits das Kunstwerk vollendet und es doch nicht in seiner Größe beschränkt, und so ist der Rahmen unendlich geworden und die unendlichen Weiten des Universums sind die unendlichen Möglichkeiten, die ihr euch selbst erschaffen habt, um Leben in allen unendlichen Weiten hervorzubringen. Dazu seid ihr geschaffen und all das werdet ihr weiter erschaffen und euer Werk niemals enden lassen.

Wenn ihr euch dessen bewusst seid, dass die Menschheit nur zu diesem einen Zweck erschaffen wurde, dann könnt ihr euer derzeitiges Leben sehr viel besser verstehen. Ich komme erneut darauf zurück und sage euch, dass das Leben auf der Erde nur einem einzigen Zweck gedient hat – ihr solltet Erfahrungen sammeln und diese mit Hilfe der Abenteuer, die ihr tagtäglich erlebt habt, zu einem Erfahrungsschatz ausbauen, der eure Weisheit zu einer Größe entwickelt, die euch die Schöpfung neuen Lebens ermöglicht.

Die größte Fähigkeit des Menschen ist derzeit die des Verdrängens – ihr habt euch darin über viele Jahre hervorragend geübt und dabei völlig vergessen, wer ihr wirklich seid. Dieses Verdrängen hat dazu geführt, dass alle Menschen glauben, dass sie ganz alleine auf der Erde sind und dass ihr nur dafür zu sorgen habt, dass ihr möglichst lange lebt und das Leben genießen könnt. Damit euch das nicht allzu leichtfällt, habt ihr euch eine Geißel ans Bein gebunden, und die nennt ihr Geld – eine Geißel sonderbarer Größe – sie besteht in Wahrheit aus gar nichts, denn Papier ist vergänglich, so wie das Leben selbst, doch ihr seid imstande, diese Geißel so lange mit euch herumzutragen, bis ihr diese Welt wieder verlasst und euch zurückbegebt zu eurem Ursprung. Ihr könnt diese Geißel aus eigener Kraft gar nicht mehr ablegen, denn ihr glaubt immer wieder, dass es unbedingt notwendig ist, allem einen Wert beizumessen. Dieser Wert in Form von Geld ist genau die große Gefahr, die ihr eurer Entwicklung gegenüberstellt. Ihr büßt deshalb derzeit großartige Möglichkeiten ein, die alle nur vom Geld verhindert werden. Ihr habt so vieles nicht getan, weil euch das Geld im Wege stand und ihr könnt euch eine Welt ohne Geld gar nicht mehr vorstellen. Alles muss seinen Wert haben – glaubt ihr zumindest, und ich sage euch – ja, es ist richtig – alles hat seinen Wert, und zwar genau den Wert, den ihr ihm beimesst, und deshalb liegt es auch in eurer Macht, von all dem Bewerten Abstand zu nehmen und euch auf das zu besinnen, worum es denn wirklich geht. Entwickelt eure Herzen und bewertet nur noch nach den Gesichtpunkten, die euch euer Herz vorgibt. Bewertet nur noch danach, ob euch etwas für eure

Entwicklung dienlich ist oder nicht – bewertet nur noch, ob es eurem Herzen guttut oder ob es dies nicht tut, denn dann wisst ihr sofort, ob etwas einen Wert hat oder nicht.

Der Wert einer Sache ist nur darin zu finden, ob es seiner Entwicklung dient oder nicht – das ist das einzige Maß, was es überhaupt noch auf der Erde geben sollte – werft euer Geld über Bord, und ihr werdet feststellen, dass das Leben ganz einfach sein kann – werdet diese Geißel los und ihr seid alle frei! Das größte Gefängnis heißt Geld – ihr seid alle in diesem System gefangen und leistet quasi Zwangsarbeit für das Geld – ihr seid verhaftet und könnt euch nicht mehr befreien, denn ihr alle glaubt, dass ihr Geld braucht, um zu überleben. Ich sage euch, um zu überleben, braucht ihr etwas zu essen und ein Dach über dem Kopf – das ist so ziemlich alles, was ihr benötigt, doch das habt ihr völlig vergessen. Kehrt zurück zu dem Ursprung, als das Leben überhaupt begonnen hat – da brauchtet ihr nur Wasser und pflanzliche Nahrung – und schon war alles in Ordnung, ihr hattet genug zu essen und genug zu trinken, damit euer Kreislauf am Leben erhalten werden konnte – heute braucht ihr dafür unbedingt Geld – ich sehe aber in euren Blutbahnen keine Geldscheine herumschwimmen – da schwimmen nur Nährstoffe und Wasser – alles andere wird hier nicht benötigt.

Ihr habt es euch im täglichen Leben leichter gemacht, euch gewisse Hilfsmittel zurechtgezimmert und euch Häuser und Wohnungen gebaut, damit ihr im Winter nicht friert oder nass werdet, wenn es regnet. Das habt ihr wunderbar gemacht, doch habt ihr geglaubt, dass das alles nur mit Geld möglich ist, und das war euer großer Irrtum – dadurch habt ihr dafür gesorgt, dass Millionen in Slums leben, kaum frisches Wasser haben und mehrere Generationen zusammengepfercht auf engstem Raum von der Hand in den Mund leben. Ihr habt das nur mit eurem Geld gemacht, und jetzt habt ihr die Möglichkeit, euch wieder davon zu verabschieden.

Die Ereignisse der kommenden Monate werden euch darauf aufmerksam machen, was ihr da alles geschaffen habt – ihr werdet damit nicht mehr wirklich zufrieden sein und beginnen, dieses Werk abzuändern. Ihr seid die Schöpfer, und ihr habt es in der Hand, dafür zu sorgen, dass die Menschen wieder frei sein können und sich nur noch um das zu kümmern brauchen, was sie in ihrer Entwicklung vorwärtsbringt. Haltet zusammen und sorgt dafür, dass für alle genug da ist, denn die Erde hat mehr als genug für alle zu bieten – ihr könnt trotzdem euer angenehmes Leben mit allem Komfort weiterführen, doch haltet zusammen und sorgt dafür, dass jeder das gleiche Recht hat, dann wird es auch möglich sein, Häuser zu bauen und frisches Trinkwasser zu beschaffen, ohne dass man dafür Geld braucht.

Nehmt das Geld und verbrennt es in euren Öfen, dann habt ihr es zumindest kurzfristig schön warm und euer Geld bekommt eine sinnvolle Verwendung. Nutzt die Gelegenheit der Vorkommnisse auf der Erde, um euch davon zu verabschieden. Ihr werdet in der nächsten Zeit genug Möglichkeiten haben, um euch darauf zurückzubesinnen, was ihr alle zusammen seid. Ihr könnt euch entscheiden, wie das Leben auf der Erde weitergehen soll – ihr seid der Schöpfer, und ihr könnt alle zusammen diese Entscheidung treffen. Nutzt die Gelegenheit – wir unterstützen euch dabei –, ihr habt jetzt die Chance, das Leben auf der Erde in einem völlig neuen Licht darzustellen, und ihr werdet die Armen genauso reich machen, wie ihr Reichen es seid, dann gibt es keine Unterschiede mehr, und ihr könnt endlich zur Kenntnis nehmen, dass der Nächste – egal, welche Hautfarbe oder Abstammung er hat, und egal, welche Sprache er spricht – genauso ein Teil von Gott ist, wie ihr es seid. Dann könnt ihr euch mit ihm zusammentun und etwas völlig Neues erschaffen. Nutzt die Gelegenheit, um der Welt zu zeigen, dass ihr die Schöpfer seid und dass ihr nicht länger die Geißel an eurem Bein tragen wollt und dass ihr das seid, wozu ihr euch selbst gemacht habt – ihr seid Gott, der Schöpfer!

Frage: An welchen Möglichkeiten hat uns unser Geld gehindert, was haben wir alles wegen des Geldes nicht getan, und wo wären wir heute, wenn wir kein Geld und keine sonstigen Zahlungsmittel hätten?

Antwort: Die Möglichkeiten, die ihr alle zusammen gehabt hättet, wären unendlich viele, denn denkt doch nur einmal darüber nach, was ihr alles tun würdet, wenn ihr für gar nichts bezahlen müsstet! Die Möglichkeiten, die sich da ergeben, sind so ungeheuer vielfältig – und es ist im Nachhinein betrachtet eine furchtbare Angelegenheit, dass der Mangel an Geld alles verhindert hat. Ihr wäret heute in eurer Entwicklung so dermaßen weit fortgeschritten, und ihr hättet die Erfindungen, die ihr alle zusammen hättet machen können, schon seit vielen Jahrzehnten in Betrieb, und ihr hättet alle zusammen ein Leben ohne Mangel an irgendetwas. Ihr wärt schon soweit in eurer spirituellen Entwicklung, dass ihr nicht einmal daran denken müsstet, der Mutter Erde all das zurückzugeben, was ihr ihr genommen habt, denn ihr wärt schon viel früher draufgekommen, dass die Mutter Erde nicht nur einfach ein Planet aus Stein ist, sondern ein Lebewesen mit einem wachsamen Geist, der euch so viele Sachen zu erzählen hat, die euch in eurer Entwicklung so viel weiterbringen könnten, wenn ihr da nicht immer wieder an die Grenzen eures Geldes gestoßen wäret. Ihr hättet einen Wohlstand entwickelt, der alle Menschen in allen Ecken der Erde mit einbeziehen würde, und ihr hättet eine blühende Natur, die euch so dermaßen viel Freude bereiten würde, dass das Leben außer schön nur noch schöner sein könnte. All das habt ihr mit eurem Geld ruiniert – ihr habt euch so sehr darauf konzentriert, dass es nichts Wichtigeres mehr gegeben hat, und deshalb seid ihr soweit gekommen. Das Ergebnis eures Denkens über die Wichtigkeit von Geld hat zu dem geführt, was ihr heute als Dilemma anseht – euch ist heute allen bewusst, dass ihr dringend etwas gegen die Umweltverschmutzung und gegen die Zerstörung der Atmosphäre tun müsst, doch fehlt euch wieder einmal das Geld, um euren Planeten zu retten. Soweit habt ihr es gebracht, und deshalb muss das Geld sein Ende finden.

Frage: Du hast schon im Buch „Die Gesellschaft 2015" kaum Details über die Ereignisse der nächsten Zeit sagen wollen – ich versuche es erneut und frage dich: Kannst du uns bitte mehr über diese Vorkommnisse und die Schritte erzählen, die dazu führen werden, dass wir unser Geld aufgeben?

Antwort: Der Grund, warum ich euch diesbezüglich noch etwas im Unklaren lasse, liegt auf der Hand, denn wenn ihr alle wüsstet, dass zu einem bestimmten Zeitpunkt ein gewisses Ereignis eintreten wird, dann wärt ihr darauf vorbereitet und hättet die Gelegenheit, euch und euer Finanzsystem dagegen abzusichern. Deshalb dürft ihr nicht genau erfahren, was alles auf euch zukommt. Die einzelnen Schritte, die zum völligen Kollaps der Währungen führen werden, sind vielleicht etwas weniger wichtig, darüber könnt ihr gerne ein paar Details erfahren. Die Weltwirtschaft hat ein sensibles Detail, das sich Banken nennt. Von hier sind die letzten Krisen alle ausgegangen, und das wird auch künftig so sein. Die ersten Zusammenbrüche wird es in Amerika geben, von dort aus gelangen dann die unmittelbaren Folgen in die ganze Welt, und erneut erwischt es die Banken, die ihre Glaubwürdigkeit einzubüßen beginnen. Eine Krise zwischen den Banken ist immer eine fatale Angelegenheit, denn das Vertrauen, dass das verliehene Geld jemals wieder zurückkommt, das ist sehr schnell verloren. Ihr könnt dieses Vertrauen auch nicht mehr weiter stützen, indem die Staaten dafür garantieren. Der Grund dafür ist, dass auch die Staaten schon mit zu vielen Haftungen belastet sind und auch ihre finanzielle Glaubwürdigkeit in Frage steht. Der nächste Schritt ist der Zusammenbruch des Handels zwischen den Banken, und daraufhin stürzen auch die Finanzmärkte ins Bodenlose. Eine Vertrauenskrise sondergleichen steht euch bevor, und ihr werdet erleben, dass alles zum Erliegen kommt, nur weil die Banken nicht mehr funktionieren. Der Schluss, den ihr daraus ziehen werdet, ist der, dass das System der Banken nicht mehr aufrechtzuerhalten ist, und ihr werdet daraufhin alle zusammen klar entscheiden, dass ihr das ganze System aufgebt, und dann kehrt vorübergehend völlige Ratlosigkeit ein, bis einer aufsteht und sagt: Wozu brauchen wir das Geld denn überhaupt? Dann ist der Zeitpunkt gekommen, wo alle darüber nachdenken, wie ein Leben ohne Geld funktionieren könnte, und dann ist der halbe Weg bereits geschafft. Die Wirtschaft bricht zusammen, und es gibt Engpässe bei der Versorgung der Menschen – viele werden beginnen, sich mit Lebensmitteln einzudecken, solange es noch welche gibt, doch dann geht das Dilemma weiter – die Produktion der Lebensmittel läuft ja nach wie vor weiter, denn eure Felder habt ihr ja bestellt und sie tragen ihre Früchte und diese wollen geerntet und den Menschen als Nahrung zur Verfügung gestellt sein. Wenn sie euch fehlen, ist der Zeitpunkt gekommen, dass ihr darüber nachdenkt, die Nahrungsmittel trotzdem zu ernten und zur Verfügung zu stellen, ganz so wie ihr es immer gewohnt wart, doch jetzt gibt es dafür eben kein Geld mehr. Als Dank gibt es die Anerkennung derer, die ihr damit versorgt habt und die euch deshalb mit ihrem Segen belohnen. So entsteht ganz nebenbei das Versorgungssystem der Zukunft, und ihr werdet feststellen, dass es keinen Grund gibt, unbedingt Geld zu haben, denn wenn alles kostenlos verfügbar ist, dann wird jeder sich so viel nehmen, wie er selbst benötigt, und den Rest an alle die weitergeben, die einen Mangel haben. Damit ist der Ausgleich geschaffen, und ihr stellt fest, dass mehr als genug für alle da ist!

Im Vorfeld empfangene Botschaften

Begreift die Erde als das, was sie sein soll – ein Schöpferstern. Vereint euch mit eurer Mutter Erde und bringt ihr all das, was sie benötigt, um wieder zu dem zu werden, was sie sein soll – ein Schöpferstern, der unendlich viele Formen von Leben hervorbringt. Ihr seid die Bewohner dieses Sterns, der sehr bald mit euch gemeinsam das vollbringen wird, wozu ihr geschaffen seid. Ihr werdet alle zusammen unter Mithilfe von Mutter Erde neues Leben auf der Erde und im Universum erschaffen. Löst euch aus der Abhängigkeit eurer fiktiven materiellen Zusammenhänge und ihr könnt dadurch alles erschaffen, was euch in den Sinn kommt. Seid das, was ihr immer schon wart – Geschöpf Gottes und der Schöpfer in einem. Ihr seid das, was ihr euch erwünscht – ihr wisst es nur noch nicht bzw. habt es bisher nicht in Erwägung gezogen, dass es so sein könnte. Ich sage euch dies nun in aller Deutlichkeit – ihr seid der Schöpfer selbst – ihr seid Gott, wie ihr die höhere Macht zu bezeichnen pflegt – ihr seid der Schöpfer selbst, und es stehen euch alle Möglichkeiten zur Verfügung, um das Leben in der Form zu erschaffen, wie ihr es euch wünscht.

(Weihnachtsbotschaft vom Donnerstag, den 24. Dezember 2009)
Auf der Welt findet derzeit ein wunderbares Fest statt – viele Teile der Erde feiern Jesu' Geburt. Ein wunderbares Fest, das die ganze Liebe des Schöpfers zum Ausdruck bringen soll. Alle Vorbereitungen laufen auf Hochtouren und die ganze Welt freut sich wieder auf den besonderen Tag, an dem der Erlöser geboren wurde. Doch er war in Wahrheit kein Erlöser, denn die Menschen brauchen nicht erlöst zu werden, denn sie sind der Schöpfer selbst. Jesus wurde vielmehr geboren, um der Menschheit vor Augen zu führen, wozu sie selbst imstande ist, und ihr zu zeigen, dass sie selbst der Schöpfer ist. Lediglich die Gedanken der Menschen hindern sie daran, all das zu sein, was Jesus verkörpert hat. Diese Botschaft ist wahrscheinlich die wichtigste, die die Menschheit überhaupt empfangen kann. Nehmt euch das Beispiel Jesu zu Herzen und seht, was er alles vollbracht hat, denn ihr könnt Gleiches tun und noch viel mehr! Dieses Fest sollte euch eine Erinnerung an eure Abstammung sein sowie an eure Fähigkeiten, mit denen ihr wie Jesus geboren wurdet. Hegt saubere Gedanken, und ihr werdet dazu imstande sein, euch die Welt zu erschaffen, die ihr haben möchtet.

Euer „Erlöser“ war nichts anderes als ein lebendiges Beispiel dafür, dass ihr Menschen für Höheres bestimmt seid, als nur auf der Welt zu sein und zu überleben, solange es möglich ist. Ihr seid auf die Erde gekommen, um wahrlich Großes zu vollbringen. Noch habt ihr die ganze Macht, die ihr von Geburt an euer eigen nennt, erst im Ansatz dafür einsetzen können, wofür sie bestimmt ist. Eure schöpferische Macht ist unvorstellbar groß, und ihr müsst lernen, sie entsprechend einzusetzen. Eure Gedanken sind so mächtig und können aus eurer Sicht Wunder vollbringen. Nutzt dieses Instrument eurer Gedanken und zähmt sie, um sie lediglich dafür zu benutzen, die höchstmögliche Form der Liebe zum Ausdruck zu bringen. Ihr seid der Schöpfer und ihr habt die Macht, Wunder zu vollbringen. Benutzt eure Gedanken und macht der Welt ein Geschenk – seid das, was ihr von Geburt an immer schon gewesen seid – seid der Schöpfer und bringt die Liebe über diesen Planeten – er wird daraufhin erblühen und euch tausendfach eure Liebe zurückgeben.

Die Welt kehrt sich um

Die Menschen haben verstanden, dass sie auf dem Weg zurück zum Ursprung sind. Dieser Weg war sehr lange, denn von der Geburt des ersten Menschen auf der Erde bis zum heutigen Tag oder besser bis zu dem Tag, wo die Menschen voll und ganz realisiert haben, dass sie selbst die Quelle aller Schöpfung sind, sind sehr, sehr viele Jahre vergangen. Diese schier unendliche Zeit war in Wahrheit nur ein einziger Augenblick, den der Schöpfer gebraucht hat, um alles in die Wege zu leiten, um sich selbst zu erfahren, sein Grundprinzip des Lebens am eigenen Leibe verspüren zu können und allen Möglichkeiten eines Wesens, das ausgestattet mit einem freien Willen ist, ausgesetzt zu sein.

Die Erfahrungswelt, die ihr Menschen durchlaufen habt, ist enorm! Ihr habt im Laufe eurer Entwicklung vom einfachen Urmenschen, der Teil des natürlichen Entwicklungsprozesses und Unterworfener der Naturgesetze war, so unsagbar viele Entwicklungsstufen durchlaufen und konntet so eine unendliche Zahl an Erfahrungen sammeln, die euch zu dem machten, was ihr schon immer gewesen seid, doch um ein Vielfaches reicher an Erfahrung und Weisheit. Diese Weisheit dient euch jetzt dazu, neues Leben zu erschaffen, das mit einer großen Weisheit ausgestattet werden kann, die euch auf eurem Entwicklungsweg noch nicht zur Verfügung stand. Ihr könnt all eure Erfahrung den Wesen mit auf den Weg geben, die ihr auf anderen Planeten einsetzen werdet, um sie dort ihre weiteren Erfahrungen machen zu lassen. Ihr alle verfügt über einen enormen Schatz an Wissen, und ihr alle verfügt über die Weisheit, nur ein solches Leben zu erschaffen, das ausschließlich dazu da ist, die göttliche Liebe uneingeschränkt zum Ausdruck zu bringen.

Alle Pflanzen und alle Tiere auf der Erde sind in Wahrheit ein Teil dieser Schöpfung und dazu da, damit der Mensch sie in ihrer täglichen Lebensart beobachten und ihren Lebenswillen fördern und weiter ausbauen kann.

Ihr beginnt nun erneut, euch selbst zu erschaffen, und bevölkert weitere Planeten, die eine ähnliche Aufgabe wie die Erde haben und über unzählige Jahre eine Entwicklung absolvieren werden, die der der Erde vergleichbar sein wird. Die Erde wird Pate sein für die anderen Planeten, die nun ihrerseits diese Entwicklung absolvieren dürfen. Diese Patenschaft ist eine Vertrauenssache, denn ihr habt dann die volle Verantwortung für eure Schöpfungen, und ihr könnt davon ausgehen, dass die Eigendynamik, die diese Lebensformen entwickeln werden, sehr groß ist und es euch fordern wird, diese Entwicklung zu beobachten und im Falle der Notwendigkeit eines weiteren Entwicklungsschrittes entsprechend hilfreich einzugreifen, damit die Richtung der Entwicklung stimmt.

Das Spiel des Lebens beginnt erneut von vorne, und dieses Mal ist es die Erde, die Ausgangspunkt aller dieser neuen Schöpfungen ist und auf diese Weise weitere Planeten mit Leben erfüllt und nur ein einziges Ziel verfolgt – dem Leben Raum zu geben, damit ihr es erfahren könnt, und dem Leben die nötige Freiheit zu geben, damit es sich so entwickeln kann, wie es der Schöpfer vorsieht. Wenn ihr diese Aufgabe verstanden habt und wenn ihr die weiteren Entwicklungen eures Bewusstseins hinter euch gebracht habt, dann könnt ihr den nächsten Schritt machen und damit beginnen, euch als das zu fühlen, was ihr in Wahrheit seid. Beginnt langsam damit, euch vorzustellen, dass ihr zu all dem in der Lage seid. Und dann könnt ihr auch langsam in eure Gedanken einfließen lassen, dass ihr nicht nur dazu in der Lage seid, neues Leben zu erschaffen, sondern dass ihr selbst die Quelle allen diesen Lebens seid. Ihr seid die Quelle – ihr seid all das – ihr seid derjenige, der all das vollbracht hat – ihr seid der Ursprung allen Lebens – ihr seid die Quelle aller Schöpfung – ihr seid der Schöpfer selbst!

Dieser Ursprung hat euch zu dem gemacht, was ihr heute seid – ihr seid sehr weise Schöpfer geworden, die jetzt den nächsten großen

Schritt in ihrer Entwicklung vollziehen und ihr könnt euch jetzt darauf verlassen, dass all das, was ihr geschaffen habt, um euch das Leben schwer zu machen, auf der Stelle nicht mehr existiert.

Das Nächste, was ihr euch selbst Gutes tun werdet, ist die Abschaffung aller Einrichtungen, die euch daran hindern, das Leben in seiner ganzen Pracht zu erfahren. Es ist die Zeit gekommen, die euch die ganze Freiheit zurückgibt und die euch die ganze Freiheit auch ausleben lässt. Ihr tragt heute eine Reihe von Fesseln, die ihr euch selbst auferlegt habt. Diese Fesseln könnt ihr jetzt ablegen, und dann habt ihr die Freiheit, alles zu tun, wonach euch gerade ist, und ihr habt die Freiheit, endlich ganz frei und an nichts und niemanden mehr gebunden zu sein. Ihr werdet diese Freiheit genießen, und ihr habt sie euch auch verdient. Wir haben euch so lange in diesem Zustand belassen, damit ihr die höchste Ausprägung dessen erfahren könnt, was ihr nicht seid, damit ihr nie wieder auf die Idee kommt, etwas zu erschaffen, das auch nur annähernd einen Millimeter davon abweicht, was ihr als der Schöpfer für alles Leben bestimmt habt – die uneingeschränkte und bedingungslose Liebe. Das ist die höchste und zugleich einzige Vorgabe, die das Leben mit auf den Weg bekommt – der Rest ist dann der freie Wille, den jedes Geschöpf selbst ausleben darf, so wie ihr es ausleben durftet und auch weiterhin könnt. Freut euch auf die neue Welt, denn ihr habt sie euch bereits im Vorfeld genau so erschaffen – es ist der Entwicklungsweg, der von Anfang an genau so vorgesehen war, und es hat niemals einen Zweifel daran gegeben, dass ihr genau diese Entwicklung machen würdet. Jetzt ist der Zeitpunkt gekommen, dass ihr die ganze Wahrheit über euch selbst erfahrt. Es ist genug Zeit in der Getrenntheit verbracht worden, und ihr wisst jetzt, was es bedeutet, den göttlichen Grundgedanken nicht in allen Handlungen zum Ausdruck zu bringen – das habt ihr alle zusammen ausgiebig erfahren.

Wenn die Menschheit all diese Erkenntnisse verinnerlicht hat, dann ist sie reif für die nächste Stufe ihrer Entwicklung. Dann geht es darum, all die Erkenntnisse in die Tat umzusetzen und all das rückgängig zu machen, was bisher dem göttlichen Urgedanken und der göttlichen Vorgabe widersprach. Die Menschen werden alles heilen, was sie jemals der Erde oder anderen Menschen angetan haben – eine Heilung von ganz besonderem Ausmaß, denn Heilung erfährt die gesamte Welt, und alle zusammen führen sie durch und können daraus weitere interessante Erfahrungen ableiten. Alles kehrt zurück zu seinem Ursprung – alle werden die Quelle als heilsam empfinden, und alle werden glücklich sein, dass sie selbst es waren, die sich diesen Entwicklungsweg erschaffen haben. Wie gesagt waren nicht alle Erfahrungen auf dieser Erde von positiven Gefühlen begleitet, denn die Erfahrungswelt, die ihr durchlaufen habt, war gekennzeichnet von der Getrenntheit – einem Bewusstseinszustand, der euch alle als einzelne Individuen empfinden und ein Verhalten an den Tag legen ließ, das dem Einzelnen Vorteile gegenüber den anderen einbringen sollte.

Jetzt aber ist die Zeit gekommen, dass ihr die Informationen bekommt, die ihr braucht, um die Umkehr durchzuführen – ihr habt sie jetzt in Händen, und ihr könnt beginnen, euch und die ganze Welt zu heilen. Ein Ritual, das über einen längeren Zeitraum in unterschiedlichster Form zur Anwendung kommen wird. Ihr werdet euch all den Dingen zuwenden, mit denen ihr letztlich nicht wirklich glücklich gewesen seid, und ihr werdet alles heilen, das der Heilung bedarf.

Nun ist es an der Zeit, dass all jene Menschen, die schon seit vielen Jahren zu wissen glauben, dass die Erde ein ganz anderes Ende nehmen wird, als die düsteren Prophezeiungen der Wissenschaftler voraussagen, aufstehen und jetzt hinausgehen und verkünden, dass sie Teil dieses Wandels sind und dass sie diesen Wandel unterstützen, damit die Menschheit möglichst bald zu dem zurückkehren kann, was sie schon immer gewesen ist. Alle Menschen, die schon immer gewusst haben, dass es ein gutes Ende mit dieser Geschichte nimmt, sind jetzt aufgefordert, all denen beizustehen, die etwas länger brauchen, um zu realisieren, wer sie in Wahrheit sind. Geht hinaus und verkündet allen die frohe Botschaft, und ihr werdet sehen, dass alle sagen werden, dass sie es schon immer gewusst haben, doch niemand sich traute, zu glauben, was ihm sein innerstes Gefühl gesagt hat. Ihr seid der Schöpfer selbst und ihr seid eure eigenen Geschöpfe!

Im Vorfeld empfangene Botschaft

Die Welt beginnt sich auf die neue Ära einzustellen – alle Menschen spüren eine Veränderung, auch wenn sie nicht genau beschreiben können, was sich alles verändert hat und was noch alles auf die Menschen zukommen wird. Dieses Gefühl der Veränderung ist nicht nur ein Gefühl – ihr alle wisst schon seit geraumer Zeit, dass die Welt auf ein neues Zeitalter zusteuert und die Entwicklung der Menschen sehr weit voranschreiten wird. Ihr alle könnt es spüren – die Schwingungen auf der Erde haben sich deutlich erhöht, und sie steigen weiter – die Unruhe, die derzeit auf der Erde herrscht, entsteht daraus, dass die negativen Gedankenstrukturen mit einer hochschwingenden Energie an die Oberfläche getrieben werden und alles Negative ans Tageslicht kommt. Viele Menschen spüren all diese Energien und werden dadurch etwas unruhig – eine gewisse Nervosität, die dazu führt, dass all jene Schöpfungen der Menschen, die durch ihre Gedanken manifestiert wurden und nicht der höchsten Liebe entsprechen, jetzt deutlich sichtbar an die Oberfläche gelangen. Diese Öffnung des Negativen – dieses Ans-Licht-Treten bringt so viel Veränderung auf die Welt, wie es schon sehr lange nicht mehr geschehen ist. Diese Veränderung wird etwas Unruhe verursachen, und die Sünden an der Natur werden ebenfalls deutlicher sichtbar als je zuvor. Die Erde zeigt euch die Resultate der Getrenntheit klar und deutlich auf – ihr könnt erkennen, was alles in der letzten Zeit erschaffen wurde, und ihr könnt eure Erkenntnisse daraus ziehen und euch von der dunklen Seite abwenden und auf ein lichtes Zeitalter zubewegen, das ausschließlich dazu dient, die Schöpfermacht der Menschen in Erscheinung treten zu lassen. Dies nennt ihr das Goldene Zeitalter – es hat bereits begonnen, sich zu manifestieren. Freut euch darauf, denn ihr werdet entsprechend eurem Geburtsrecht das verkörpern können, was ihr seid!

Die Auferstehung der Toten

Die Menschheit hat im Laufe ihrer Entwicklung unzählige Inkarnationen absolviert. Unzählige Seelen sind zur Erde gekommen, um ihren Weg der Erfahrung und Entwicklung zu gehen. Die unterschiedlichsten Leben wurden gelebt, und die unterschiedlichsten Zeitepochen wurden besucht, um genau die Erfahrungen zu machen, die eine Seele braucht, um aus diesen vielen Inkarnationen all jene Erkenntnisse zu ziehen, die sie auf die höchste Entwicklungsstufe bringt. Diese Leben waren alle auf einen bestimmten Zeitraum begrenzt, sie haben mit der Geburt begonnen und mit dem Tod geendet. Die Seele selbst wusste immer, dass sie unsterblich ist, und sie hat immer darauf vertraut, dass sie auch in Gestalt eines Menschen unvergänglich ist. Sie hat das Abenteuer Leben als das betrachtet, was es ist – eine Erfahrung!

Jede Seele hat viele von diesen Erfahrungen gemacht und sie hat jede einzelne dazu benutzt, um am Ende in der Lage zu sein, den höchsten Ausdruck der Göttlichkeit in jeder einzelnen Sekunde und in jedem einzelnen Gedanken zu realisieren. Die Erfahrungen waren von unterschiedlichster Gestalt – manche sehr erfolgreich, manche von Misserfolg gekennzeichnet – viele mit großer Freude, ebenso viele mit großer Traurigkeit oder Schmerz verbunden. Oftmals war der Körper das Instrument, um Erfahrungen zu machen – in Form von Krankheiten, Gebrechen und sonstigen Verletzungen, wie z.B. durch einen Unfall. Die Dramatik des Lebens, wie ihr es wohl nennen würdet, war immer schon die Besonderheit an der Herausforderung, auf der Erde zu inkarnieren. Das war der ganze Reiz für eine Seele, die ja nur aus Licht besteht, nämlich die Möglichkeit zu haben, selbst zu spüren und zu erfahren, was es bedeutet zu leben.

Und doch gab und gibt es auf der Erde viele Momente, die ihr gerne für die Ewigkeit festhalten möchtet, doch habt ihr in Wahrheit schon immer gewusst, dass so etwas wie Ewigkeit unter dem Gesichtspunkt eines menschlichen Lebens nicht existiert. Aus der Sicht der Seele, die ja so viele Leben gelebt hat, gibt es die Ewigkeit sehrwohl, und genau diese vielen Momente werden für die Ewigkeit festgehalten, denn darin stecken die ganzen Erfahrungen und Erkenntnisse, die die Seele ja auf der Reise durch die vielen Leben machen wollte. Diese Ewigkeit ist es, die das Leben hervorgebracht hat, und genau diese Ewigkeit ist der Anhaltspunkt, den ihr braucht, um die Erfahrungen, die ihr auf der Erde heute und die nächste Zeit machen werdet, zu verstehen und festzuhalten an den Erkenntnissen aus diesen vielen Umständen, die euch widerfahren.

Ihr habt die vielen Toten beklagt und wart traurig über deren Ausscheiden aus eurem Leben – ihr wart oft zu Tode betrübt über den schweren Verlust, und ihr habt die Geliebten verabschiedet, fast so als ob es kein Wiedersehen mehr geben würde. Doch ihr wisst jetzt, dass ihr alle die geliebten Wesen, die ihr verloren habt, wieder treffen werdet, denn sie haben euch niemals verlassen – sie waren immer bei euch, und sie werden es immer sein. Sie haben lediglich diese Inkarnation beendet und sind aus dem Leben geschieden, um ihren Erfahrungsschatz zu vervollständigen. Dazu hat auch ihr Tod beigetragen, und sie sind höchstwahrscheinlich längst wieder auf der Erde, um erneut Erfahrungen zu sammeln. Nachdem euch das bewusst geworden ist, könnt ihr aufhören, euch um die geliebten Menschen zu sehr zu sorgen, und auch ein anderes Verständnis dafür entwickeln, dass ein Mensch vorzeitig oder auf tragische Weise aus dem Leben gerissen wird. Ihr habt das bisher nicht verstanden und wart traurig und entsetzt, warum gerade diesem geliebten Menschen so ein Schicksal widerfahren musste – ihr habt nach Gerechtigkeit verlangt und zutiefst bedauert, dass es nicht einen anderen, den ihr ohnedies nicht so gern habt, getroffen hat. Dies wird euch jetzt besser verständlich, da ihr versteht, dass dies alles nur ganz normale und voll und ganz beabsichtigte Erfahrungen sind, die die Seele auf ihrem Entwicklungsweg machen wollte. Jede Form von Tod gehört mit zur Erfahrungswelt einer Seele – ihr müsst euch daran erinnern, warum ihr überhaupt hier seid, und dann versteht ihr, dass es ein ganz normaler Prozess ist, den jeder von euch schon oft durchgemacht hat und wieder durchmachen wird. Ihr alle wart bereits in früheren Leben mehrfach Opfer oder sogar Täter und habt all das deshalb erfahren, weil es einfach zu eurer Erfahrungswelt dazugehört. In der Getrenntheit zu leben, war für viele oftmals eine schmerzliche Erfahrung, und Gefühle wie Wut oder Hass sind euch allen bekannt. Sie sind ein fixer Bestandteil eurer Erfahrungswelt und darum ist es auch völlig in Ordnung, wenn so etwas passiert. Es mag sein, dass es, isoliert betrachtet, eine furchtbare Geschichte ist, wenn ein Kind vorzeitig aus dem Leben gerissen wird, doch aus der Sicht der Erfahrungswelt der Seele ist es ein ganz normaler Prozess, dass ein Kind eine Krankheit oder einen Unfall erlebt, der vorzeitig zum Tode oder zu einem Leben mit Einschränkungen führt. Die Erfahrungswelt einer Seele beinhaltet auch solche, für euch sehr dramatische Umstände, die sie genauso gewollt hat.

Das ist die einzige Wahrheit, die ihr realisieren müsst, um die Dramatik des Lebens besser zu verstehen – achtet auf die Ereignisse, die rund um euch passieren, und fragt eure innere Stimme, warum genau das passieren musste, und ihr werdet eine Antwort finden, die euch ein besseres Verständnis der Umstände ermöglicht. Seid wachsam und ihr werdet überall die Handlungen der Seele erkennen – überall ist es klar und deutlich ersichtlich, dass viele Umstände, die ein Leben stark beeinflussen, aufgrund von Vorgaben der Seele passieren. Ihr alle könnt davon ausgehen, dass alle Lebenskrisen, die ihr erfahren habt, aufgrund von Ereignissen zustande gekommen sind, die eure Seele schon vor ihrer Inkarnation ausgewählt hat. Ihr habt als Mensch nur bedingt Einfluss darauf und müsst euch damit abfinden, dass die Erfahrungen gemacht werden müssen, denn so bestimmt es der Lebensplan jedes Einzelnen von euch, der, wie bereits gesagt, vor eurer Geburt festgelegt wurde. Nehmt auch zur Kenntnis, dass ihr selbst es wart, die sich genau dieses Leben ausgesucht und die sich diesen Körper zurechtgerichtet haben, um damit all jene Erfahrungen zu machen. Das ist das einzige wahre Geheimnis, das es zu lüften gilt in diesem Zusammenhang. Ihr selbst habt es so gewollt, und deshalb dürft ihr es hier und jetzt erfahren. Wie ihr damit umgeht, das ist die große Herausforderung, die euch im Geiste reifen lässt – ihr selbst entscheidet, was ihr aus der Erfahrung macht, und je früher ihr ihren wahren Hintergrund realisieren könnt und erkennt, warum ihr diese Erfahrung gemacht habt, desto früher kann die Serie von Erfahrungen gleicher Natur aufhören und ihr könnt wieder zurückkehren zu einer selbstbestimmten Lebensweise. Die Erfahrungen eures Lebens könnt ihr euch nicht aussuchen – das Dazwischen sehrwohl – und der Spielraum ist unendlich groß. Ihr seid auf diese Erde gekommen, um Erfahrungen zu sammeln, und ihr seid auf diese Erde gekommen, um flexibel darauf zu reagieren und euer Leben nach euren Vorstellungen zu gestalten. Tut dies aufmerksam und ihr werdet erkennen, dass gewisse Ereignisse unvermeidbar waren und aus einem ganz bestimmten Grund geschehen sind, auch wenn sie euch vielleicht nicht so sehr gefallen haben. Vergesst nicht, dass auch ebenso viele erfreuliche Ereignisse aus diesen Gründen geschehen sind und dass es ebenso viele glückliche Momente gegeben hat und immer wieder geben wird, die euer Leben bereichern. Seid erfreut darüber und nehmt jede Erkenntnis als solche an, und nehmt sie alle als das, was sie sind – Erfahrungen und Erkenntnisse zur Komplettierung eurer Weisheit!

Frage: Wenn so vieles vorbestimmt ist und wir Menschen uns unserem Schicksal fügen müssen, dann könnte dies so manchen völlig demotivieren und er könnte glauben, dass er sowieso völlig machtlos ist und deshalb sein Leben in die Hände des Schicksals legt und aufhört, selbstbestimmt und proaktiv zu sein – was sage ich denen, die so denken?

Antwort: Die Menschen, die so etwas glauben, denen sei gesagt, dass sie lediglich einige wenige schicksalhafte Erfahrungen machen werden, die einen großen zeitlichen Abstand voneinander haben – die

Zeit dazwischen ist genau die Zeit, in der der Geist des Menschen heranreifen soll und in der die vielen kleineren Erfahrungen gemacht werden sollen, die das Wesen Mensch erst ausmachen. Die großen Ereignisse sind ausgewählt worden, und zwar von euch selbst, und jetzt seid ihr aufgefordert, die Erfahrungen zwischen den großen Ereignissen zu machen, und euch bereichern und zusammengenommen einen großen Schritt auf eurem Wege zu einem liebevollen Menschen vorwärts bringen.

Die Erde brennt

Die Welt hat sich für das Neue Zeitalter sehr viel vorgenommen. Das Eine ist der Wandel im Bewusstsein der Menschen und die daraus resultierenden Veränderungen auf der Erdoberfläche – die Details haben wir bereits ausführlich dargelegt. Ein wesentlich interessanterer Prozess läuft hingegen im Erdinneren ab. Die Erde hat eine dicke Erdkruste, die auf einem siedend heißen Inneren schwimmt – ein flüssiger, glühendheißer Strom, der die Erde von innen heraus wärmt und das Leben auf der Oberfläche ermöglicht. Dieser Strom aus flüssigem Magma ist in ständiger Bewegung, und die Erdkruste befindet sich ebenfalls laufend in Bewegung. Die Kontinental-Platten bewegen sich jedes Jahr um einige Zentimeter, und dies ruft ständig gewisse Unruhezonen hervor, die entweder als Vulkanausbrüche oder als Erdbeben in Erscheinung treten. Das Leben in diesen Zonen ist risikoreich, immer wieder sind viele Geschöpfe durch diese Naturgewalten ums Leben gekommen. Damit dies künftig etwas einfacher und gefahrloser verlaufen kann, hat sich Mutter Erde etwas ausgedacht, um die Menschen und ihre Geschöpfe auf der Erdoberfläche gegen diese Einflüsse zu schützen.

Das ewige Feuer im Erdinneren ist angeheizt durch die enormen Energien, die im Erdinneren vorherrschen – laufend erneuern sich diese Energien und werden dadurch schier unendlich. Das ewige Feuer kann jedoch besänftigt werden, wenn die Menschen aufhören, sich vor diesen Naturereignissen zu fürchten, und stattdessen diese Energien zu mäßigen lernen, indem sie ihnen eine klare Aufgabe erteilen, sodass sie sich gemäß einem Auftrag verhalten und dadurch kontrollierbar werden. Der Mensch wird diese Energien in Abstimmung mit dem Geist der Mutter Erde kontrollieren und sie gezielt für das einsetzen, was im Augenblick erforderlich ist. Diese Anwendungen können vielseitig sein, denn je nachdem was die Menschen auf der Erde im Augenblick planen, wird diese Energie genutzt werden, um das Vorhaben zu unterstützen. Somit ist gewährleistet, dass diese Energien einer sinnvollen Aufgabe zugeführt werden und nicht mehr unkontrolliert in Erscheinung treten.

Die Bändigung der Erdenergien hat zur Folge, dass unvorstellbar viel Energie zur Verfügung steht, um alle Vorhaben in die Realität umzusetzen. Wann immer eine überdimensionale Energie benötigt wird, wird sie zur Verfügung stehen. Die Menschen lernen sie gezielt für ihre Zwecke einzusetzen und können auf diese Weise uneingeschränkt weiterwachsen und brauchen sich um ihre Energieversorgung nicht mehr zu sorgen.

Wenn der Mensch diesen enormen Vorrat an Energie zu nutzen gelernt hat, dann kann er sich glücklich schätzen, denn er wird sich nie wieder Gedanken machen müssen, welche fossilen Brennstoffe er braucht, um es sich zu Hause schön warm zu machen, und er braucht sich auch keine Sorgen zu machen, woher sein Strom für seinen Haushalt oder seine sonstigen Einrichtungen kommt. All das wird gewährleistet sein, denn die Mächte der Erde sind für den Menschen kontrollierbar geworden. Damit sind alle Energieprobleme auf der Erde gelöst und sehr bald kann der Mensch alle seine anderen Kraftwerke abschalten und umgestalten bzw. der Natur zurückgeben, was er ihr über die Jahre entnommen hat.

Für euch Menschen ist dies heute noch etwas schwer vorstellbar, denn ihr habt keine Vorstellung davon, wie die Prozesse im Erdinneren ablaufen – Mutter Erde wird es euch verraten, und sie wird euch auch die Lösung für eure Energieprobleme näherbringen, und ihr könnt dann beginnen, diese Energien umzuleiten und sie dafür auszulegen, wofür ihr sie braucht. Wenn Mutter Erde den Zeitpunkt als gekommen erachtet, dann wird sie euch in das Geheimnis der unbändigen Energien einweihen, und dann könnt ihr euch darum bemühen, diese Energien zu nutzen. Wichtig dafür ist, dass ihr zuvor euer Bewusstsein verändert habt, denn heute würde euch dieses Wissen gewiss nicht davon abhalten, es gegen andere Völker einzusetzen, und die Konsequenzen daraus kann sich jeder vorstellen.

Wenn sich die Welt auf die neuen Aufgaben eingestellt hat und der Stern Erde zu dem geworden ist, was er schon immer sein sollte, dann ist das Thema Energieversorgung schon lange gelöst, denn ihr bekommt diese Information schon verhältnismäßig bald, damit ihr die nötigen Erkenntnisse verarbeiten und in euer System integrieren könnt. Ihr werdet dabei intensiv unterstützt – Mutter Erde ist schon sehr neugierig, wie ihr auf diese Erkenntnisse reagieren werdet, denn sie werden euch zeigen, was man alles aus diesem Planeten machen kann, wenn man nur ausreichend Energie zur Verfügung hat.

Unterstützung gibt es auch von uns Engeln, denn wir sind ja, wie bereits im Vorfeld ausgeführt, immer mit euch, und das wird auch immer so bleiben! Ihr könnt euch darauf verlassen, dass die ganze Entwicklung, die hier skizziert wird, nur zu eurem Allerbesten gedacht ist und dass nichts und niemand jemals wieder auf die Idee kommen wird, der Menschheit irgendetwas anzutun oder sich für jemanden mehr einzusetzen als für alle anderen. Dadurch, dass ihr in eurem Bewusstsein eine Einheit bildet, werdet ihr auch in der Lage sein, dieses Wissen für euch zusammen zu nutzen. Nachdem ihr eine Bewertung vornehmt, die nicht mehr so wie heute auf dem Geld basiert, wird es auch keine Notwendigkeit mehr geben, sich etwa gegenüber den anderen zu bevorteilen.

Die Welt hat sich diese Entwicklung schon lange verdient, denn so viele Jahre lang hat der Mensch seine Erfahrungen sammeln dürfen, doch war er bisher immer in der Getrenntheit verhaftet, damit er all jene Erfahrungen auch machen konnte, die er brauchte, um sich zu einem vollkommenen Schöpfer zu entwickeln. Die Geschöpfe Gottes werden jetzt zu dem, was sie von Anfang an immer sein sollten, und darum haben wir es auch so vorgesehen, dass ihr diese Erkenntnisse über die Energien der Erde erst, nachdem ihr in die 5. Dimension aufgestiegen seid, zur Verfügung bekommt.

Frage: Ich wage es nicht, hier Details über die Energie der Erde zu erfragen, denn ich weiß, dass ich darauf jetzt keine Antwort erhalten werde – ich erlaube mir lediglich, um einen Hinweis zu bitten, wo unsere Wissenschaftler am besten zu suchen beginnen sollen?

Antwort: Den Hinweis, den du möchtest, gebe ich dir gerne – sucht nicht, sondern kontaktiert den Geist von Mutter Erde – sie wird es euch verraten.

Frage: Wofür werden wir diese Energie sonst noch einsetzen, woran wir heute vielleicht noch nicht denken?

Antwort: Ihr werdet diese Energien hauptsächlich für eure persönlichen Zwecke einsetzen. Ihr braucht für euer tägliches Leben eine Unmenge von Energie, und diese ist in der Erde vorhanden – ihr werdet lernen, sie zu nutzen und eure Energieversorgung für alle Zukunft sicherzustellen. Die Energie in der Erde wird nur zu eurem persönlichen Wohl beitragen – für eure Schöpfungen braucht ihr sie nicht, dafür reicht die Energie eures Geistes vollkommen aus.

Das Ende eines Aufstiegs

Wenn man von einem Ende spricht, dann meint man in der Regel, dass etwas hier und jetzt abrupt endet und nicht mehr voranschreitet – wir sprechen hier aber von einem Aufstieg, den die Menschheit gemeinsam mit ihrem Planeten absolviert. Und „Aufstieg" heißt, dass „nur" die Voraussetzungen geändert werden, es also keine geänderte Ausgangsbasis gibt. Diese Basis ist im Prinzip unverändert geblieben – es kommen lediglich ein paar Möglichkeiten dazu, die aber das ganze Spektrum der Möglichkeiten grundlegend verändern – die Basis ist immer noch die gleiche – der Planet existiert unverändert und die Menschen ebenso – der Unterschied liegt lediglich darin, dass die Menschen jetzt mehr wissen über ihre Herkunft, ihre Aufgabe als Menschen auf dem Planeten Erde und ihre weitere Entwicklungsstufe, auf die sie zusteuern.

Die Menschen haben aufgrund der veränderten Voraussetzungen jetzt eine völlig neue Aufgabe vor Augen und erkennen dadurch, dass sie ihre bisherigen Erfahrungen nicht umsonst gemacht haben, sondern dankbar dafür sein können, dass sie die Möglichkeit dazu hatten. Das ist eine wichtige Erkenntnis, denn darauf begründet sich die Möglichkeit der Heilung – die Menschen werden alle Ereignisse und alles, das seine Wunden und Narben hinterlassen hat, heilen.

Der Planet hat veränderte Voraussetzungen bekommen, denn er war zwar immer schon der Schöpferstern, der er jetzt bald wirklich sein wird, doch um diese Funktion eines Sterns ausüben zu können, benötigt er die Kooperation mit den Schöpfern, die auf ihm leben. Diese Voraussetzung ist jetzt bald gegeben, denn durch die Erkenntnis der Menschen darüber, wer sie sind, wird diese Zusammenarbeit mit der Mutter Erde, dem Schöpferstern, erst überhaupt möglich.

Wenn die Menschen beginnen, die Mutter Erde zu kontaktieren, um von ihr die genauen Informationen über die Entstehung der Erde und ihre ganze Entwicklung über die lange Zeit zu erfahren, dann hat das „Schauspiel der Schöpfung“ begonnen, denn Mutter Erde kann ihre ganzen Schätze preisgeben und den Menschen Informationen zur Verfügung stellen, die ihnen weitere unglaubliche Erkenntnisse ermöglichen. Das wird weitreichende Folgen haben, denn die Erde ist unsagbar reich an Erfahrung. Es gab unzählige Inkarnationen, die auf ihr stattgefunden haben, und alle diese Informationen sind nach wie vor vollständig vorhanden. Alle Ereignisse und alle daraus gezogenen Erkenntnisse sind jetzt bald für alle Menschen zu jeder Zeit abrufbar. Ein unglaublicher Schatz, den die Erde in sich trägt, und es ist die Aufgabe der Kristalle, auch die weiteren Ereignisse zu speichern und nach wie vor alles, was auf dieser Erde getan wird oder passiert, aufzuzeichnen. Es existiert eine riesige Datenbank, die alle Leben, die jemals auf der Erde gelebt wurden und werden, speichert.

Der Zugang zu diesen Daten wird zuerst die historisch interessierten Menschen begeistern, doch nach und nach werden alle beginnen, sich für die Schätze der Mutter Erde zu interessieren – dieses Mal sind es nicht ihre Bodenschätze, sondern die Schätze an Wissen, gesammelt über Milliarden von Jahren – bis ins kleinste Detail – alles ist vorhanden und alles steht zur Verfügung. Wenn die Menschen verstanden haben, dass dies der größte Schatz ist, den sie jemals erlangen können, dann haben sie genau den Entwicklungsschritt getan, um den es bei diesem Aufstieg geht. Das ganze Wissen ist der größte Schatz, den es überhaupt jemals geben wird bzw. gibt – ihr müsst ihn nur noch entdecken.

Wenn dies geschehen ist, dann werdet ihr alle zusammen vor Erstaunen kaum noch dazukommen, euch etwas anderes vorzustellen, als dieses unglaubliche Schauspiel der Schöpfung fortzusetzen – eine Begeisterung wird sich einstellen und ihr werdet alle zusammentreffen, um darüber zu sprechen und eure Gedanken über die künftigen Möglichkeiten miteinander austauschen. Alle jetzt so wichtigen Aspekte eurer Politik werden plötzlich völlig uninteressant sein – niemanden wird es jemals wieder interessieren, ob er die größte oder schönste Firma geschaffen hat, die es auf dem Planeten Erde gegeben hat – das Einzige, was euch noch interessieren wird, ist, wie ihr das Größte und Schönste mit eurer Schöpferkraft erschaffen könnt.

Wenn wir vom Ende eines Aufstiegs sprechen, dann meinen wir hier, dass das Ende gleichzeitig ein Anfang ist – ihr beendet euren Aufstieg durch weitere neue Erkenntnisse über euch selbst, und ihr beginnt, eure Tätigkeit als Schöpfer aufzunehmen und werdet sie niemals enden lassen, denn es gibt keine wunderbarere Aufgabe, als neues Leben entstehen zu lassen und die Voraussetzungen zu schaffen, damit sich dieses Leben in seiner ganzen Pracht entfalten kann.

Ihr habt von nun an die Gelegenheit, euch das wunderbare Werk des Lebens ganz im Detail anzusehen, und könnt eure eigene Entstehung nachverfolgen und daraus lernen, wie ihr das Leben auf der Erde an einen völlig unbekannten Ort im Universum transferieren und dort in einem ähnlichen Prozess noch größere und wunderbarere Schöpfungen entstehen lassen könnt, als es das Wunder Leben auf der Erde darstellt.

Die ganze Welt wird von dieser Erkenntnismöglichkeit beeindruckt sein – alle werden sich über viele Jahre mit der Erkundung dieses großartigen Schatzes der Mutter Erde beschäftigen – bis ins kleinste Detail analysieren, was genau alles an Erkenntnissen daraus zu ziehen ist. Ihr werdet alle zusammenhelfen und aus den einzelnen Epochen die Quintessenz herausarbeiten, und dann werdet ihr diese Informationen zusammenführen und daraus ein großartiges Werk erschaffen, das euch als Nachschlagewerk dient, auf das die ganze Welt zu jeder Zeit zugreifen kann.

Die ganze Pracht des Lebens ist in diesem Sammelwerk samt seiner Entstehungsgeschichte enthalten und ihr könnt anhand dieses Werkes alle einzelnen Entstehungsgeschichten nachvollziehen – das ist die Basis aller Schöpfungen, die es jemals auf der Erde gegeben hat. Ihr habt dieses Werk bereits im Rohzustand zur Verfügung – es schlummert in den vielen riesigen Kristallen, die auf der ganzen Welt oftmals tief im Fels verankert sind. Diese Kristalle sind alle miteinander vernetzt und tauschen gerne Informationen untereinander aus, damit der Nachfragende nicht unzählige Kristalle kontaktieren muss, um an Informationen zu kommen. Alle vernetzten Kristalle haben die gleiche Möglichkeit, an das gesamte Wissen heranzukommen.

Alle Menschen wissen daher sehr bald, dass sie auf diese Welt gekommen sind, um genau diese Schöpfung fortzusetzen und werden es auch sehr bald tun. Viele neue Geschöpfe werden entstehen, die bereits mit den vielfältigen Erkenntnissen gefüttert wurden, die der Mensch im Laufe seiner Entwicklung gewonnen hat.

So beginnt der Kreislauf des Lebens von Neuem, und dieses Mal kann der Mensch seine Erkenntnisse in alle seine Schöpfungen einfließen und daraus völlig neue Geschöpfe entstehen lassen, die letztlich nur ein einziges Ziel verfolgen – den Ausdruck der höchsten Göttlichkeit – ihres Schöpfers.

Frage: In diesem Kapitel deutest du eine Zeitspanne von vielen Jahren an, die die Menschheit brauchen wird, um den ganzen Schatz der Erde zu lüften und die Erkenntnisse daraus zusammenzufassen. Nachdem dies die Basis aller Schöpfungen sein wird, bin ich auch hier auf den Zeitpunkt des Abschlusses dieser Arbeiten bzw. den Zeitpunkt der Aufnahme der schöpferischen Tätigkeit der Menschen gespannt?

Antwort: Diese Frage kann man nicht generell beantworten, denn viele Faktoren sind in diesem Zusammenhang zu berücksichtigen – je nachdem wie gründlich ihr euch mit den Details beschäftigen möchtet und wie viele Menschen sich der Erforschung der Vergangenheit zuwenden, wird der Zeitpunkt da sein, zu dem ihr euer Nachschlagewerk abgeschlossen haben werdet. Grundsätzlich kann man sagen, dass in etwa ein Zeitraum zwischen 10 und 20 Jahren dafür benötigt wird. Der Beginn der Schöpfungen im klassischen Sinn wird sehr viel früher sein, denn Schöpfung heißt es ja nicht nur im Großen, sondern Schöpfung entsteht ja in jeder einzelnen Sekunde durch eure Gedanken – ihr werdet nur durch eure Gedanken viele Situationen und Umstände erschaffen können, die man mit Fug und Recht Schöpfungen nennen kann.

Frage: Verstehe ich richtig, dass alle unsere Leben, die wir auf der Erde geführt haben, sowie die Grundlagen der Schöpfung des Planeten bzw. Sterns Erde und aller Pflanzen und Tiere in den Kristallen gespeichert sind und der Geist von Mutter Erde uns den Zugang zu den Daten verraten wird, und bedeutet dies, dass wir alle Tiergattungen, die wir ausgerottet haben, wieder zurück auf die Erde bringen können?

Antwort: Völlig richtig, genau dazu werdet ihr in der Lage sein. Ihr könnt diese Informationen dazu benutzen, um eure Zerstörungen an der Tier- und Pflanzenwelt wiedergutzumachen.

Am Ende stehen wir wieder am Anfang

Die Menschheit hat ihr Ziel erreicht! Sie hat den Kreislauf des Lebens so lange durchlaufen, bis sie an den Punkt gekommen ist, wo sie so viele Informationen über das Leben gesammelt hat, dass sie dieses unendlich große Wissen dazu benutzen kann, um als das aufzutreten, was sie schon immer gewesen ist. Die Menschheit wird wieder zu dem, was sie von Anbeginn war: Die Menschheit ist der Schöpfer von allem, was ist!

Nachdem ihr Menschen diese grundlegende Botschaft verstanden habt, könnt ihr beginnen, euer Leben von Grund auf neu zu definieren – ihr könnt aufhören, das Leben als endlich zu betrachten, und ihr könnt aufhören zu glauben, dass ihr von den anderen Menschen getrennt seid – ihr könnt aufhören zu glauben, dass es notwendig ist, sich dem Anderen gegenüber einen Vorteil zu verschaffen – ihr könnt aufhören zu glauben, dass ihr auf diese Welt gekommen seid, um möglichst lange hier zu leben und dabei möglichst viel Reichtum anzuhäufen – ihr könnt aufhören, die Dramatik des Lebens als Ungerechtigkeit zu empfinden, denn in Wahrheit ist alles genau so vorherbestimmt worden und ihr alle habt es euch genauso gewünscht – ihr selbst wolltet es so haben, und ihr selbst habt entschieden, dass es sich so darstellen soll, wie es ist.

Alle Menschen sind von Gott erschaffen worden, denn alle Menschen sind nichts anderes als ein Teil von Gott, denn Gott hat sich in unzählige Einzelteile aufgeteilt und wollte über diese unzähligen Teile sich selbst erfahren in all seiner Pracht und in all seiner Güte und Liebe – ihr alle seid diese Teile, die alle zusammen wieder die Einheit ergeben – ihr seid dieser Schöpfer, und ihr alle zusammen habt die Macht, die Schöpfung fortzusetzen. Ihr habt die Möglichkeit, die Unendlichkeit dazu zu benutzen, der Göttlichkeit einen noch größeren Ausdruck zu verleihen, als es bereits jetzt im Universum geschieht. Ihr habt die Möglichkeit, euch selbst noch mehr als Schöpfer zu erfahren, indem ihr euch alle zusammen als Schöpfer fühlt und eure Schöpfermacht dazu benutzt, das Leben im Universum unendlich auszudehnen. Ihr habt die Unendlichkeit zur Verfügung, und ihr könnt in dieser Unendlichkeit alles erschaffen, wonach euch gerade ist, denn ihr seid diese unglaubliche schöpferische Kraft – ihr alle zusammen seid diese Macht, die alles erschaffen kann.

Ihr alle habt diese Macht bereits jetzt in euch, und ihr alle könnt sie jeden Tag aufs Neue benutzen. Durch die vorherrschende Schwingung auf der Erde gibt es noch ein paar Einschränkungen eurer Fähigkeiten, doch die Schwingung steigt weiter und ihr werdet feststellen, dass die Ergebnisse eures Wollens immer weniger lange auf sich warten lassen. Alles, was ihr erschafft, basiert immer nur auf euren Gedanken, und diese Gedanken sind das mächtigste Werkzeug, das euch zur Verfügung steht.

Macht euch diese Tatsache bewusst und ihr werdet aufhören, all das zu produzieren, was ihr derzeit in euren Schlagzeilen präsentiert bekommt. Hört auf damit und ihr werdet ein ganz anderes Ergebnis erzielen! Wenn ihr glaubt, dass ihr das Geld immer noch benötigt, um ein glückliches und sicheres Leben zu führen, dann werdet ihr es weiterhin brauchen, doch wenn ihr aufhört, das zu glauben, dann werdet ihr feststellen, dass ihr es nicht benötigt. Ihr benötigt lediglich Eines – das Vertrauen in eure schöpferische Kraft und das Vertrauen darauf, dass das Leben immer einen Weg findet. Ihr habt das Leben erschaffen, damit ihr selbst erfahren könnt, wie es sich anfühlt, und ihr habt das Leben erschaffen, damit ihr beobachten könnt, was es bedeutet, lebendig zu sein. Ihr habt das Leben erschaffen, damit ihr erkennt, was es heißt, Gott zu sein.

Alles, was ihr heute noch braucht auf dieser Erde, ist die große, vertrauensvolle Umgebung, die euch eure Göttlichkeit ermöglicht – alles, was ihr heute noch braucht, ist euer Gedankengut und die dazugehörige bedingungslose Liebe. Wenn ihr das alles gefunden habt, dann werdet ihr feststellen, dass nichts auf der Erde Bedeutung hat, wenn es nicht auf dem Grundsatz der Liebe aufgebaut ist – alles ist ohne Bedeutung, wenn der wesentliche Teil – das Göttliche – fehlt. Ihr habt alle verstanden, was ich euch damit sagen möchte – ihr seid diejenigen, die das alles erschaffen haben und ihr alle werdet verstehen, dass die Voraussetzungen, die ihr für ein glückliches und sicheres Leben braucht, ausschließlich in euch zu finden sind. Werdet eins mit eurer inneren Vorstellung von dem, was Gott ist, und werdet eins mit dem, was ihr euch immer schon gewünscht habt, dann wird es innerhalb kürzester Zeit auch genau so sein, wie ihr es euch vorgestellt habt. Werdet eins mit euren Gedanken über eure Zukunft und ihr werdet diese sofort in die Realität umsetzen können. Werdet eins mit allen anderen Menschen, dann werdet ihr eins mit dem Schöpfer selbst.

Ich habe euch nun in diesem Buch die ganze Wahrheit über euch, eure Abstammung, eure Aufgabe und eure Zukunft gesagt – ich habe damit meinen Auftrag, euch auf dem Weg eurer Selbsterfahrung zu begleiten und euch wieder auf den Weg zurück zur Einheit mit euch selbst zu führen, erfüllt. Ihr könnt nun alle diese Erfahrungen, die ihr über so lange Zeit gesammelt habt, dazu benutzen, um euer schöpferisches Werk fortzusetzen und auf der Erde und im gesamten Universum neues Leben zu erschaffen und diesem Leben genau die Erfahrung mitzugeben, die ihr im Laufe eurer Entwicklung gemacht habt. Ihr seid jetzt wieder auf dem Weg zurück zur Quelle allen Seins – ihr seid zurück auf dem Weg zu eurer inneren Zugehörigkeit zu allem, was ist – ihr seid auf dem Weg zurück zur Quelle allen Lebens und ihr seid zurück auf dem Weg zu euch selbst – ihr seid zurückgekommen zum Ausgangspunkt eurer Reise durch das Leben – ihr seid am Ende und am Anfang angekommen – ihr seid Gott, der Schöpfer von allem, was ist!

Ich löse hiermit mein Versprechen gegenüber den Menschen ein – ich habe euch zurückgebracht zu dem Ausgangspunkt, von dem ihr gestartet seid – ihr habt alle Erfahrungen machen können, die euch wichtig waren, und ihr verfügt nun über einen unsagbar reichen Schatz an Informationen über das Leben selbst, und ich kann hiermit meinen Auftrag, euch all diese Informationen dann zukommen zu lassen, wann ihr sie am dringendsten braucht, abschließen und euch nun all dem überlassen, was ihr euch selbst erschaffen habt. Ich habe meine Aufgabe erfüllt, und ihr könnt jetzt all eure Erfahrungen dazu benutzen, um eure Göttlichkeit in einem noch größeren Ausmaß als je zuvor zum Ausdruck zu bringen – ihr habt es geschafft, euch vom einfachen Lebewesen zu dem zu entwickeln und zu dem zu werden, was ihr schon immer gewesen seid – ihr habt es geschafft, eure göttliche Maschinerie in euch zu benutzen, um das Leben so zu beeinflussen, wie ihr es als lebenswert empfindet. Ihr seid jetzt an dem Punkt angekommen, wo ihr selbst entscheiden könnt, wie die Schöpfung weiter voranschreiten soll – ihr habt es nun völlig selbst in der Hand, das zu erschaffen, was euren Grundprinzipien entspricht, und ihr alle zusammen habt es selbst in der Hand, zu entscheiden, ob und wo im Universum das entstehen soll, was ihr alle zusammen gerne erschaffen möchtet.

Im Vorfeld empfangene Botschaft

Ihr geliebten Menschenkinder auf der Erde, ich habe euch in den letzten Monaten eine Vielzahl von Informationen über die euch unmittelbar bevorstehende Zukunft übermittelt. Es ist Zeit diesen Schub an Informationen zu beenden, damit ihr das alles in euer Leben integrieren könnt. Es sind zwei wunderbare Bücher entstanden, die alle weiterführenden Informationen enthalten. Jetzt geht es nur noch darum, dass ihr Menschenkinder euch auf die bevorstehenden Veränderungen vorbereitet, euch damit beschäftigt und verinnerlicht, wer ihr wirklich seid. Das ist die wichtigste Information, die euch jetzt zur Verfügung steht, und ihr könnt langsam damit anfangen, diese Wahrheiten in jeder einzelnen Sekunde eures Lebens zu berücksichtigen. Jeder, der das tut, ist für den Wandel bestens gerüstet, denn er hat den Wandel vorweggenommen und wartet nur noch darauf, dass alle anderen Menschen seinem Beispiel folgen. Er wird jedoch nicht nur zusehen, denn es ist wichtig, dass ihr euch gegenseitig helft, die Entwicklung zu beschleunigen, damit der Wandel sehr schnell über die Bühne gehen kann. Es steht euch eine wunderbare Zeit bevor, und ihr könnt alle eure Ängste ablegen und euch auf eine Zeit freuen, die euch zu dem macht, was ihr an sich schon immer gewesen seid, doch jetzt voll und ganz ausleben könnt und euch nur noch den schönen Seiten des Lebens widmen.

Ich bedanke mich bei all den vielen Helfern auf der Erde, die so viele Jahre schon mit mir und meinen Mitstreitern daran arbeiten, die Welt auf den großen Aufstieg vorzubereiten. Ihr habt wundervolle Arbeit geleistet, und der Lohn dafür ist jetzt in Sicht! Ich verabschiede mich vorläufig von euch allen und freue mich auf ein baldiges Wiedersehen in einer neuen Dimension der Bewusstheit der Menschen.

Danksagung

Lieber Erzengel Gabriel, ich freue mich, dass ich dieses Kapitel einleiten darf, denn es ist mir ein großes Anliegen, Dir im Namen aller Menschen unsere große Dankbarkeit zum Ausdruck zu bringen, denn wir alle wünschen uns seit geraumer Zeit eine Lösung für die Probleme unserer Gesellschaft, und jetzt halten wir durch Dich ein Werk in Händen, das uns diese Antworten auf die großen Fragen unseres Lebens gibt. Wir sind Dir unendlich dankbar, und hier erlaube ich mir, im Namen aller Menschen zu sprechen, und hoffe, dass ich auch die Zustimmung aller Leser erhalte. Wir sind unsagbar glücklich über den Umstand, dass das große Warten ein Ende hat und die Erleuchtung über unsere Aufgabe, die wir hier auf der Erde haben, zu uns gekommen ist. Es ist eine große Erleichterung zu wissen, dass wir letztlich nicht hierher gekommen sind, um ein Leben zu führen, das nur darauf aufbaut, möglichst reich zu werden und dabei ganz die Natur zu vergessen oder uns vom Geld abhalten zu lassen, die Natur vor weiterer Zerstörung zu retten. Ich fühle mich außerordentlich geehrt, dass ich es sein durfte, der diese wunderbare Botschaft von Dir empfangen durfte, und ich trage sie mit Ehrfurcht hinaus und wünsche mir, dass sie alle Menschen erreicht.

Mein lieber Christoph, ich möchte heute hier an dieser Stelle die Gelegenheit nutzen, um Dir den Dank und die Anerkennung zum Ausdruck zu bringen, die Du Dir verdient hast. Du hast es vollbracht, ein Buch in die Welt zu setzen, das du nur durch Deine Fragen beeinflusst hast – du hast dieses Buch als das hingenommen, was ich Dir durchgegeben habe – du hast es hinterfragt und die vielen Fragen an mich gerichtet und damit Deine Erfahrungswelt in das Buch eingebracht. Dadurch ist ein Buch entstanden, das die meisten Menschen verstehen werden und mit dem die meisten Menschen die Antworten erhalten, die sie sich schon ihr Leben lang wünschen – du hast ihnen die Möglichkeit eröffnet, all das zu erfahren, und dafür gebührt Dir die allerhöchste Anerkennung. Ich sage Dir hier, dass du nicht der Einzige bist, den wir darauf angesprochen haben, ein Buch in dieser Deutlichkeit zu formulieren, an die Öffentlichkeit zu gehen und es möglichst allen Menschen zugänglich zu machen – wir haben es vielen Menschen angeboten, doch viele haben aus Angst davor zurückgeschreckt, denn sie haben den Mut nicht aufgebracht, sich der Herausforderung zu stellen – den vielen Fragen z.B., die noch auf Dich zukommen werden, und viele hatten einfach nicht den Glauben an sich selbst, um diese Zeilen in die Realität der Menschen zu bringen. Du hast das alles vollbracht, obwohl Du erst so kurze Zeit mit uns in Kontakt bist – viele andere, die schon jahrelang Kontakt mit uns pflegen, haben es nicht gewagt, sich der Wahrheit so anzunähern, wie du es getan hast, so viele haben aus Angst vor möglichen Konsequenzen aus ihrem unmittelbaren Umfeld darauf verzichtet, an die Öffentlichkeit zu gehen. Alle haben bisher versucht, etwas an der Wahrheit zu verändern, damit sie für die Menschen da draußen leichter erträglich sei, denn alle haben geglaubt, dass die Wahrheit etwas Grauenvolles sein könnte. Doch jetzt kennst Du die ganze Wahrheit, und ich glaube, dass Du mir ebenso wie die meisten anderen Menschen zustimmen wirst, dass es keine schönere Botschaft geben kann, als zu erfahren, dass ihr Menschen alle zusammengehört und ihr alle zusammen das Allergrößte seid, was ihr jemals sein könnt. Ich danke Dir, dass Du dazu bereit warst, diese Botschaft hinauszutragen, um den Menschen die Augen zu öffnen. Ich danke Dir, dass Du so viel Zeit aufgebracht hast, um mit mir in Verbindung zu bleiben und diese Zeilen zu empfangen – es war für Dich nicht immer leicht, doch Du hast auch in Zeiten Deiner Erkrankung die Mühe nicht gescheut, Deinen Laptop zur Hand zu nehmen und mit mir in Verbindung zu treten. Selbst die schwersten Symptome Deiner Grippe haben Dich nicht abgehalten, an diesem Buch weiterzuarbeiten, und so ist dieses Werk in weniger als sechs Wochen entstanden, und Du kannst sehr stolz darauf sein, denn Du bist damit wieder dem gerechtgeworden, was wir schon immer in Dir gesehen haben – Du bist der Botschafter des Lichts und der Verkünder unserer Botschaften an die Menschen – mach weiter und wir werden sehr bald den Aufstieg der gesamten Menschheit in die nächst höhere Bewusstseinsdimension erleben, und Du wirst ihnen Führung, den nötigen Rückhalt und den Glauben an sich selbst geben, damit sie alle zu dem Ausgangspunkt zurückfinden, von dem sie einst gestartet sind!

Informationen über den Autor finden Sie im Internet unter

www.botschafterdeslichts.com

Lesen Sie auch

Band 1 von

Aufstieg und Leben in der 5. Dimension

Die Gesellschaft 2015

von Erzengel Gabriel / Christoph Fasching

ISBN 978-3-89568-216-2

und

Band 3 von

Aufstieg und Leben in der 5. Dimension

Die Heilung, die dir zusteht

von Erzengel Jophiel / Christoph Fasching

erscheint Januar 2011

2012 im ch. falk-verlag

Der Aufstieg der Erde 2012 in die fünfte Dimension
von Ute Kretzschmar
978-3-89568-109-7

2012 und danach
von Meister Konfuzius und Meister Kuthumi/Ute Kretzschmar
978-3-89568-211-7

Babajis Anleitungen für die Neue Zeit
von Shantima Petra Sollgruber
978-3-89568-215-5

Lichter des Aufstiegs
von Meister Hilarion und Saint Germain/Björn Deigner
978-3-89568-208-7

Saint Germain spricht
von Saint Germain/Barbara Bessen
978-3-89568-207-0

Das Tor zum Goldenen Zeitalter
von Saint Germain / Sibylle Weizenhöfer
978-3-89568-135-6

Die Schlüssel fürs Tor zum Goldenen Zeitalter
von Saint Germain / Sibylle Weizenhöfer
978-3-89568-177-6

Das Tor zur körperlichen Transformation
von Saint Germain / Sibylle Weizenhöfer
978-3-89568-137-0

Das Tor zur partnerschaftlichen Liebe
von Saint Germain / Sibylle Weizenhöfer
978-3-89568-145-5

Das Licht Gottes versagt nie
von George Michael
978-3-89568-128-8

Aufbruch in das neue Jahrtausend
von Beate Bock
978-3-89568-073-1

CD. Die neuen Wege der Liebe
von Sibylle Weizenhöfer
978-3-89568-163-9

CD. Das Tor der Gnade
von Sibylle Weizenhöfer
978-3-89568-169-1

...denn ich bin Liebe
von Sabine Joy Sophia Neie
978-3-89568-193-6

...und am Ende bleibt nur die Liebe
von Sabine Joy Sophia Neie
978-3-89568-201-8

Die Seele in den Meisterjahren
von Meister Konfuzius und Ute Kretzschmar
978-3-89568-127-1

ohne Ticket in andere Dimensionen ...
von Ute Kretzschmar
978-3-89568-158-5

CD. Christuspräsenz u. Allmacht
von Meister Konfuzius und Ute Kretzschmar
978-3-89568-131-8

CD. Lichtsäulen-Clearing
von Ute Kretzschmar
978-3-89568-157-8

CD. Die Krönung
von Kuthumi und El Morya und Ute Kretzschmar
978-3-89568-174-5

Smile!
von Alfonso Pecorelli
978-3-89568-202-5

Jesus – wenn er wiederkäme…
von Anne Roese-Mellin
978-3-89568-203-2

Lichtbotschaften des Aufgestiegenen Meisters Hilarion
von Meister Hilarion und Ursula Scheit
978-3-89568-116-5

Neue Lichtbotschaften
von Meister Hilarion und Ursula Scheit
978-3-89568-138-7

Meister Hilarion beantwortet Lebensfragen
von Meister Hilarion und Ursula Scheit
978-3-89568-161-5

Hilarions himmlischer Ratgeber
von Meister Hilarion und Ursula Scheit
978-3-89568-194-3

Werkzeuge der Schöpfung
von Karel und Caroline van Huffelen
978-3-89568-134-9

Herzensbildung Teil 1 und 2
von El Morya und Christine H. Warcup
978-3-89568-146-2 und -179-0

Das New Life Manifest
von Seth
978-3-89568-080-9

Grenzenlos leben
von Solara
978-3-89568-031-1

Erzengel Raffael spricht...
von Erzengel Raffael und Boris Lukács
978-3-89568-155-4

Erzengel Raffael spricht... Band 2
von Erzengel Raffael und Boris Lukács
978-3-89568-209-4

CD. Erzengel Raffael spricht...
von Erzengel Raffael und Boris Lukács
978-3-89568-156-1

CD. Im Herzenstempel – Erzengel Raffael spricht...
von Erzengel Raffael und Boris Lukács
978-3-89568-168-4

CD. Die Heilkraft ist in euch
von Erzengel Raffael und Boris Lukács
978-3-89568-180-6

CD. Das göttliche ICH BIN
von Erzengel Raffael und Boris Lukács
978-3-89568-200-1

... ihr werdet mich lieben
von Serapis Bey und Petronella Tiller
978-3-89568-214-8